Ferdinando Leonzio

Una storia socialista
Lentini 1956-2000

Prefazione di Giuseppe Cardello

**ZeroBook
2017**

Titolo: *Una storia socialista : Lentini 1956-2000* / di Ferdinando Leonzio

Questo libro è stato edito da ZeroBook: www.zerobook.it.
Prima edizione ZeroBook: novembre 2017
Versione ebook: ISBN 978-88-6711-125-1
Versione book: ISBN 978-88-6711-126-8

In copertina: *Palazzo Scammacca*, sede del Comune di Lentini – Foto (particolare) di Giuseppe Sferrazzo. Rielaborazione progetto grafico Victor Kusak, ZeroBook ed.

Tutti i diritti riservati in tutti i Paesi. Questo libro è pubblicato senza scopi di lucro ed esce sotto Creative Commons Licenses. Si fa divieto di riproduzione per fini commerciali. Il testo può essere citato o sviluppato purché sia mantenuto il tipo di licenza, e sia avvertito l'editore o l'autore.
Controllo qualità ZeroBook: se trovi un errore, segnalacelo!
Email: zerobook@girodivite.it

Indice generale

Prefazione di Pippo Cardello..9
Prefazione dell'autore alla prima edizione....................................13
Prefazione alla seconda edizione..15
Una storia socialista...19
    Capitolo I Il perché di una scelta...21
    Capitolo II Gli anni dell'idillio 29
    Capitolo III Prime lotte..47
    Capitolo IV Amare delusioni..57
    Capitolo V Nuovo impegno..73
    Capitolo VI Unificazione e scissione.......................................83
    Capitolo VII L'esperienza consiliare......................................101
    Capitolo VIII I "Medici"...139
    Capitolo IX Segretario..153
    Capitolo X Decadenza..177
    Capitolo XI Scioglimento..193
    Capitolo XII Raiti...207
    Capitolo XIII "La Cosa 2"...221
    Capitolo XIV Conclusione?...269
Appendici...279
    APPENDICE A: Le amministrazioni comunali di Lentini 1946-2017 279
    APPENDICE B: I segretari del PSI dal 1956..........................283
    Biografia dell'autore...285
    Indice delle illustrazioni..287
    Indice dei nomi...289
Nota di edizione...303
    Questo libro...303
    L'autore..303
    Le edizioni ZeroBook..304

Dedicato alla memoria

del mio caro amico

Salvatore Martello

Ferdinando Leonzio

«Nei partiti è più difficile vivere con quanti ne fanno parte che agire contro coloro che vi si oppongono»
(da P. Nenni – *Gli anni del centro sinistra* - SugarCo Edizioni, Milano 1982, pag. 203).

Edizione riveduta e corretta dall'autore. - 2017

Prefazione di Pippo Cardello

Con le sue pagine intense e meticolose, Ferdinando Leonzio ci racconta quasi un secolo di storia lentinese, attraverso le vicende locali del Partito Socialista Italiano.

Il bastimento della memoria
carico dei vecchi ideali confusione
naviga per i mari delle nuove intenzioni

Un rapporto appassionato e appassionante, dove ci ritroviamo un po' tutti quelli dai "quaranta" in su, spaccato vero e sanguigno della vita politica di provincia, che rimette in carreggiata ricordi e fervori che oramai appartenevano all'oblio delle cose andate.

Lascia una lunga traccia per i vuoti della coscienza
divino rogo e sentieri di nostalgia
per la rotta del firmamento al castello dei saltimbanchi

Un racconto "dal vivo", quasi un "parlato", semplice e dovizioso, com'è nello stile di Ferdinando, dote rara per un uomo politico.
E un uomo politico di razza Ferdinando: lo è sempre stato, anche se ha limitato la sua attività alla realtà locale, forse per pigrizia o troppa intransigenza, forse per la fobia dei "lunghi" viaggi o per abitudini nel tempo sedimentate.

Un giorno la grande romanza dell'armonica
nascerà nei giardini d'aranci e radicati ulivi!

Dalle sue pagine emerge inoltre prepotente l'orgoglio di essere appartenuto ad un grande partito politico, dalle antiche e preziose radici, nato dalle lotte dei lavoratori di fine '800 e sostenuto dalle battaglie senza tregua di grandi personaggi della storia italiana, dal precursore Andrea Costa a Filippo Turati, da Matteotti a Morandi, da Pietro Nenni a Sandro Pertini.

Un Partito Socialista Italiano che il delirio collettivo di questi anni ha liquidato troppo in fretta e senza appello, per consegnarci una nuova classe politica infarcita di mezze tacche e mestieranti con il culto dell'individualismo, senza alcun ideale a supporto delle scelte di campo, che diventano così "strategiche" e "variabili" momento per momento.

Autunno dei rinnovati dolori e speranze di ponente
grigie immagini e lamenti d'animali
oltre le macchine, oltre il cervello

Pagine che, se proprio dobbiamo trovare un limite, presentano però giudizi e valutazioni stemperati dal tempo: Ferdinando disegna quasi tutti i suoi personaggi lentinesi con contorni positivi, "dimenticando", con un gesto di affetto, che accanto a uomini di indubbia moralità e/o di fine intelletto è esistito un baraccone sgangherato, dentro e attorno al quale "ballavano" e "cantavano" saltimbanchi, nani, pagliacci, mangiafuoco, traffichini con le tasche colme di *votifamiglia*.

Hanno serrato le celle
per gli orsi dello zoo
non possiamo guardare indietro
in cima alla collina sibila il serpente.

Pagine, infine, fitte fitte di un diario, testimonianza diretta e preziosa delle vicende di una città per la quale si sono comunque impegnati, nel bene e nel male, in un lavoro oscuro e non, tanti compagni e amici che qui si rivedranno, forse con un pizzico di nostalgia e con l'occhio disincantato degli anni.

Giuseppe Cardello

Prefazione dell'autore alla prima edizione

Il presente lavoro non pretende di essere la storia di Lentini nel periodo considerato, né dei partiti politici locali e neppure quella del solo PSI.
Ho voluto semplicemente descrivere il mio viaggio, che ho iniziato da giovane ed è durato un quarantennio, all'interno di un partito e della realtà politica di un piccolo centro di provincia.
Un' "avventura" questa, un'esperienza, che in qualche modo può rappresentarne mille altre nella stessa o in altre città.
Dalla lettura di questo lavoro qualcuno potrebbe concludere che, sì, la politica, è "una cosa sporca", e dunque da evitare.
Io credo che costui si sbaglierebbe.
Potrei dirgli che, al di là delle molte amarezze e delle poche soddisfazioni che ho avuto, le cose che ho imparato dalla politica mi hanno culturalmente arricchito forse più di quelle che ho appreso dagli studi universitari.
Soprattutto in politica si impara a conoscere l'uomo con le sue bassezze, le sue meschinità, i suoi egoismi, ma anche con la sua nobiltà, la sua generosità, a volte il suo eroismo.
Grande scuola di vita è dunque la politica.
Per cui, a conti fatti, io mi sento piuttosto ripagato.
Certamente nel testo potranno essere riscontrate imprecisioni e lacune, ed anche errori; e di ciò mi scuso con i miei quattro lettori. Se essi tuttavia vorranno comunicarmi le loro precisazioni, con piacere cercherò di utilizzarle per una seconda edizione, se essa mai ci sarà.

Vorrei chiudere con un ringraziamento a tutti coloro che mi hanno aiutato fornendomi documenti e informazioni, rievocando il loro passato e frugando fra i loro ricordi; per la benevolenza che mi hanno dimostrato, per il tempo che mi hanno dedicato, per l'incoraggiamento che mi hanno dato.

Grazie a tutti
F.L.

Prefazione alla seconda edizione

Confesso che non ho mai creduto veramente che di questo libro ci potesse essere una seconda edizione. Un grazie di cuore dunque alle edizioni ZeroBook, che stanno svolgendo, con impegno e serietà, un'encomiabile opera di rivalutazione della cultura lentinese.
Il libro, nelle mie intenzioni di allora nato primo ed ultimo, voleva essere la testimonianza di un impegno che, sotto altre forme, dura fino ad oggi e che ritengo meritasse di essere ricordato.
Rileggendo il testo, ora da me riveduto e corretto, ho visto scorrere, non senza emozione, una parte importante della mia vita, una vasta galleria di personaggi, molti dei quali non sono più fra noi, e mezzo secolo di storia della mia città.
Ciò oggi mi ha anche suggerito delle riflessioni che ho deciso di condividere coi miei lettori.
Anzitutto credo di dover riconfermare le motivazioni che allora mi spinsero a scriverlo, che sostanzialmente consistevano nel voler consegnare alle generazioni future la memoria di un passato altrimenti destinato a svanire nel nulla. Tanto più che i giovani d'oggi, sempre più coinvolti dal ritmo crescente della vita moderna, incrementato anche dai media, sembrano dimenticare più in fretta, rischiando così di rimanere senza radici.
Per quanto riguarda questo libro in particolare, tre tipi di osservazione potevano essere fatti: di contenuto, di forma e di impostazione storica.
Sul contenuto posso affermare, con una punta di orgoglio, che nessuna osservazione mi è stata fatta. Infatti le vicende narrate sono assolutamente rispondenti al vero, basate su documenti scritti

inoppugnabili, ed ormai rari, e su testimonianze "incrociate" attentamente verificate.

Subito dopo la pubblicazione del libro, un caro amico, un intellettuale di primo piano, mi fece affettuosamente notare la sovrabbondanza di sigle, abbreviazioni e iniziali di nomi, la quale finiva per appesantire la lettura, a suo dire di per sé piacevole. Aveva ragione e perciò ho colto al balzo l'occasione per farne piazza pulita.

L'esperienza di tanti anni passati sui libri mi ha insegnato che quando si scrive di storia contemporanea, i protagonisti tutti si aspettano che l'autore esalti sì l'azione altruista e generosa dei "buoni", ma che, soprattutto, scateni la sua rabbia contro i "cattivi" che tanto male hanno fatto. È stesso sadico piacere che gli "appassionati" un tempo provavano a vedere scannarsi fra loro i gladiatori o le pie fanciulle cristiane divorate dalle belve.

Il problema principale per lo storico sarebbe – qualora volesse contentare il tipo di lettore che sfoglia il libro, ansioso di vedere finalmente puniti come meritano i "cattivi" – proprio quello di stabilire chi sono i "cattivi" di una storia politica effervescente e sanguigna come quella lentinese. E per di più di un socialismo agitato quanto mai da rivalità nobili e meno nobili: ideologiche, politiche, di corrente, di gruppo, di clientela, personali, interessate o disinteressate, ideali o materiali, con voglia di polemizzare, di prevalere, di vincere.

In conclusione, se l'autore, impegnato in prima persona in quell'ambiente turbolento, volesse scegliere le proprie vittime, queste non potrebbero che essere i suoi personali avversari, salvando quelli degli altri, magari perché suoi amici.

E poiché in questo libro il sangue non scorre, mi fu avanzata la critica di eccessivo "buonismo" storico. Ebbene, non ritengo di poter accogliere quella critica.

Il primo ad avanzarla fu un caro amico, ottima persona, politico autorevole, seguito poi da alcuni altri. Ebbene, di quell'amico, in seguito, arrivai a contare ben 17 passaggi da un partito all'altro. Poi mi stancai, mentre lui aveva ancora la forza di continuare. E continuò... a saltare da una sigla all'altra. Ebbene, con quale coraggio questo simpaticissimo personaggio avrebbe potuto sperare di godere delle mie invettive contro suoi 17 (e più) ex partiti?

Sì, si potrebbe fare anche quello se si volesse; ma allora si tratterebbe non di un'opera storica, ma di un *pamphlet*, genere che ha piena cittadinanza nella letterature, ma che non è Storia.

Nella storia in genere a parlare sono i fatti, interpretati dallo storico. La valutazione dei protagonisti si evince dai loro comportamenti. Se io dico: "Hitler mandò nelle camere a gas migliaia di innocenti", è superfluo aggiungere "e pertanto era cattivo". Se io dico che il mio simpatico amico cambiò partito 17 e più volte, che altro aggiungere?

Io credo che il lettore abbia l'intelligenza per capire e valutare da solo certi comportamenti dei singoli, senza dimenticare che quello che conta in un lavoro storico è lo sguardo d'insieme sui grandi movimenti sociali e l'insegnamento che se ne può trarre.

Io ho voluto scrivere un libro di storia, non una serie di invettive contro gli avversari degli altri, ma neanche dei miei.

Se ci sono riuscito è un'altra... storia.

Luglio-agosto 2017

F.L.

… **Una storia socialista**

Capitolo I Il perché di una scelta

Rimasto orfano di padre in tenera età, passai l'infanzia, l'adolescenza e parte della giovinezza in casa dei nonni materni, prima assieme a mia madre e poi da solo, quando essa si risposò.
In famiglia la figura maschile a cui quindi facevo riferimento era quella di mio nonno, Ignazio Magrì (19-4-1893/16-5-1971).
Egli era un artigiano autodidatta che si era formato politicamente dapprima attingendo alla cultura laica anticlericale del primo Novecento. Le sue letture erano state il giornale "L'asino" di Podrecca e Galantara, le sanguigne poesie di Lorenzo Stecchetti, il romanzo "Le rovine di Palmira". Non gli doveva essere stata estranea la propaganda di Errico Malatesta e dei pionieri socialisti.
Al ritorno dalla prima guerra mondiale aderì al PSI che a Lentini, sotto la guida di Filadelfo Castro, aveva assunto connotazioni rivoluzionarie, in piena assonanza con la ventata massimalista del primo dopoguerra, sviluppatasi anche per l'entusiasmo suscitato fra le masse dalla vittoriosa rivoluzione d'Ottobre.
Nel 1920 i socialisti conquistarono la maggioranza alle amministrative e Castro fu a capo dell'amministrazione. Ma l'anno dopo alcuni esponenti socialisti (si dice tredici) lasciarono il partito aderendo al Partito Comunista d'Italia.
Le cause della scissione pare vadano fatte risalire, più che a motivi ideologici (comunque presenti), ad una certa incomprensione fra costoro e il Castro. Testimonianze concordi e attendibili sostengono che scintilla della scissione fu una fontanella (in Via Indipendenza) prima fatta installare dall'assessore Delfo Santocono e poi fatta togliere dal sindaco.
Come che sia, gli artigiani Filadelfo Santocono, Ignazio Magrì, Filadelfo Nigro, Gaetano Giudice, Paolo Di Giorgio, Filadelfo Pupillo e gli altri lasciarono il partito, e quelli che occupavano cariche pubbliche, per

coerenza, si dimisero. Magrì si dimise da assessore e da consigliere comunale.

Sia detto per inciso, di questi comportamenti oggi se ne vedono ben pochi!

Il sopraggiungere del fascismo pose fine, oltre che alle libertà politiche, anche alle diatribe locali; ma il gruppo dei neocomunisti, fra cui spiccavano Cirino Speranza e Sebastiano Scatà, continuava ad incontrarsi e a cospirare.

In una elezione, suppongo quella del '24, essi decisero, mi raccontava mio nonno, di votare (come ultimo debole baluardo della libertà) per il candidato monarchico-conservatore in contrapposizione a quello fascista.

Ricordo ancora, nel corso della guerra, mio nonno ascoltare i notiziari, molto disturbati e a bassissimo volume, di Radio Londra e di Radio Mosca.

Egli teneva appesa, ad una parete di casa, una vecchia cartina dell'Europa, su cui, con delle puntine, segnava l'avanzata dell'Armata Rossa.

Quando la Sicilia, nel '43, fu liberata dagli Alleati, l'attività politica riprese frenetica ed egli fu chiamato a far parte, per il PCI, del CLN (Comitato di Liberazione Nazionale) locale.

Alle comunali del 1946 (vinte dai socialisti) egli fu eletto consigliere comunale del PCI, di cui elementi di spicco erano divenuti il geom. Francesco (Cicciu) Marino, suo intimo amico, il prof. Giovanni Pattavina e l'orologiaio Nello Arena.

Poco dopo la vittoria repubblicana al referendum istituzionale del '46 ebbe luogo a Lentini una grande manifestazione popolare. Un immenso corteo riempiva la Via Conte Alaimo, fra uno sventolio di bandiere rosse e al suono delle fanfare dei socialisti e dei comunisti ("L'Internazionale", "Bandiera rossa", "L'inno dei lavoratori").

Io vi assistetti dalla soglia di un piccolo negozio di generi alimentari (proprio di fronte alla Camera del Lavoro) gestito da mio nonno. Egli mi aveva fatto salire su una sedia ed io tenevo in mano due bandierine che egli stesso mi aveva approntato: con la destra reggevo quella tricolore (senza lo stemma sabaudo) e con la sinistra quella rossa. Istintivamente, essendo io destro, tenevo la bandierina tricolore leggermente più in alto di quella rossa. Mio nonno, senza dire nulla, mi abbassò un po' la mano destra nel mentre mi alzava la sinistra, in modo che la bandierina rossa risultasse più in alto.

In questo clima e con queste premesse non può meravigliare come sorgesse e si radicasse in me una posizione politica di sinistra e antifascista, che anche in seguito mi impedirà di cadere nell'anticomunismo cosiddetto "viscerale".

Entrato al liceo (il "Gorgia" di Lentini), al contatto con i primi studi filosofici, qualche piccolo dubbio cominciò però ad insinuarsi nella mia mente.

Avevo sì delle salde convinzioni di sinistra, della "sinistra di classe", ma avevo acquisito anche il culto della libertà e mi sforzavo di conciliare le due cose.

Il principio di libertà poteva avere adeguato e pieno riconoscimento in un PCI appiattito sulle posizioni della Russia sovietica dittatoriale?

In quegli anni mi ero iscritto, insieme con un caro compagno di scuola, Nuccio Sgalambro, al Centro Studi "Notaro Jacopo", di cui era presidente l'ing. Carlo Cicero, vecchio e stimato socialista. Si giocava a ping-pong, si guardava la televisione, si potevano anche leggere i giornali a disposizione dei soci. Fra di essi l'*Avanti!*, organo del PSI, che fu per me una scoperta ed un'illuminazione.

A quelle prime letture risale la mia iniziale maturazione politica: socialismo e libertà armonizzavano perfettamente nel PSI!

Da questa premessa iniziò un'evoluzione che giunse a compimento dopo i fatti d'Ungheria, quando il PCI ne approvò e il PSI ne condannò l'invasione da parte sovietica. E proprio in quei giorni gli studenti di Lentini organizzarono un corteo di protesta, che sfilò anche per Via Conte Alaimo davanti alla Camera del Lavoro, presidiata da molti comunisti, in un clima di estrema tensione. L'odio di classe si poteva tagliare a fette, tanto era intenso. Io (forse unico della scuola), nonostante fossi ormai sulle posizioni del PSI, non volli partecipare al corteo, perché in esso notevoli erano, o mi sembravano fossero, le infiltrazioni della gioventù neofascista. Incuriosito da questa mia solitaria decisione, il direttore del giornale scolastico Pippo Centamore (mio fraterno amico e futuro partner in tante vicende) mi chiese di scrivere un articolo sull'argomento. Cosa che io feci ben volentieri (*Perché sono insorti* ne *Il Gorgia* dell'8-1-1957).

La mia adesione al socialismo era ormai totale.

Dopo l'incontro di Pralognan (25 giugno 1956) scrissi perfino una lettera a Nenni e una a Saragat, invitandoli ad accelerare la riunificazione socialista. Ma i tempi non erano maturi. E, del resto, il clima politico generale era quello dello scelbismo conservatore che si rifletteva anche nell'ambito scolastico.

Un giorno, ero in terza liceo, durante la ricreazione, il professore di filosofia mi avvicinò davanti alla porta dell'aula e mi sussurrò: «Ho saputo che tu sei socialista. Anch'io lo sono, ma per favore non dirlo a nessuno». Durante lo svolgimento del programma ci fece "saltare" Marx, dicendo che era da considerarsi un autore "minore". Un altro giorno un compagno di classe volle appartarsi con me, con fare fraterno ed amichevole, quasi protettivo. Mi fece una specie di predicozzo: «Ma come mai tu, che sei uno studente, sei un socialista?...» (come per dire: «Ma perché fai di queste stravaganze? Perché fai "parlare" la gente?»). Dopo tanti anni egli sarebbe divenuto un importante dirigente di Rifondazione Comunista.

Da qualche tempo avevo cominciato a comprare, con una certa continuità (presso l'edicola Ragazzi, in Via Garibaldi) il giornale socialista *Avanti!*.

Imparai allora alcune cose fondamentali per il mio comportamento futuro, come per esempio che per un socialista, e in particolare per un intellettuale, è doveroso l'approfondimento teorico, mai disgiunto però dalla prassi e dalla partecipazione diretta alla lotta politica.

Nel 1957 si svolse il congresso di Venezia del PSI, i cui risultati si possono riassumere in un trinomio che mi accompagnerà per tutta la vita: *democrazia, classismo, internazionalismo*.

La mia coscienza politica era ormai del tutto maturata secondo la bella definizione di Claudio Treves: *Il socialismo è istinto, che diviene coscienza e si tramuta in volontà*.

Sicché, conclusi gli studi liceali, nel mese di settembre di quello stesso anno, decisi di iscrivermi al PSI.

Avevo diciotto anni. Non conoscevo nessun socialista, tranne l'avv. Filadelfo Pupillo (ma solo di vista) e uno studente in medicina, molto più avanti di me, Paolo Messina. Un pomeriggio lo incontrai e gli chiesi un po' impacciato:

«Scusi, signor Messina, mi può dire dov'è la sezione del PSI?». «In Via Alfio Incontro, proprio dietro la pescheria».

1: Tre segretari del PSI di Lentini. Da sinistra a destra: Giuseppe Centamore, Ferdinando Leonzio, Sebastiano Centamore.

Capitolo II Gli anni dell'idillio

Le masse contadine di Lentini, già organizzate dai pionieri del socialismo, i socialriformisti avvocati Vincenzo Consiglio e Francesco Sgalambro, dopo la prima guerra mondiale erano state conquistate al socialismo classista dalla propaganda appassionata soprattutto di Maria Giudice e di Filadelfo Castro.
Nel PSI erano ben presto emersi due diligenti e capaci organizzatori dalla forte personalità: oltre Castro, si era messo in luce il geom. Francesco Marino, tenace difensore del bracciantato agricolo affamato di terra. Una sorta di "rivalità" forse latente fra i due era diventata piuttosto evidente nel secondo dopoguerra, dopo l'adesione, durante il ventennio fascista, del Marino al PCdI, di cui di fatto egli aveva assunto, fin dal '43 la *leadership*, e si era poi estesa ai rispettivi partiti, PSI e PCI.
Il socialismo a Lentini, represso ma mai definitivamente vinto dal fascismo, si era presa la sua rivincita nel 1946, sia alle politiche (elezione dell'Assemblea Costituente) che alle amministrative, conquistando la maggioranza e riconfermando lo stesso sindaco del 1920: Filadelfo Castro.
I rapporti fra i due partiti della sinistra, dopo la Liberazione, avevano assunto caratteristiche piuttosto anomale rispetto al quadro nazionale, caratterizzato dal "Patto di unità d'azione" (premessa al "Fronte popolare" del 1948) fra PCI e PSI, addirittura con la presenza, in quest'ultimo partito, sia pure per un breve periodo, di una corrente detta "fusionista".
A Lentini invece i due partiti rivaleggiavano nelle piazze, al Comune (maggioranza socialista e opposizione comunista) e nel sindacato. Per il possesso della vecchia sede prefascista, la "Casa dei socialisti" (in Via Italia, detta "la strada dei socialisti") pare si sia addivenuti anche ad una rissa.

Nel PSI si riconoscevano alcuni intellettuali come l'ing. Cicero e il maestro Sferrazzo, molti artigiani, carrettieri e soprattutto contadini piccoli proprietari.

Dal PCI, si sentiva attratto prevalentemente il ceto bracciantile nullatenente, con alla testa il Marino e il vecchio gruppo dirigente prefascista (Cirino Speranza, Delfo Nigro, Ignazio Magrì, Sebastiano Scatà, Gaetano Giudice, Filadelfo Santocono, ecc..) e i giovani Nello Arena e Giovanni Pattavina.

Quando Castro aderì alla scissione socialdemocratica di Saragat del 1947, trascinando con sé la massa socialista, l'antagonismo fra i due partiti si acuì.

Per il PCI l'obiettivo principale divenne quello di sottrarre le classi popolari all'influenza del PSLI (poi PSDI). Il cavallo di battaglia dei socialdemocratici divenne l'anticomunismo.

Chiuso in questa tenaglia tra PCI e PSDI, del PSI rimase poco o nulla. Vi fu qualche piccolo tentativo di riorganizzazione presto abortito fino al 1955, quando venne costituito un Circolo Socialista in Via Arrigo Testa, che successivamente divenne la sezione del PSI.

Nella risorta sezione socialista si potevano riconoscere tre filoni piuttosto ben amalgamati fra loro:

a) quello dei socialisti di vecchia tradizione (Peppino Aliano, Luigi Di Pietro, Gaetano Zarbano);

b) quello di coloro che provenivano da una breve esperienza socialdemocratica (Carlo Cicero, Alfio Ferrauto, Alfio Floridia);

c) quello di coloro che avevano militato nel PCI (Nino Giudice, Filadelfo Pupillo, Turi Sorbello).

Quando entrai nella sezione di Via Alfio Incontro notai subito che l'ambiente era piuttosto misero: poche sedie, alcune panche, un vecchio tavolo.

Seduto dietro quel tavolo era un uomo anziano, molto serio e piuttosto signorile nei modi: era il segretario Gaetano Zarbano. Mai e poi mai avrei potuto pensare che un giorno avrei preso il suo posto in quel ruolo! Ebbi modo di apprezzare in seguito, anche dopo la sua morte, la rettitudine e la dirittura morale di quell'uomo. Egli incarnava veramente il tipo del socialista classico, che della sua militanza politica faceva una scelta di vita.

Nato a Lentini il 10 novembre 1889, aveva lasciato la sua città quando era divenuto ferroviere. Aveva abbracciato l'ideale socialista poco dopo l'assassinio di Matteotti (1924) e durante il fascismo, nel 1935, era stato accusato di propaganda socialista e per questo gli era stato inibito l'ingresso in Sicilia per un certo periodo. Negli ultimi anni della sua carriera si era dedicato all'attività di cooperatore. Andato in pensione era rientrato a Lentini, aderendo al PSI. Nel 1956 era stato eletto consigliere comunale, diventando anche vicesindaco.

Nel 1958, quando il sindaco Otello Marilli si dimetterà, anch'egli rinuncerà all'incarico, non volendo essere il vice del nuovo sindaco, poiché questi era un suo nipote, il rag. Vitale Martello.

Gli chiesi di rilasciarmi la tessera del partito. Non mi fece domande. Mi soppesò con lo sguardo e capì subito, io credo, che ci accomunava lo stesso ideale socialista.

Mi disse che il tesseramento del 1957 era di fatto concluso e che pertanto mi avrebbe dato la tessera del 1958, rilasciandomi per il momento una ricevuta.

Presi quindi a frequentare la sezione, avendo così modo di conoscere i compagni. All'inizio ebbi maggiore dimestichezza con Paolo Messina e con l'avv. Filadelfo Pupillo ed anche con l'ing. Carlo Cicero, l'unico a cui davo del lei, contrariamente all'uso del tu che c'era nel partito. Egli proveniva dalla sinistra socialdemocratica, quella che si riconosceva in Ugo Guido Mondolfo, Giuseppe Faravelli, Ugoberto Alfassio Grimaldi, cioè nel gruppo che curava la rivista socialista "Critica Sociale", a cui l'ingegnere aveva abbonato, a proprie spese, la sezione.

Era questi un uomo di cultura in senso lato, molto elegante nei modi e nell'abbigliamento. Qualcuno diceva che alle riunioni spesso preferiva non sedersi, nonostante l'età non più verde, per non rovinarsi la piega dei pantaloni! Subito mi prese a benvolere, invitandomi spesso a casa sua per prestarmi opuscoli socialisti, molto vecchi, ma ideologicamente solidi, che comprendevano anche opere come *La città del Sole* di Tommaso Campanella e *Utopia* di Tommaso Moro. In un certo senso mi fu maestro e guida nella mia formazione politica.

C'erano poi Peppino Aliano, bandiera del socialismo lentinese e vecchio antifascista, Nino Giudice, Turi Sorbello, Ciccio Freni, Vinci il sellaio, il contadino Giuseppe Di Mauro (la cui fedeltà all'ideale socialista era e sarà un esempio per tutti), Puddu Saccà, 'Nzulu Garrasi (militante dal prefascismo e trombettiere della fanfara), Peppino Battiato (battagliero sindacalista), Guglielmo Moncada, Peppino Ferrauto (sindaco della precedente legislatura).

C'era anche il giovane Sebastiano Centamore, che frequentava poco la sezione, nonostante fosse assessore comunale, dedicandosi alla cura della Associazione Cacciatori, di cui era presidente. Egli era destinato però ad avere un ruolo determinante negli anni futuri.

La sezione viveva col contributo del vicesindaco Luigi Di Pietro (succeduto a Zarbano) e con quello degli iscritti. Nessuno, neanche fra gli avversari, metteva in dubbio la correttezza dei militanti socialisti. Piuttosto l'accusa che ci veniva mossa era quella che il partito era troppo appiattito sul PCI. Castro nei comizi ci chiamava "comunisti nenniani". E dire che, dopo i fatti d'Ungheria ed il congresso di Venezia, il partito aveva riacquistato la sua piena autonomia d'azione.

Io credo che l'accusa, in particolare per Lentini, fosse del tutto ingiustificata. Anche negli elementi più a sinistra era vivo il senso della diversità e dell'originalità del PSI rispetto al PCI.

Le assemblee si svolgevano in un clima di grande serenità, fratellanza e democrazia. Io, che per un paio d'anni, fui il più giovane degli iscritti, ero chiamato "u figghiu caru da sezioni".

Quando si eleggeva il comitato direttivo i compagni che avevano qualche impegno personale volentieri si facevano da parte e invitavano gli altri più liberi ad accettare, promettendo comunque la loro collaborazione.

Dopo non molti anni le cose sarebbero mutate completamente. Gli iscritti sarebbero stati prelevati anche nelle loro case per far loro votare la lista e l'uomo alla cui clientela appartenevano; un posto nel direttivo poteva equivalere ad un posto di potere personale, suscettibile di dare buoni ed agognati frutti!

Nel 1958 mi fu dato l'incarico di costituire il Movimento Giovanile Socialista (M.G.S.). Il piccolo nucleo iniziale che riuscii a formare man mano si allargò fino a toccare nel 1962 ben 63 iscritti, diventando il più forte della provincia.

Uno dei primi che avvicinai fu Pippo Centamore, mio compagno di scuola; insieme preparammo anche alcuni esami all'università, studiando nei locali della sezione quando essa si spostò in Via XX settembre. Egli sarebbe in seguito diventato vicesegretario al Comune e avrebbe ricoperto importanti incarichi nel partito.

Una delle adesioni più qualificate, per lucidità intellettuale e limpidezza morale, fu quella di Enzo Tondo.

La sua decisione credo sia maturata nelle lunghe chiacchierate che facevamo passeggiando, spesso insieme a Cirino Di Mauro, democristiano di sinistra e suo futuro cognato. La mia intesa con Tondo sarà totale per tutto il periodo della comune militanza e oltre, come lo sarà quella con Nuccio Scatà, appassionato e intelligente dirigente del M.G.S. - C'era poi il giovane professore Alfio Siracusano (futuro segretario del PCI), Michelangelo Cassarino, che diverrà poi sindaco comunista di Lentini, Gianni Ravalli, studente in legge, e Melo Conti, studente in medicina come Nello Greco, che resterà sempre socialista, Carlo Cocilovo, spirito arguto e faceto, che purtroppo morirà giovanissimo in Germania dove era emigrato per lavoro, Saro Ferrauto, figlio del vecchio socialista Alfio, e tanti altri.

Nel '58 Pippo Centamore ed io, in occasione della campagna elettorale per le politiche, andammo a Catania a sentire il comizio di Nenni. Ricordo che facemmo a piedi il percorso fino alla stazione di Lentini e poi da quella di Catania a Piazza Università. La tensione ideale era al massimo. L'ing. Cicero teneva delle piccole conferenze di istruzione politica ai giovani.

Le mie letture si moltiplicavano: oltre a leggere l' *Avanti!* che compravo in edicola, mi abbonai a *Critica Sociale* e *Mondo Operaio* ed in seguito alla *Rivista storica del socialismo*, a *Movimento operaio e socialista* e a *Problemi del socialismo*.

Quelli di noi che erano universitari si iscrissero all'UGI (Unione Goliardica Italiana), l'organizzazione degli universitari progressisti, facendovi esperienza di alto profilo politico e culturale e avendo contatti con tutte le tendenze in essa presenti. C'erano comunisti del PCI, maoisti, trotzkisti, anarchici, socialisti, socialdemocratici, radicali (il gruppo più forte), repubblicani.

Il gruppo di Lentini, formato in maggioranza da socialisti, riuscì ad eleggere un delegato (Melo Conti) all'ARU (Assemblea Rappresentativa Universitaria), il parlamentino universitario di Catania e un componente (Enzo Tondo) del direttivo dell'UGI di Catania.

Il 6 gennaio 1959 morì Gaetano Zarbano e nell'assemblea di sezione tenutasi poco dopo fui eletto per la prima volta nel comitato direttivo (*da ora in poi in sigla* C.D. - n.d.e.).

Zarbano aveva cumulato le cariche di segretario politico e di segretario amministrativo, che ora vennero divise. Io fui eletto segretario amministrativo. In tale vesti ebbi modo di constatare, esaminando i registri, le pezze d'appoggio e i conti curati letteralmente al centesimo, che razza di galantuomo fosse stato il mio predecessore. E mi sarei accorto in seguito come il suo prestigio e la sua autorevolezza avessero tenuto a freno alcuni "giovani leoni". Ricordo di quel periodo come fossero generosi i contributi che mi dava l'on. Francesco Marino, che era rientrato nel PSI (pur senza svolgervi alcun ruolo) e che io conoscevo fin da bambino.

Segretario politico fu eletto l'avv. Filadelfo Pupillo. Egli era figlio di una sorella dell'on. Marino, di cui aveva subito l'influenza politica fin dalla prima giovinezza, quando frequentava il liceo a Catania, dove aveva tenuto contatti con studenti antifascisti, fra cui Corrado Scardavilla, futuro deputato del PSI. Aveva aderito al PCI subito dopo la liberazione, uscendone nel 1949, circa un anno dopo l'espulsione dello zio. Si era quindi avvicinato agli ambienti socialisti, diventando uno dei promotori del "Circolo socialista" di Via Arrigo Testa. Nel l956 era stato eletto consigliere comunale nella lista "Gorgia" (PCI-PSI) e, per un breve periodo, anche assessore alla Pubblica Istruzione. Era anche stato promotore di una mozione approvata dal Consiglio Comunale di sostanziale condanna dell'invasione dell'Ungheria.

Giovane professionista di vivace intelligenza e di notevole fantasia politica, era anche un uomo dalla parola facile.

Come l'ing. Cicero mi era stato maestro nel campo della cultura politica, l'avv. Pupillo lo divenne in quello dell'attività pratica. Da lui appresi gli ingranaggi statutari, le problematiche amministrative e, perché no?, le "manovre di corridoio": sostanzialmente i meccanismi della politica.

Uno dei più importanti problemi che si pose al nuovo comitato fu quello della sindacatura. Nel 1956, dopo la vittoria della lista "Gorgia", era stato eletto sindaco il prof. Otello Marilli (PCI), che si era poi dimesso per presentarsi alle elezioni politiche del l958. A lui era subentrato il rag. Vitale Martello, anch'egli del PCI, già assessore. Era costui un militante lucido e razionale, ma anche appassionato. Aveva aderito al PCI nel 1944 e in seguito aveva addirittura lasciato il suo posto di ragioniere al Comune, per dedicarsi all'attività politica.

Un suo telegramma relativo ad uno sciopero pare avesse provocato la sua sospensione dalla carica e il vuoto politico faceva quindi sentire il suo peso, approssimandosi la fine della legislatura.

Lo sostituiva dal 9 gennaio 1958 il vicesindaco socialista Luigi Di Pietro, originario di Sortino, dove era nato il 20 marzo 1909. Egli era cresciuto in una famiglia socialista. Divenuto artigiano calzolaio aveva avuto occasione di venire spesso a Lentini per lavoro, stabilendovisi definitivamente nel 1932. Dopo la scissione socialdemocratica di Castro, aveva partecipato con Peppino Aliano e pochi altri ai primi tentativi di ricostruzione del PSI e nel 1956 era stato eletto consigliere comunale. Galantuomo d'indiscussa moralità si era visto improvvisamente gravare sulle spalle il massimo peso dell'Amministrazione Comunale, pur con la collaborazione degli altri assessori (i socialisti Sebastiano Centamore, Alfio Ferrauto e Alfio Floridia e i comunisti Ciccio Ciciulla, Cirino Garrasi, Otello Marilli e Fortunato Mastrogiacomo).

Nonostante il PSI si trovasse per queste circostanze al vertice del Comune, ritenne opportuno aprire le trattative con l'alleato PCI per dare un assetto stabile all'Amministrazione.

La maggioranza era più che stabile, con 30 consiglieri (20 PCI e 10 PSI) rispetto ai 10 dell'opposizione.

Nel frattempo nel PCI erano avvenuti importanti mutamenti.

Dopo l'allontanamento da un lato del gruppo di Arena e dall'altro del gruppo Marino e dopo il ritiro del prof. Pattavina, appassionata figura di militante e oratore di notevole capacità, che era stato il primo sindaco comunista di Lentini (18 giugno 1947/5 maggio 1948), si era affermato un nuovo gruppo dirigente guidato dal giovane Giovanni Pupillo. Fu questo gruppo a condurre una lotta a fondo contro il PSDI di Castro, per sottrargli l'egemonia sulla classe lavoratrice. Furono, oltre a Giovanni Pupillo, Guido Grande, Carmelo Baudo, Mario Strano, Ciccio Messina, Fortunato Mastrogiacomo, Ciccio Ciciulla, Cirino Garrasi, i fratelli Vitale e Salvatore Martello a consolidare il PCI a Lentini facendone il partito egemone sulle masse e costruendone la forza elettorale che ha consentito poi, per molti anni, ai successivi gruppi dirigenti di vivere, in un certo senso, elettoralmente di rendita.

Successivamente il gruppo si era sfaldato; Arena era rientrato e nel 1956 era stato eletto consigliere comunale, nuove figure erano emerse e si era affermato un nuovo gruppo dirigente che potremmo definire "centrista" (né areniano, né pupilliano); il nuovo segretario Angelo Peluso (un falegname di origine pugliese), Magrì, Manganaro, Ferlito, ecc...

Con questo gruppo dunque si trovò a confrontarsi la delegazione del PSI, di cui io facevo parte.

Le trattative andarono per le lunghe. Il PSI, pur mostrando il più grande apprezzamento per il rag. Martello, ne chiedeva la sostituzione, per dare una guida stabile al Comune.
Il PCI resisteva, probabilmente perché non aveva una figura di spicco con cui rimpiazzarlo, a parte Arena, che però se ne stava piuttosto appartato, anche se la sua influenza nel partito si estendeva sempre più, e che forse la dirigenza aveva poca voglia di valorizzare.
Ci fu un momento in cui parve che l'accordo fosse raggiunto sul nome del rag. Pippo Limaccio. Poi invece tutto finì improvvisamente senza un chiaro motivo e le cose rimasero com'erano fino alla fine della legislatura.
Questo esito causò nel PSI un certo malcontento nei confronti dell'avv. Pupillo per il modo in cui aveva guidato la delegazione e condotto le trattative. Le lunghe riunioni di comitato e di delegazioni si erano rivelate solo una perdita di tempo. La fiducia intorno al segretario traballò. Ecco perché, quando, alcuni mesi più tardi, nella vita della sezione apparve un nuovo personaggio, esso fu accolto come il potenziale leader del partito, la figura politica di prestigio che poteva rilanciarlo. Si trattava dell'avv. Mario Ferrauto, il quale rientrava a Lentini, dopo un periodo vissuto a Sortino, dove si era avvicinato al PSI. Egli si presentava pieno di entusiasmo e d'idealità e presto mi prese in simpatia.
Ma intanto all'inizio dell'anno si era svolto il nuovo Congresso Nazionale, il 33° e il primo a cui io abbia partecipato. Il precedente Congresso di Venezia aveva accolto la nuova linea autonomista di Nenni, cui era seguito lo scioglimento del "Patto di Unità d'Azione" col PCI. Ma era stato eletto un Comitato Centrale in maggioranza di "sinistra" e sostanzialmente contrario alla fusione col PSDI, che infatti era fallita (anche per responsabilità di Saragat). Dunque Nenni trionfatore del Congresso, che lo aveva acclamato, era stato "prigioniero" di un Comitato Centrale legato ai vecchi schemi. Ecco perché, nel successivo congresso del '59, egli aveva deciso di dar vita ad una corrente "autonomista" che potesse lealmente sostenere la

sua linea dell' "apertura a sinistra" - Di rimando anche gli altri si organizzarono dando vita alla "Sinistra socialista" di Tullio Vecchietti e ad "Alternativa Socialista" di Lelio Basso. Riapparivano dunque nel PSI le correnti, segnando una svolta nella vita interna del partito.

A Lentini il congresso fu vinto dalla mozione "autonomista", per la quale io stesso votai, ritenendo che l'autonomia del PSI era indispensabile se si voleva rimettere in movimento la politica nazionale, che in presenza di un forte PCI, saldamente legato a Mosca, tendeva a cristallizzarsi. L'unico voto per la "sinistra" fu quello di Paolo Messina, che si diceva allievo di Rodolfo Morandi.

Il volto della sezione tuttavia faceva trasparire, ma in maniera ancora poco evidente, un latente anticomunismo, probabilmente derivante dal fatto che la maggioranza dei militanti era costituita da ex: ex socialdemocratici ed ex comunisti, gli uni e gli altri, per motivi diversi, non molto teneri col PCI.

Nel giugno del '59 dovevano aver luogo le elezioni regionali e la sezione si preparava alla battaglia elettorale, tanto più che nella lista era presente un proprio iscritto, Peppino Battiato, componente del comitato regionale del sindacato Enti Locali della CGIL. A capolista la Direzione Nazionale aveva voluto porre un giovane proveniente da Milano, ove era consigliere provinciale. Si trattava del siracusano Salvatore Corallo, laureato in legge, già membro della Resistenza e brillante oratore.

A sostenere la Federazione nella campagna elettorale la Direzione inviò due funzionari: una donna non più giovanissima proveniente da Roma e il dott. Venceslao Riccò, vicesindaco di Rimini, un simpaticone tutto pieno di vitalità e dalla battuta facile, che io spesso seguivo nei giri di propaganda che egli faceva per la città. Un pomeriggio si presentò in sezione dove era atteso da un gruppo di attivisti e con atteggiamento serioso e compassato esclamò:

«Compagni!», pausa, «il compagno Pupillo ha smesso di fumare», altra pausa, «...le sue sigarette!». Il caso volle che io lo rivedessi trent'anni dopo nella sua città, Rimini, dove mi trovavo per lavoro.

Ricordo ancora con piacere le effusioni di quell'uomo, ormai anziano, per il quale io rappresentavo un pezzetto del suo passato.

Della campagna elettorale ricordo due simpatici episodi.

Una sera l'avv. Pupillo mi invitò a seguirlo nel quartiere S. Paolo, dove intendeva tenere un comizio rionale. Ci avviammo a piedi, muniti di microfono e altoparlante fino alla casa di un compagno dal cui balcone si doveva tenere il comizio. Dopo ripetuti miei annunci («Cittadini, fra poco per il PSI parlerà l'avv. Pupillo...»), nessuno ancora si vedeva, non un ascoltatore si presentava e un gruppo di bambini continuava a giocare sotto il balcone...

Consigliai all'avv. Pupillo di rinunciare, ma egli, con mia grande sorpresa, mi disse: «Non fa niente, anche se non escono, mi ascolteranno lo stesso».

E tenne il comizio, senza un solo ascoltatore, fino alla fine!

Nel corso della campagna elettorale venne annunciato un comizio di Nenni a Siracusa, dove mi recai nel pomeriggio del giorno stabilito, assieme all'avv. Pupillo, che era determinato a portarlo a Lentini.

Giunti all'albergo egli si fece annunciare e venne ricevuto da Nenni nella sua stanza. Gli disse che i compagni di Lentini avevano piacere che egli vi tenesse un comizio. Nenni gli spiegò che l'itinerario dei suoi comizi non lo stabiliva lui, ma il settore preposto della Direzione e che egli in nessun caso poteva prendere decisioni in difformità.

Pupillo insisteva: «Magari un piccolo saluto ai compagni in sezione, la registrazione di un discorsetto ai lentinesi da fare ascoltare con l'altoparlante...». E Nenni a rispiegargli. «A Lentini ci sono le arance...», insisteva Pupillo. A un certo punto Nenni che allora aveva 68 anni, con vivacità tutta romagnola, esplose ed io, che ero rimasto fuori, lo sentii gridare: «Ora basta, vattene! Lasciami riposare, che sono stanco e stasera debbo parlare qui a Siracusa!».

A Lentini venne invece a parlare l'on. De Pascalis, membro della Direzione e tesoriere del PSI. Mentre in piazza aspettava il suo turno, mi fece un buon assegno per la sezione e, dopo un po', mi disse: «Sai, io sono specializzato in comizi nelle zone di confine. So poco di questo Milazzo, parlami di lui brevemente...».

Si era, infatti, nel periodo del cosiddetto "milazzismo". Silvio Milazzo, dopo essere uscito dalla DC, aveva costituito un partito, l'USCS (Unione Siciliana Cristiano Sociale), che a Lentini avrebbe avuto come principale esponente un maestro elementare di spiccata intelligenza, che in seguito sarebbe diventato docente universitario di pedagogia: il prof. Giuseppe Nanfitò.

Salvatore Corallo, esponente della "sinistra", fu eletto per il PSI. Nel corso della legislatura diventerà, per un breve periodo, anche Presidente della Regione.

Nel 1960 il C.D. di sezione venne rinnovato (Paolo Messina, Mario Ferrauto, Antonino Giudice, Ferdinando Leonzio, Giuseppe Battiato, nuovo segretario amministrativo, Salvatore Sorbello, Giuseppe Centamore, Filadelfo Pupillo, Sebastiano Centamore) ed elesse una segreteria collegiale M. Ferrauto - F. Pupillo.

Con l'avv. Ferrauto avevo un buon rapporto. In molti apprezzavamo le sue simpatiche ed efficaci battute. Una di esse, detta con il suo caratteristico tono scherzoso, così suonava: «'A genti voli i posta!». Di lì a non molto mi sarei accorto di quanto egli avesse, purtroppo, ragione.

Nel luglio di quell'anno si insediò il governo Tambroni, un monocolore democristiano, sostenuto dal MSI. La scelta di questo partito della città di Genova, medaglia d'oro della Resistenza, per tenervi il proprio congresso, suscitò movimenti di protesta in tutta Italia. A Genova, Palermo e Catania ci furono dei morti. A Lentini fu costituito il Consiglio Federativo della Resistenza, composto dalle forze antifasciste: dei socialisti vi partecipammo l'avv. Pupillo per il PSI ed io per il M.G.S..

Alla riunione costitutiva parteciparono due valorosi lentinesi: il dott. Luigi Briganti, medaglia d'oro della Resistenza, e l'avv. Salvatore Lazzara, ex ufficiale partigiano. Ricordo che il dott. Briganti si rivolgeva a quest'ultimo chiamandolo "comandante". Era un segno del clima che si respirava in quei giorni di forte tensione politica.

Dopo la caduta di Tambroni, il PSI darà la propria astensione al governo Fanfani di "garanzia democratica", sottolineando così l'importanza della libertà per le lotte dei lavoratori e aprendo la strada per un futuro governo di centro-sinistra, formula che comincerà a realizzarsi in alcune realtà locali come i Comuni di Genova, Bari e Venezia.

Il successivo mese di agosto mi trasferii con la famiglia ad Agnone Bagni. E un giorno vi incontrai l'on. Francesco Marino, solo soletto e un po' annoiato. Mi chiese di fargli compagnia ed andammo a sedere al *Lido Nettuno*.

Egli era entrato giovanissimo nel PSI (prima del fascismo), divenendo uno dei maggiori leader della classe bracciantile ed adoperandosi specialmente nel campo della cooperazione.

L'importanza del suo ruolo nel primo dopoguerra viene evidenziata anche in uno studio serio e puntuale dello storico Giuseppe Miccichè (*La Sicilia orientale dall'occupazione delle terre al fascismo - 1919-1922*)[1]. In seguito era stato coerente antifascista, schierandosi, fin da prima della liberazione della Sicilia, col PCI. Aveva quindi ripreso il suo vecchio ruolo di alfiere dei braccianti affamati di terra che lo osannavano («Vulemu u pani, vulemu u vinu, e Cicciu Marinu»). Alle elezioni del 1947 era stato eletto deputato all'ARS per il PCI, da cui però era stato espulso circa un anno dopo.

Ci sedemmo parlando del più e del meno e, quando ormai la conversazione languiva, con la curiosità dell'età e un po' di sfrontatezza, gli chiesi di raccontarmi della sua espulsione dal PCI.

Mi disse che egli aveva lottato per tutta la sua vita per il riscatto delle masse bracciantili e per la riforma agraria. Sicché, quando all'Assemblea Regionale Siciliana fu presentato dal governo DC il progetto di riforma agraria, che non era quella voluta dal PCI,

---

1   Apparso sulla rivista *Movimento operaio e socialista* (n. I del 1970, pagg. 6 e 7; n.4 del 1970, pag. 244)

certamente più avanzata, ma che tuttavia costituiva un importante passo avanti, egli non se l'era sentita di votare contro. Da qui l'espulsione.

L'anno dopo (16 ottobre 1961) morì. Io e un altro giovane del MGS la mattina sondammo i familiari sull'opportunità di portare la bandiera del PSI nel corteo funebre. Ma la presenza del sacerdote lo sconsigliava. Era però ben accetta la bandiera della Camera del Lavoro, di cui egli era stato segretario.

Informammo i dirigenti sindacali, che accondiscesero. Quando nel pomeriggio, all'ora del funerale, mi recai alla sede del sindacato, la trovai chiusa!

Alla ripresa dell'attività politica, nell'autunno del l960, il tema principale che si poneva al PSI, come alle altre forze politiche locali, era quello della preparazione delle liste per l'imminente rinnovo del Consiglio Comunale.

C'era una novità importante rispetto al passato e cioè la nuova legge elettorale proporzionale.

Mentre il maggioritario aveva consigliato il raggruppamento in unica lista di forze omogenee, il sistema proporzionale suggeriva ad ogni partito di presentarsi col proprio simbolo, onde evidenziare la propria identità e misurare la propria rappresentatività. Il PSI non avrebbe riavuto però i 10 consiglieri che aveva eletto nella precedente legislatura.

Questa nuova legge (assieme al sorgere delle correnti e alla politica di centro-sinistra, che faceva del PSI di Lentini un partito indispensabile sia per una coalizione di sinistra, che per una di centro-sinistra e, di conseguenza, un partito di potere) ebbe, a mio avviso, notevole peso per il deterioramento della vita democratica della sezione. Essa avrebbe incrementato la caccia al voto di preferenza e quindi il sorgere di clientele personali, che già incominciavano ad intravvedersi. Ogni leader locale ben presto si dotò di un "braccio destro", una specie di aiutante di campo. Per di più nuclei di dipendenti comunali o aspiranti tali cominciarono ad affluire nella sezione, prima in maniera strisciante e poi in gruppi sempre più consistenti e agguerriti.

Ma per il momento il fenomeno era ai primi vagiti.

Quando si tenne l'assemblea per la formazione della lista, presieduta da un rappresentante della federazione (il dott. Turi Pitruzzello), già da alcuni giorni una curiosa fobia si agitava nella mente di alcuni: quella dell'omonimia. Bisognava cioè evitare che ci fossero in lista più candidali con lo stesso cognome.

L'avv. Mario Ferrauto aveva scansato il "pericolo" della ricandidatura di Alfio Ferrauto, assessore uscente, che aveva deciso di non ripresentarsi.

Ma quando la lista venne completata e si udì leggere: «...Centamore Carlo, Centamore Sebastiano...», quest'ultimo, dal fondo della sala, dove stava attorniato dai "suoi", cominciò a rumoreggiare. Interpellato dal Pitruzzello sul motivo di questo disturbo dei lavori, il Centamore rispose: «Il fatto è che io non voglio essere in lista!».

«Ma se e solo per questo, caro compagno...», esclamò l'altro, «potevi dirlo subito».

E con un colpo di penna lo cancellò. Apriti cielo! Come Achille il campo di Agamennone, Bastiano Centamore abbandonò la sala, seguito dai "suoi". Invano io cercai di trattenerlo, perché con un gesto del braccio, amichevole ma energico, mi mise fuori causa.

Occorse convocare seduta stante una riunione del direttivo sezionale e pregare Centamore Carlo di rinunciare alla presenza in lista.

Io fui candidato per la prima volta. Avevo 21 anni ed ero il più giovane candidato di tutte le liste. Non mi sognavo neppure di essere eletto. Quando andai a votare non ebbi il "coraggio" di votare solo per me stesso e diedi una preferenza anche al candidato Giuseppe Di Mauro, che io stimavo molto per la sua bontà e per la sua incrollabile fede nel socialismo.

La campagna del PSI per la prima volta fu caratterizzata dalla caccia alla preferenza, una caccia che in futuro si sarebbe fatta sempre più spietata, aprendo la strada al personalismo più accentuato, che avrebbe fatto dell'eletto, non più un rappresentante dei cittadini e del partito, ma il vincitore di un concorso a premi.

Il PSI ebbe quattro eletti: l'avv. Mario Ferrauto, con circa cinquecento preferenze, Sebastiano Centamore, Giuseppe Bruccone, un contadino che, in base all'ordine alfabetico adottato, aveva avuto in sorte il numero uno della lista, e l'ing. Carlo Cicero.

All'indomani dello sfoglio l'avv. Ferrauto mi disse: «Ho passato una notte di ansie e di paure».

2: Lentini 1966: Ferdinando Leonzio e Filadelfo Pupillo (davanti la Villa Gorgia di Lentini).

Capitolo III Prime lotte

Le votazioni del novembre 1960 avevano segnato una netta vittoria della sinistra a Lentini.
Al PSI erano andati 4 seggi, 1 all'USCS e 18 al PCI.
Nell'affollato comizio di ringraziamento presero la parola, nell'ordine: il prof. Pippo Nanfitò (USCS), che cominciò il suo intervento con le parole: «Gioisci popolo... perché hai vinto!», l'avv. Mario Ferrauto per il PSI e Nello Arena per il PCI.
Quest'ultimo era al culmine della popolarità: a lui erano andate oltre cinquemila preferenze e i suoi fedeli influenzavano notevolmente la sezione. Anzi le sezioni, perché in quel momento il PCI a Lentini ne contava ben tre.
Arena, che era figlio di un ferroviere socialista che mai si era piegato al fascismo e che per questo era stato licenziato, aveva aderito al PCI nell'immediato dopoguerra, mostrando subito di avere un forte carisma e di possedere la stoffa del leader. Ma si era scontrato col gruppo dirigente di allora e dopo un tentativo, poi rientrato, di costituire una sezione comunista autonoma, si era appartato.
Si era riaffacciato alla vita politica verso la metà degli anni '50 ed era stato eletto consigliere comunale del PCI nella legislatura 1956/60, rimanendo però in secondo piano per tutto il corso di essa.
Attorno a lui si era coagulato un folto gruppo di seguaci che nel tempo si era andato sempre più ingrossando: Paolo Carani, Giuseppe Leonardi, Francesco Coppola, Salvatore Miceli, Carmelo Ansaldo, Gian Battista Manganaro, Giuseppe Mendola. Gaetano (Tanuzzu) Pizzolo, ecc..
Artigiano orologiaio, autodidatta di notevole intelligenza e di vasti interessi culturali, nella cui formazione politica probabilmente non erano estranee influenze anarchiche (ricordo una sua frase: «Anarchico è il pensiero e con l'anarchia va il mondo!»), era anche un

ottimo oratore che sapeva parlare al cuore delle masse, facendole vibrare della sua stessa passione politica.

I suoi detrattori lo consideravano un "capopopolo" dall'incerta ideologia, mentre i suoi estimatori ne esaltavano le qualità umane e politiche. Dalla sua aveva il fatto di essere un uomo onesto, sia nella buona che nella cattiva sorte.

Sull'onda dell'esaltante risultato, il 25 novembre 1960 fu eletto sindaco e il 13 dicembre si insediò con una giunta sostenuta da PCI, PSI e USCS (Assessori effettivi Ignazio Magrì e Gian Battista Manganaro del PCI, Ma Ferrauto, vicesindaco, Sebastiano Centamore e Giovanni Bruccone del PSI, G. Nanfitò dell'USCS; supplenti Cirino Garrasi e Peppino Mendola, ambedue del PCI).

Ben presto il neosindaco si trovò a confrontarsi non più in duelli oratori con gli avversari interni ed esterni, ma con la prosaica realtà amministrativa di tutti i giorni, su un terreno che forse non era il suo.

L'oratore, l'agitatore, il polemista che sapeva interpretare i sentimenti delle masse, mettendosi alla loro testa per guidarle verso un idealistico riscatto sociale, forse non si trovò a suo agio nel suo nuovo ruolo di amministratore alle prese con la burocrazia.

Una personalità così forte, secondo taluni accentratrice, non poteva non suscitare opposte passioni.

Ed infatti, nel PCI, dopo poco tempo, si crearono due fronti contrapposti: quello dei sostenitori di Arena da un lato e quello dei suoi oppositori dall'altro, il cui esponente principale era forse Guido Grande. Quest'ultimo gruppo, più politicizzato e meno esposto a spinte emotive, direi più allineato rispetto alla politica nazionale del PCI, comprendeva, ma con posizioni in una certa misura differenziate, alcuni consiglieri comunali che in futuro avrebbero svolto un ruolo significativo nella politica locale: l'ex sindaco rag. Vitale Martello, il corpulento commerciante Vincenzo Crisci e il mio buon amico Bruno Ossino, appassionato di studi filosofici, che era anche capogruppo.

Di questa opposizione interna faceva parte anche un giovane che da poco si era affacciato alla vita politica: Ciccio Vinci, futuro consigliere provinciale, di cui diventerò intimo.

Anche nel PSI la situazione era in movimento e già si profilavano delle divisioni destinate ad accentuarsi in breve lasso di tempo. La maggioranza era saldamente in mano all'avv. Mario Ferrauto, che cumulava nella sua persona le cariche di segretario della sezione e quella di vicesindaco. L'assessore Sebastiano Centamore gli faceva da buon secondo.

L'accentuato individualismo con cui era stata condotta la campagna elettorale, l'accentramento di poteri, l'insofferenza sempre più diffusa verso ogni voce critica, l'afflusso di nuovi iscritti attirati dall'odore inebriante del potere avevano spinto il M.S.G. su posizioni di sempre più aperto dissenso.

E anche l'avv. Pupillo, già di fatto estromesso dalla segreteria e non più rieletto consigliere comunale, e il suo seguito, tendevano ad opporsi al nuovo stato di cose.

Appariva naturale, quindi, l'"instaurarsi di un rapporto di solidarietà fra i gruppi che stavano al potere e quelli che stavano all'opposizione all'interno dei due partiti.

Risale a quel periodo il consolidarsi della mia precedente amicizia con Guido Grande. Egli aveva aderito giovanissimo al PCI, nel 1944; si era poi arruolato volontario nel nuovo esercito italiano antifascista e alla fine della guerra aveva ripreso il suo posto nel partito, dimostrandosi militante lucido ed appassionato per tutto il resto della sua attività politica.

In verità neanche Arena disdegnava la compagnia dei giovani socialisti, con cui aveva un buon rapporto e con cui si intratteneva a volte fino a tarda notte in appassionate discussioni.

Nel marzo 1961 doveva aver luogo il 34° Congresso Nazionale del PSI, preceduto dai congressi sezionali e provinciali.

Anche allora a Lentini prevalse la mozione "autonomista" col solo voto per la "sinistra" dell'incrollabile Paolo Messina.

Io fui eletto, per la mozione autonomista, delegato al Congresso Provinciale, dove appresi l'esistenza di un fatto per me nuovo, destinato ad avere profonde ripercussioni nella Federazione di Siracusa.

Accanto alle due mozioni "Autonomia socialista" e "Sinistra socialista" ne era stata presentata una terza detta "Autonomia locale", ideata e diretta da due professori di Canicattini: Salvatore Miceli e Vincenzo Bondì.

Io fui eletto nel direttivo provinciale per gli autonomisti assieme all'avv. F. Pupillo e ad Alfio Serratore, allora suo "braccio destro", mentre l'avv. Ferrauto fu eletto per la mozione autonomista locale, la quale risultò determinante per la formazione di una maggioranza in Federazione. Infatti, prima alleandosi con la "sinistra" guidata dall'on. Corallo (segretario provinciale l'avv. Giuseppe Panico) e poi con gli autonomisti, rimase sempre nella maggioranza, conquistando anche la segreteria nella persona del prof. Miceli, eletto col voto determinante dei tre autonomisti lentinesi.

Solo gli anni seguenti faranno capire ai tre (Pupillo, Serratore e Leonzio) l'enorme errore politico commesso, poiché saranno proprio la nuova maggioranza e la nuova segreteria a liquidare l'opposizione a Lentini, dove intanto la situazione interna del partito peggiorava sempre più.

L'avv. Pupillo, infatti, nell'aprile '61, si dimise dalla segreteria e dal Comitato Direttivo. Un'agitata assemblea del 15 maggio 1961 elesse al suo posto Salvatore Mangiameli e il C.D. il 26 maggio 1961 designò come segretario unico l'avv. Mario Ferrauto.

Io stesso, nell'agosto del '61, investito sul piano personale da un esagitato "cliente" rassegnai le dimissioni dallo stesso C.D. sezionale, che però le respinse (29 agosto 1961).

Tuttavia per un certo periodo mi astenni dal partecipare alle riunioni. E proprio in quel periodo cominciarono ad emergere, nella sezione, le prime insofferenze nei confronti del PCI.

Frattanto anche all'interno di quest'ultimo partito la spaccatura si faceva incolmabile. E se Arena poteva ancora esclamare, con enfasi forse un po' teatrale: «Crisci, non abbiamo paura della tua circonferenza!», tuttavia la sua posizione nel partito cominciava ad indebolirsi. Il fedele Manganaro, ad esempio, lo abbandonerà per schierarsi con l'opposizione martelliana e la stessa Federazione provinciale, guidata da Manlio Guardo, si vedrà presto costretta a sciogliere, per le lotte intestine, le tre sezioni di Lentini.

In contemporanea nel PSI si delineavano grandi manovre. Fin dall'ottobre del '61 erano emerse posizioni critiche nei confronti del PCI e della Giunta, che diventeranno sempre più accentuate e sulle quali convergerà, con imprevedibile *rentrée* anche l'avv. Pupillo. Alla fine di questo crescendo, esploderà un livore anticomunista forse prima represso, ma certamente latente, che spingerà alla rottura della coalizione di sinistra e alla corsa verso il centro-sinistra.

Le stesse posizioni e le stesse convergenze emersero in una riunione del C.D. sezionale alla quale partecipai e in cui era presente il dirigente provinciale Egidio Greco, esponente della sinistra socialista. Quando chiesi di intervenire, il segretario mi disse: «Tu non puoi parlare, perché ti sei dimesso!». Prima ancora di potergli ribattere che le mie dimissioni erano state respinte dal C.D. e che comunque potevo ritirarle seduta stante, Greco, galantuomo di salda tradizione socialista, scattò in piedi come una molla e disse, con voce alta e ferma: «Finché io sarò nel PSI, nessuno potrà impedire ad un compagno di prendere la parola!». Io feci rilevare che il Congresso di Milano aveva stabilito che le giunte di sinistra, laddove avessero la maggioranza, andavano salvaguardate e sostenute.

Ma la mia era una voce isolata, perché appariva sempre più evidente che nel PSI maggioranza, minoranza e gruppo consiliare erano ormai d'accordo per liquidare la giunta Arena. Mentre montava nel PSI, in maniera più o meno pilotata, la marea anticomunista, senza che una sola voce di dissenso si levasse, il M.G.S. accantonò con prontezza le posizioni critiche nei confronti del gruppo Arena e si schierò in difesa della coalizione di sinistra, distribuendo un volantino che così recitava: «L'amministrazione dei lavoratori di Lentini va difesa! Il movimento giovanile socialista di Lentini, in relazione alla mozione di sfiducia presentata dalla DC al Comune, ribadisce la sua completa adesione ai deliberati del Congresso di Milano ed agli obbiettivi che il PSI si propose durante la campagna elettorale ultima, fra cui:

> La salvaguardia delle posizioni di potere locale dei lavoratori, cioè dei comuni e delle province amministrati dai lavoratori, si può dire da decenni, tutti o quasi conquistati dal PSI tra il 1907 e il 1920, strappate dal fascismo con la violenza, riconquistate dopo la Liberazione, e ormai difendibili soltanto con l'accordo in sede amministrativa tra socialisti e comunisti» (dalla relazione Nenni sull'attività del C.C. Al 34° Congresso).

Sul finire del 1961 ebbe luogo il congresso nazionale giovanile con cui il M.G.S. si trasformò in F.G.S. (Federazione Giovanile Socialista), la cui tessera dava diritto pieno d'appartenenza oltre che alla F.G.S. (che godeva di una forte autonomia) anche al PSI.
Al congresso provinciale giovanile si era ripetuta la stessa situazione del PSI. Era stata infatti presentata dai giovani di Canicattini una mozione "autonomista locale", che prese 5 seggi su 9 nel direttivo provinciale. Due seggi andarono alla "sinistra" che ebbe uno dei due vicesegretari provinciali (Ermanno Adorno) e due agli autonomisti. Io fui eletto vicesegretario provinciale per gli autonomisti e delegato al Congresso Nazionale di Reggio Emilia per la corrente autonomista delle cui tesi risulto firmatario. Quelle tesi portavano anche la firma di personaggi destinati a diventare famosi nel mondo politico, come ad esempio Silvano Labriola, Fabrizio Cicchitto. Claudio Signorile, Enrico Manca.
Alfine la tormentata vicenda della giunta Arena giunse a conclusione e la mozione di sfiducia presentata da DC, PSDI e MSI venne approvata

dal Consiglio Comunale con 22 sì (DC, PSDI, PSI, MSI e gli indipendenti Amato, ex MSI e Pignatello, ex PCI).

Nella assemblea del PSI del 21-1-62 venne definitivamente presa la decisione ufficiale di procedere alla formazione del centro-sinistra, col sostegno di 14 consiglieri DC, 4 PSI, l PSDI, l ex PCI (Pignatello) e 1 ex MSI (Amato).

Il giorno dopo alle ore 17 il C.D. di sezione, con sorprendente rapidità, approvò il programma e la composizione della giunta e la stessa sera l'avv. Mario Ferrauto venne eletto sindaco. Assessori furono eletti Sebastiano Centamore e Giovanni Bruccone per il PSI, il signor Mercurio Di Mari, il dott. Salvatore Moncada, l'avv. Giovanni Sgalambro e l'ing. Alfio Buccheri per la DC, Sebastiano Pignatello (ex PCI) e Rosario Amato (ex MSI); gli ultimi due, di recente usciti dai loro partiti, come supplenti.

3: Manifestazione di operai agricoli di Lentini.

Capitolo IV Amare delusioni

Intanto la Federazione Giovanile Socialista di Lentini, pur momentaneamente isolata all'interno della sezione, proseguiva la sua attività, inframmezzata da qualche momento goliardico.

Un giorno un nostro amico, responsabile locale del partito monarchico, dovendo arrivare nella sua sezione un importante dirigente per illustrare le sue direttive circa le imminenti elezioni all'Università, ci pregò di fingerci simpatizzanti monarchici per fargli fare buona figura.

Andammo dunque in buon numero a quell'incontro e tutto andò bene per il nostro amico. Il dirigente alla fine ci chiese di votare per un certo S.. Naturalmente nessuno di noi votò per la lista monarchica, ma nel corso dello scrutinio fu trovata una scheda (ovviamente annullata) in cui era disegnato un genitale maschile con su scritto "voto di preferenza S.".

In una delle tante assemblee del PSI, tenutasi nei locali della Camera del Lavoro e presieduta da un dirigente della Federazione, prese la parola Carlo Cocilovo. Egli fece un confronto tra la città di Lentini e la sezione socialista: ambedue avevano, a suo dire, tre santi patroni. Quelli della sezione erano Mario Ferrauto, Filadelfo Pupillo e Sebastiano Centamore.

L'intervento si faceva artatamente prolisso e la sala cominciava a rumoreggiare. Il presidente richiamò i disturbatori, ma poiché le proteste continuavano, Cocilovo esclamò: «Minchia!». E il presidente: «Cocilovo non dire di queste parole!». L'oratore, girandosi verso di lui con espressione di studiata ingenuità e di finto stupore gli replicò in dialetto: «Picchì, t'affrunti?». Fu inevitabile un'esplosione di generale ilarità. In effetti una trimurti si era creata in sezione, ma essa ebbe poca durata, perché dopo qualche mese dall'elezione del nuovo sindaco, l'avv. Pupillo cominciò a prendere le distanze dalla maggioranza.

Tant'è che quando si tenne, il 30 aprile 1962 in un locale di Via Roma, l'assemblea per il rinnovo del comitato di sezione, egli strinse un'alleanza con l'opposizione giovanile.

I risultati furono sorprendenti: poiché si era votato senza liste contrapposte la minoranza, grazie ad una sapiente distribuzione delle preferenze, ottenne 7 seggi su 13. Gli eletti nel Comitato Direttivo furono: Mario Ferrauto, Francesco Ferrauto suo fratello, Sebastiano Centamore, Filadelfo Pupillo, Pippo Centamore, Carlo Cicero, Alfio Floridia, Ferdinando Leonzio, Carmelo Conti, Salvatore Sorbello, Alfio Senatore, Luigi Di Pietro e Nino Giudice).

Sicché, nella riunione del nuovo comitato del 7 maggio 1962 l'avv. Pupillo fu eletto segretario politico della sezione al posto dell'uscente, il sindaco avv. M. Ferrauto. Io venni eletto vicesegretario e Luigi Di Pietro segretario amministrativo.

Questo "ribaltino" riaccese le tensioni fra i gruppi che esplosero in maniera esplicita nella animata riunione del 31 maggio successivo.

Le posizioni erano di nuovo divaricate. Il gruppo Ferrauto-Centamore poteva contare sulla presenza in giunta e su una sostanziale maggioranza degli iscritti, anche grazie all'afflusso che si era verificato negli ultimi tempi. Il gruppo Pupillo-FGS sulla segreteria della sezione e su tre componenti del direttivo provinciale.

Anche nel PCI le acque erano piuttosto agitate. Il gruppo consiliare si era diviso in tre parti: quello di Martello e Crisci, che resteranno fuori del partito, così come il gruppo degli areniani e quello del PCI ufficiale, che poteva contare su una decina di consiglieri, fra cui Bruno Ossino e Ignazio Magrì.

La frazione areniana del PCI, pur fuori della ricostituita sezione, rimase per un po' unita intorno al suo leader. Ma dopo qualche tempo Nello Arena, per ragioni di lavoro, lasciò per sempre Lentini per trasferirsi a Roma, dove pare otterrà di nuovo la tessera del PCI, per interessamento dell'on. Terracini.

Si era nel periodo della spaccatura fra Cina e URSS e cominciavano ad emergere differenze sempre più marcate fra i due colossi comunisti, anche sul piano politico generale.

Gli areniani, o quelli di loro che rimasero comunisti, si dichiararono per "le tesi di Pechino", fino a quando, qualche anno dopo, approderanno in un nuovo partito, sotto la guida di Paolo Carani.

La situazione all'interno del PSI intanto si faceva sempre più difficile, visto l'instabile equilibrio fra i due schieramenti interni, nessuno dei quali riusciva a prevalere sull'altro.

Sicché per fare chiarezza e soprattutto per risanare la sezione da ogni eventuale inquinamento politico, i tre autonomisti lentinesi (Pupillo, Serratore e Leonzio) del CD di Federazione chiesero ed ottennero dallo stesso un provvedimento di scioglimento della sezione. Esso, dopo un dibattito che sostanzialmente accoglieva l'analisi dei tre, fu adottato nella seduta del 14 luglio 1962, con la contestuale nomina di una commissione di reggenza, dando luogo quindi ad una gestione commissariale.

All'udire i nomi dei tre commissari, fatti un po' in fretta, mentre la riunione si stava sciogliendo, ebbi una strana sensazione, come se i nomi non corrispondessero all'andamento del dibattito e non ne rappresentassero adeguatamente lo spirito.

I tre commissari erano Salvatore Pitruzzello (autonomista) non molto tenero con i lentinesi, Vincenzo Bondì (di "autonomia locale", di cui faceva parte anche l'avv. Ferrauto), uomo forte della Federazione, di mefistofelica intelligenza e Ciccio Ganci (sinistra), un brav'uomo, la cui posizione di funzionario dipendente dalla Federazione rendeva poco autorevole rispetto agli altri due.

Il mio disagio nell'apprendere i nomi dei commissari si sarebbe rivelato più avanti assai ben fondato.

Comunque per il momento il provvedimento a Lentini venne interpretato da tutti (maggioranza e minoranza) come un sostanziale avallo delle posizioni della segreteria della sezione e una dura sconfessione dell'altra componente.

Corse voce, infatti, non si sa quanto fondata, che quest'ultimo gruppo, anzi parte di esso, scoraggiato e disorientato, abbia tenuto una propria riunione per valutare l'opportunità di passare armi e bagagli alla socialdemocrazia.

Pare anche che il segretario del PSDI Filadelfo Castro, carico di anni e di esperienza, non sia stato tanto propenso a lasciarsi mettere in minoranza nel suo piccolo, ma omogeneo e tranquillo partito, dalla ventilata confluenza.

Comunque non se ne fece nulla, anche perché non ce ne fu bisogno, in quanto si capì fin dalla sua prima venuta a Lentini, che il trio commissariale non aveva alcuna voglia di modificare le cose nella sezione, tanto che il primo ad essere ricevuto fu proprio l'avv. Ferrauto.

Nella sua riunione del 3 l agosto 1962 la commissione di reggenza accolse tutte le domande di reiscrizione in maniera burocratica e senza alcuna selezione.

Fra di esse non figuravano quelle dei tre leader Mario Ferrauto, Sebastiano Centamore e Filadelfo Pupillo, che lo faranno più in là, a gestione commissariale conclusa, con esito positivo per i primi due e negativo per l'altro.

A stretto giro venne convocata l'assemblea di sezione (allora in p.zza S. Luca), per l'elezione del nuovo comitato direttivo.

Essa si presentò subito molto animata per varie contestazioni, ma soprattutto per la posizione dei giovani socialisti.

Essi, essendo iscritti alla FGS che statutariamente rilasciava una tessera con doppia valenza di voto (PSI e FGS), poiché la sezione giovanile non era stata sciolta ed era anzi pienamente funzionante, non avevano presentato la domanda di reiscrizione al PSI, ritenendo di avere automaticamente pieno diritto a partecipare (come in tutta Italia) alla vita della sezione del PSI, non appena essa fosse stata ricostituita.

In gran numero si recarono all'assemblea con l'intenzione di parteciparvi. Ma i commissari (Ganci si era dimesso), e in particolare il

Bondì, obiettarono che essi non erano iscritti, non avendo presentata domanda e che dunque non avevano diritto di parteciparvi e tanto meno di votare.

Sembrava di essere di fronte ad una questione di interpretazione statutaria. Se così fosse stato, io credo si sarebbe potuto risolvere subito l'inghippo con un minimo di buona volontà.

I giovani erano presenti con il loro segretario (Enzo Tondo), manifestavano la volontà di partecipare e quindi potevano essere accettati seduta stante, ammesso (e non concesso) che per essi occorresse veramente una domanda.

Ma il problema era solo apparentemente giuridico-procedurale.

Nella sostanza si voleva, io credo, effettuare un'opera di pulizia "etnica", cancellando ogni voce critica dalla sezione di Lentini, che doveva invece essere colonizzata dai gruppi emergenti della Federazione.

All'intervento del Bondì seguì una dura contestazione dei giovani, che tuttavia furono estromessi dalla sala e qualcuno in maniera affatto gentile.

L'assemblea proseguì con la presentazione di una lista unica di sette candidati che guarda caso, furono tutti eletti: Antonino Di Noto, Rosario Chiarenza, Sebastiano Ventura, Salvatore Sorbello, Antonino Giudice, Alfio Ferrauto, Salvatore Maglitto. I primi tre costituivano il gruppo cosiddetto della "fumigazione" (per via del mestiere che esercitavano), destinato a determinare la politica della sezione solamente per un anno, denso però di avvenimenti.

Comunque quella sera ebbe inizio la battaglia dei giovani socialisti, che si rifiutarono di riconoscere la legittimità di quel comitato, eletto senza il loro concorso, per ottenere giustizia.

Una lunga serie di ricorsi fu inoltrata agli organi nazionali e provinciali del PSI e della FGS.

Ma, al di là delle singole attestazioni di solidarietà, come quelle della senatrice Tullia Carettoni e di Mario Renna, membro del Comitato Centrale della FGS, nessun intervento concreto si ebbe.

Una sera di qualche tempo dopo una decina di noi incontrò in piazza l'on. Corallo, che era venuto a Lentini. Gli esponemmo i fatti e ci appellammo a lui come membro del Comitato Centrale del PSI. Dopo averci ascoltato attentamente con l'intelligenza politica che lo contraddistingueva, ci fece una proposta di mediazione: «Voi dichiarate di riconoscere il comitato di sezione e quest'ultimo si impegni a dimettersi subito, convocando l'assemblea per l'elezione di un nuovo comitato, questa volta con la vostra partecipazione».

In questo modo si voleva dare respiro al comitato dei sette, alla affannosa ricerca di una legittimità che non aveva, e nel contempo cancellare quanto avvenuto nella tempestosa assemblea che lo aveva "eletto". Accettammo ed egli ci disse: «Venite con me».

Quando arrivammo nella nuova sezione di Via XX settembre egli espose la sua proposta ai presenti, sicuro di aver trovato una soluzione equa per tutti. Ma quando sentirono la parola "dimissioni", quelli dei sette che erano presenti la rigettarono subito e senza tentennamenti. La discussione si riaccese fra essi e i rappresentanti della FGS e l'on. Corallo non poté fare altro che andarsene, ritengo piuttosto mortificato. Non passerà molto tempo che se ne andrà anche dal partito.

Dopo pochi mesi cominciarono a deteriorarsi i rapporti fra il sindaco avv. Ferrauto e la DC che nel novembre del '62 decise di mollarlo e quindi di dar vita ad un'amministrazione di centro.

Di fronte all'eventualità di rimanere fuori della Giunta e dell'amato potere, il direttivo del PSI cominciò ad adoperarsi per ricomporre l'alleanza PCI-PSI. Si rimangiava così tutte le critiche che erano state rivolte pochi mesi prima al PCI e con disinvoltura cercava di ricomporre la precedente maggioranza.

Il candidato della sinistra, Bruno Ossino, riportò solo 18 voti su 40. Il socialista Giovanni Bruccone fu eletto assessore nella giunta di centro ed il C.D. sezionale, il 14 novembre 1962 lo espulse assieme all'ing. Carlo Cicero, accusato di aver votato differmemente da quanto da esso stabilito.

Il vecchio riformista turatiano, allievo di Piero Gobetti, quell'ing. Cicero che in direttivo provinciale l'on. Corallo della sinistra vecchiettiana aveva definito *la bandiera del socialismo nel Consiglio Comunale di Lentini*, finiva fuori del partito!
Scriverà egli in seguito un appassionato e circostanziato memoriale, del quale volle affettuosamente regalarmi una copia.
Quando, qualche anno dopo, si trasferirà a Catania, rientrerà nel PSI, al quale aveva aderito nel 1919, accolto a braccia aperte da un ambiente che gli era più consono e lavorerà insieme ad un gruppo di intellettuali socialisti, il cui esponente principale era il prof. Santo Falsaperna, ex preside dell'avviamento di Lentini.

Sindaco venne eletto l'avv. Alessandro Tribulato. Della Giunta facevano parte il sig. Mercurio Di Mari, l'avv. Giovanni Sgalambro, il prof. Mario Ciancio, il geom. Antonino Casella (DC), il prof. Pippo Nanfitò (USCS), Giovanni Bruccone (ex PSI) e, come supplenti Sebastiano Pignatello (ex PCI) e Saretto Amato (ex MSI).
Essa era dunque sostenuta da indipendenti provenienti da varie formazioni ed esternamente dal PSDI, ma si poggiava essenzialmente sul gruppo della DC.
Questo partito, come gruppo organizzato, aveva aperto una sua sezione a Lentini solo nel 1951. I suoi organizzatori, ispirati da un sacerdote intelligente e aperto al sociale, provenivano essenzialmente dall'Azione Cattolica.
Fra i più impegnati c'erano l'avv. Vincenzo Bombaci, l'avv. Alessandro Tribulato, il prof. Alfio Rossitto, il dott. Pippo La Pira, l'ing. 'Nzinu Ragazzi, il prof. Alfio Moncada, Salvatore Butera.
In seguito, si formerà un gruppo di giovani assai vicini alle posizioni di La Pira, il carismatico sindaco di Firenze: Nicola Di Stefano, Carlo Mugno, Cirino Di Mauro, Turi Moncada. Dal gruppo dei giovani emergerà l'avv. Benedetto Vincenzo (Enzo) Nicotra, destinato in seguito ad assumere un ruolo preminente nel partito.

Per la prima volta dunque la DC, il 21 novembre 1962, era arrivata alla guida dell'Amministrazione Comunale. Ma questa prima esperienza era destinata a durare poco. Quando alle politiche del 1963 i risultati a Lentini per la DC non furono positivi, l'avv. Tribulato, ritenendo di rappresentare solo una minoranza nel paese, da quel gentiluomo che era, decise di dimettersi.

Il Consiglio Comunale, non più in grado di costituire una qualunque maggioranza, si autosciolse, dando luogo ad una gestione commissariale, per la quale fu nominato il dottor Vincenzo Pisano, che si insediò il 2 dicembre 1963..

Il comitato dei sette intanto faceva piazza pulita dei suoi contestatori.
In data l6 gennaio 1963 respinse le domande di reiscrizione di Alfio Serratore e dell'avv. Pupillo.
Nella stessa riunione approvo un provvedimento di sospensione di tre mesi nei miei confronti che mi venne comunicato con raccomandata del 23 febbraio 1963 a firma del segretario di sezione Antonino Di Noto.
Si applicava così nei miei confronti una sanzione disciplinare di tipo amministrativo che prescindeva da ogni garanzia statutaria e profumava solo di inebriante vendetta.
Mi vennero in mente le parole di Ferruccio Parri davanti al Tribunale Speciale: «La legge della fazione, colpendoci, ci onorerà».
Per tutti questi anni non ho mai conosciuto le motivazioni dei provvedimenti. Solo ora, in occasione della stesura di queste note, sono stato in grado di prendere visione del relativo verbale (16 gennaio 1963), che riporto integralmente nella parte che interessa:

> «I compagni del Direttivo sono tutti concordi nel respingere la domanda presentata dal compagno Serratore Alfio per avere rilevato il suo contegno scorretto nei confronti dei compagni insultandoli per diverse volte con frasi ingiuriose tanto da creare disordini durante l'assemblea dei soci.

Si respinge altresì la domanda presentata dal compagno Pupillo Filadelfo per avere cercato di creare a Lentini la Sezione del PRI come risulta dagli atti in possesso del Comitato Provinciale dei Probiviri; oltre a questo ha svolto opera frazionistica nei confronti del Partito in Lentini, avallando pubblicamente e a mezzo stampa, unitamente a Serratore, l'operato degli ex compagni Cicero e Bruccone; oltre a ciò ha espresso giudizi ingiuriosi e non provati nei confronti dei compagni della Sezione come risulta dagli esposti da lui fatti agli organi di Partito provinciali e nazionali.

Si è pure esaminata la posizione del compagno Leonzio Ferdinando il quale ha manifestato, con pubblico manifesto. giudizi negativi ed ingiuriosi nei riguardi dei dirigenti del Partito e della politica del Partito espressa a Lentini contrariamente a quanto la comune prassi impone.

Per i motivi sopra esposti il Comitato di Sezione ravvisa la necessità di deferire al Collegio dei Probiviri il compagno Leonzio Ferdinando ed a norma dell'art. 33 dello Statuto viene sospeso per tre mesi da ogni attività di Partito, salvo ulteriori provvedimenti».

Appaiono risibili le motivazioni nei confronti del Serratore, brav'uomo e serio lavoratore e non certo fomentatore di "disordini", che del resto non erano un fatto anomalo e raro nella sezione del PSI di Lentini.

Ancora più banale è l'accusa nei confronti dell'avv. Pupillo, di aver cercato di creare a Lentini una sezione del PRI, quando notoriamente egli era stato uno dei fondatori e dei più attivi organizzatori della sezione del PSI. Sconcertante è poi il fatto che il contenuto di esposti dallo stesso inoltrati alle varie istanze del partito possa essere stato preso a supporto della decisione adottata.

Per quanto mi riguarda nessun manifesto avevo personalmente pubblicato. In realtà ne era stato affisso uno (alcuni mesi prima), a cura della FGS di Lentini, dai toni polemici, ma con opinioni più che legittime per una organizzazione a larga autonomia e comunque firmato dal C.D. della stessa.

Appare poi curioso il fatto che non ero stato considerato iscritto nel momento della elezione del comitato, mentre ero considerato iscritto ora che mi si doveva sospendere! Delle due l'una: o ero iscritto (e come me altri 62 giovani) e quindi il non aver potuto concorrere all'elezione del C.D. rendeva lo stesso illegittimo; o non ero iscritto, il che rendeva assurdo un provvedimento disciplinare nei confronti di un estraneo alla sezione.

Comunque, a parte il fatto che nella raccomandata non mi veniva contestato un preciso addebito e che non avevo pertanto potuto difendermi da accuse che nemmeno conoscevo, una circostanza appariva evidente.

Per una "strana" coincidenza i tre colpiti in quella seduta del C.D. erano componenti del Comitato di Federazione del PSI ed avevano quindi in mano un'arma abbastanza importante.

Potevano cioè sommare, in seno al direttivo provinciale, i loro tre voti ai 19 della "Sinistra Socialista" e quindi mettere in minoranza la segreteria Miceli, che poteva contare solo sui restanti 21 voti e sotto la cui ala protettrice si era ormai collocato il comitato dei sette.

A ciò si aggiunga che, poiché si approssimavano le elezioni politiche, un cambio di segreteria e di maggioranza poteva ribaltare tutti i progetti per le candidature che si andavano elaborando.

Con la testardaggine dei giovani, anch'io feci i miei inutili ricorsi.

Con la stessa tenacia mi presentai ad una riunione del Comitato Provinciale, ma mi fu impedito perfino di prendere la parola ed abbandonai la seduta, dopo aver energicamente apostrofato il segretario.

Scaduti i tre mesi (lo statuto ne prevedeva un massimo di due), scrissi per essere riammesso nel Comitato Provinciale - Nessuna risposta.

Di tutta la vicenda si occupò, in maniera ampia e dettagliata, il giornale di Palermo "Telestar" nei numeri del 7-11-63 e del 18-11-63.

Il C.D. sezionale intanto, il 4 agosto 1963, proponeva il Di Noto come vicecommissario al Comune, accanto al commissario dott. Pisano, accantonando i contrasti con la DC locale, per poi riprenderli quando si accorgerà dello scarso peso politico accordatogli; per cui il Di Noto, dopo una tormentata assemblea di sezione, deciderà di dimettersi.

In occasione di un'altra assemblea i sette mostrarono accondiscendenza nei confronti dell'appello all'unita della sezione fatto dall'avv. Panico, venuto da Siracusa e dell'intervento di Ermanno Adorno (vicesegretario provinciale, come me, della PGS), che esplicitamente confermava il buon diritto dei giovani al voto, come stabilito dagli Statuti del PSI e della FGS.

Invece venne costituita una nuova FGS, con propria dirigenza e proprio segretario (Saro Ferrauto, il figlio di Alfio, uno dei sette) da contrapporre a quella già esistente, ma scomoda.

Fummo perciò costretti a chiedere l'intervento della Direzione Nazionale della PGS, che inviò un proprio rappresentante a Lentini. Il quale, fatti gli opportuni accertamenti, ci fece pervenire una lettera della Direzione (datata 11 settembre 1963 e firmata da Dino Fiorello), in cui si riconosceva come la sola legittima la nostra organizzazione. Ma tutto si sarebbe rivelato inutile.

Il segretario di quella organizzazione giovanile che si era voluta contrapporre a quella ufficiale, ben presto si accorgerà di essere stato strumentalizzato e diverrà, per tutto il resto della sua attività politica, uno strenuo e coerente avversario dei vari gruppi di potere che via via andavano coagulandosi, fino a vedersi costretto, anche lui, ad abbandonare il PSI per circa un biennio.

La vicenda di Saro Ferrauto costituisce quindi un esempio di presa di coscienza degno di ogni rispetto.

Proprio nel periodo delle due organizzazioni giovanili, era stato costituito un "Circolo Socialista" con sede in Via Garibaldi, al quale avevano aderito tutte le minoranze del PSI locale.

E fu sempre in quel periodo che l'avv. Pupillo ci mostrò un biglietto che il segretario nazionale Pietro Nenni gli aveva invialo in risposta ad una sua lettera.
Esso così recitava:

> «Caro compagno, sono mesi che tempestiamo presso le organizzazioni locali, perché si risolvino tutta una serie di casi come quello di cui mi scrivi. Nulla. Lotte di corrente, lotte di persone, e al diavolo il resto.
> Purtroppo il centro (almeno il nostro) non può rimediare ai guai locali. Ne sono amareggiato, ma è così. Cordiali saluti.
> Tuo Nenni».

La misura era ormai colma.
Poco tempo dopo, in un'ultima malinconica riunione del settembre '63, il direttivo giovanile di Lentini ad unanimità decise di rompere i legami organizzativi col PSI, ma non col socialismo.
Finiva così un periodo travagliato, conclusosi con la dispersione di una organizzazione di giovani venuti al socialismo con passione e con fede, che non aveva potuto resistere di fronte alla spietata logica del potere. Di quei giovani alcuni come il prof. Alfio Siracusano e il dott. Gianni Ravalli (ultimo segretario della FGS) in seguito andranno nel PCI. Melo Conti si dedicherà agli studi e poi alla professione, mentre Carlo Cocilovo, che non si era mai lasciato abbagliare dalle sirene del clientelismo, emigrerà in Germania, dove alcuni anni dopo morirà, solo.
Per quanto mi riguarda, l'involontaria pausa politica mi consentirà di completare gli studi universitari.
Il PSI nello stesso anno passava ai minimi storici: dai 1978 voti del '60, scendeva ai 1157 delle politiche (Camera) nel '63 e ai 924 delle regionali dello stesso anno.
La sezione, comunque, restava saldamente in mano al gruppo della "fumigazione". Ma anch'esso avrà la sua nemesi. Essa avrà il nome di

un uomo che per un decennio sarà protagonista nel partito e nella città: Sebastiano Centamore.

4: Lentini: piazza Umberto con, sulla sinistra, Palazzo Scammacca (sede del Comune). Di fronte in fondo, la chiesa di Sant'Alfio. Foto di Giuseppe Sferrazzo, ottobre 2017.

Capitolo V Nuovo impegno

Ormai fuori del partito il gruppo della FGS si disperse. Rimaneva però unito un nucleo piccolo ma assai affiatato politicamente, che si interrogava sul da farsi. Esso era composto da Enzo Tondo, da Nuccio Scatà e da me.
Sul finire del 1963 si ebbe il primo centro-sinistra nazionale (il governo Moro-Nenni) e ciò provocò la scissione della sinistra del PSI.
L'11 gennaio 1964 veniva, infatti, annunciata da Tullio Vecchietti la nascita del PSIUP (Partito Socialista Italiano di Unità Proletaria).
A livello provinciale la sinistra aderì quasi per intero al nuovo partito. In esso confluirono uomini fra i migliori del PSI: l'on. Corallo, Egidio Greco, l'avv. Panico, che ne diventerà segretario provinciale, l'avv. Salafia, il preside Moncada di Pachino, il preside Valastro di Siracusa, Ermanno Adorno, ecc...
Non vi aderì invece l'avv. Carlo Giuliano, che in seguito diventerà vicepresidente della Regione.
La scissione si diffuse a macchia d'olio nelle varie sezioni, ma a Lentini il PSI rimase compattamente sotto il controllo del gruppo dirigente, collegato sempre più strettamente ai proff. Miceli e Bondì, la cui posizione all'interno del PSI si consolidò ancora di più con l'uscita dell'opposizione di sinistra.
Una sera i miei amici ed io incontrammo a Lentini (non ricordo se erano venuti appositamente) l'avv. Panico e l'avv. Salafia, i quali essendo a conoscenza delle nostre precedenti vicissitudini politiche e del nostro allontanamento dal PSI, di alcuni mesi precedente il loro, esplicitamente ci chiesero di aderire al nuovo partito socialista ed anzi di costituirne la sezione a Lentini.
Essi meritatamente godevano della nostra massima stima, sia per il comportamento politico che avevano tenuto in precedenza, che per la loro dirittura morale. Inoltre la nostra posizione era stata nella fase precedente oggettivamente di sinistra.

Non si spiegava quindi allora e non mi spiego neanche adesso il perché del nostro rifiuto. Forse stanchezza, forse il fascino che il nome di Nenni, contro la cui politica era fatta la scissione, esercitava su di noi?

Comunque la sezione del PSIUP nacque lo stesso anche a Lentini, in maniera piuttosto anomala rispetto al resto d'Italia.

Anziché essere costituita da socialisti provenienti dalla sinistra del PSI, essa fu organizzata dal gruppo, o di quello che di esso rimaneva, degli ex areniani, da ex comunisti dunque, probabilmente attratti da determinati atteggiamenti del PSIUP, che a volte sembravano collocarlo a sinistra del PCI. A formare la sezione furono Paolo Carani, Peppino Mendola, Pippo Leonardi, Francesco (Franciscu) Coppola, Turi Miceli, ecc... Successivamente vi confluirono alcuni giovani destinati ad avere in futuro un ruolo importante nell'area socialista locale: Angelo Celso, Nicola Spada, Pippo Nicotra, ecc...

Un certo settore del sottoproletariato sembrò inoltre riconoscersi nella nuova formazione.

Con queste premesse non può sorprendere il fatto che, aldilà delle posizioni politiche nazionali del PSIUP, alleato del PCI, a Lentini emergessero atteggiamenti critici del PSIUP nei confronti della sezione comunista, ora diretta da elementi che erano stati antagonisti degli areniani: Guido Grande, che sarà segretario sezionale, in primo luogo, Carmelo Baudo, Ciccio Vinci, ecc...

L'elemento più attivo del PSIUP, nonché suo capace organizzatore, fu Paolo Carani, che sarà segretario della sezione fino al 1970 circa.

Egli proveniva, come già detto, dal PCI, a cui si era iscritto nel 1947 e che lo aveva formato politicamente; era divenuto segretario della sezione del quartiere S. Paolo, nel periodo in cui il PCI aveva tre sezioni (intorno al 1960). In seguito, finita l'esperienza del PSIUP, aderirà a Democrazia Proletaria e quindi, durante una sua permanenza a Milano, al Partito marxista-leninista. Al rientro a Lentini si ritirerà dall'attività politica.

Nel periodo in cui a Lentini si costituiva e si organizzava il PSIUP, il nostro gruppo, a cui nel frattempo si era avvicinato qualche altro (ad es. Lucio Arcidiacono), prese la sua decisione.

La scelta fu quella di fare un giornale, povero esteticamente, ma ricco di contenuti, che facesse sentire nel paese la voce di quei socialisti che ormai si sentivano distanti ancor più che dalla politica della sezione PSI, dalla "cultura" che circolava in essa.

Il giornale, stampato in ciclostile e in un paio di centinaia di copie, ebbe come direttore Enzo Tondo. Io facevo parte della redazione. Nonostante la povertà di mezzi, il ciclostilato che a volte si intitolava *Indipendente socialista* e a volte *Indipendente di sinistra* ebbe un certo successo nell'opinione pubblica. Ciò probabilmente per lo stile incisivo e vigoroso dei redattori, che erano senza peli sulla lingua e che attaccavano i gruppi di potere ovunque si annidassero.

Ricordo che Tanuzzu Pizzolo, intimo amico di Arena, ce ne richiedeva una copia, da spedire a Roma all'ex sindaco, a cui faceva piacere leggerla. Il giornale, che ogni volta era un numero unico con diverso titolo, usciva solo quando era possibile, cioè quando c'erano i mezzi finanziari e il tempo per scriverlo, stamparlo e distribuirlo, cioè a intervalli molto irregolari.

Il tutto con sacrifici personali e tanto entusiasmo di quei pochi studenti che vi collaboravano.

Intanto nel PSI alcune cose cominciavano a cambiare. L'afflusso di nuovi iscritti, in particolare operai della manutenzione e netturbini, aveva modificato la composizione degli iscritti a favore di Bastiano Centamore, che, al rinnovo del C.D. (9 novembre 1963), vi era rientrato come primo degli eletti. Il direttivo, ora di undici componenti (Bastiano Centamore, Turi Maglitto. Fortunato Bosco, Turi Sorbello, Antonino Di Noto, Bastiano Ventura, Saro Chiarenza, Sirio Miceli, Peppino Battiato. Alfio Floridia, Giacomo Palazzo) riconfermò la precedente segreteria. Ma col passare del tempo cominciarono ad emergere le prime critiche riguardo alla gestione Di Noto, il quale ad un certo punto si dimise e venne sostituito (il 26-7-64) da Bastiano

Centamore. Il quale, quindi, si trovava alla guida del partito quando, cessata la controversa gestione commissariale del dott. Pisano, vennero indette, per l'8 novembre 1964, le nuove elezioni amministrative.

Il 20 dello stesso mese venne nominata una commissione elettorale di cui facevano parte, oltre al nuovo segretario, l'avv. Mario Ferrauto, l'avv. Francesco Ferrauto, il dott. Giuseppe Centamore, ritornato all'attività politica, Saro Ferrauto, Luigi Di Pietro e l'avv. Delfo Pupillo, rientrato nel partito.

I segnali di cambiamento all'interno del PSI si facevano quindi sempre più evidenti, come testimoniava anche il clima più disteso determinatosi con la nuova segreteria.

Alla vigilia delle elezioni è da considerarsi un successo del nostro gruppo politico-redazionale la richiesta avanzata dal PCI di inserire un nostro rappresentante come candidato indipendente nella sua lista. Fu indicato Enzo Tondo, che per correttezza lasciò l'incarico di direttore,. che fu affidato a me.

I risultati furono molto lusinghieri per il PCI che conquistò 20 seggi su 40 e formò la maggioranza con l'unico eletto del PSIUP, il prof. Giuseppe Ferrauto. Enzo Tondo ebbe un buon successo e fu eletto con 350 voti di preferenza, divenendo anche assessore ai Lavori Pubblici

Del gruppo comunista facevano parte, tra gli altri: l'on. Otello Marilli. richiamato a gran voce a Lentini dopo le note vicissitudini della precedente legislatura, Ciccio Ciciulla, figura di sindacalista (CGIL) destinata a diventare mitica, Graziella Vistrè, che si era conquistata una meritata leadership fra le lavoratrici, il maestro Alfio Mollica, solido ed appassionato militante che diverrà anche segretario del PCI, Cirino Garrasi esperto di sport e figlio di `Nzulu, fervente socialista dal prefascismo, Peppino Calamaro, uno dei costruttori dello zoccolo duro del PCI, il prof. Michelangelo Cassarino, entrato nel PCI giovanissimo dopo una breve militanza socialista, che diverrà sindaco, segretario della sezione e infine anche affermato poeta dialettale, ecc...

La DC passò dai precedenti 14 seggi a 10, ma con un gruppo altamente qualificato. Di esso facevano parte il preside Leonardo Odierna, stimato professionista (e mio insegnante di Latino e Greco al liceo) che sarà il capogruppo, il giornalista (futuro scrittore e futuro sindaco) Gianni Cannone, il prof. Nino Guercio, futuro presidente dell'ospedale civile, l'avv. Carlo Mugno, stimato da tutti i settori politici per la sua grande apertura mentale e per le sue posizioni politiche profondamente radicate nel sociale, il sig. Salvatore Butera, infaticabile organizzatore dei coltivatori diretti, il mio caro amico d'infanzia Pippo La Rocca, in seguito segretario della DC e sindaco della città, ecc...

Una lista "Torre e Bandiera" (Circolo "Don Sturzo" + liberali) elesse due consiglieri di grosso prestigio: l'avv. Vincenzo Bombaci (in futuro, fra l'altro, sindaco di Lentini) e l'avv. Alfio Sgalambro (appassionato cultore delle tradizioni cittadine), due personalità di solida competenza amministrativa e di salda tempra morale.

La lista civica "Ruota alata" vide come unico eletto l'ex comunista Vincenzo Crisci.

Il MSI venne rappresentato da Nicola Tarantino e dall'avv. Salvatore Neri, suo carismatico leader.

Il PSDI ebbe un rappresentante nella persona di Peppino Pisano, galantuomo di vecchia tradizione socialdemocratica, erede spirituale di Filadelfo Castro.

Il PSI ottenne 1460 voti e tre seggi (Bastiano Centamore, Antonino Di Noto e Alfio Bosco) e rimase momentaneamente in posizione di attesa.

Com'era prevedibile, sindaco fu eletto l'on. Marilli, vicesindaco divenne il prof. Peppino Ferrauto (PSIUP), assessori effettivi Carmelo Baudo, Alfio Mollica, Ciccio Ciciulla, Michelangelo Cassarino e Enzo Tondo; supplenti Cirino Garrasi e Salvatore Formica, un uomo di grande dirittura morale, stimato dall'intera cittadinanza.

Dopo le elezioni, e precisamente il 22 dicembre 1964, la sezione socialista procedette al rituale rinnovo del C.D. il che registrò il definitivo crollo del gruppo della "fumigazione", il cui potere era stato già da alcuni mesi fortemente intaccato.

Nel C.D. rientrarono importanti dirigenti come l'avv. Ferrauto, l'avv. Pupillo e il dott. Centamore, oltre allo stesso Sebastiano Centamore. Per gli altri nove componenti si trattava in parte di riconferme ed in parte di nuovi innesti (Bastiano Ventura, Fortunato Bosco, Turi Maglitto, Sirio Miceli. Turi Sorbello, Peppino Battiato per gli uscenti e per i nuovi Peppino Ippolito, Giuseppe Emanuele e Vittorio Maglitto).

Questi mutamenti venivano visti con malcelata soddisfazione dall'*Indipendente*, che, infatti, gli dedicò due articoli: "Fine di un eroe" nel numero unico del 14 gennaio 1965 e "Pulitura a secco" in quello del 25 febbraio 1965.

Sbaragliato quindi quel che restava della vecchia dirigenza, S. Centamore venne riconfermato all'unanimità segretario della sezione.

Al gruppo della "fumigazione" subentrava così il gruppo della "manutenzione".

Questi sostanziali mutamenti all'interno del PSI, che significavano anche la rimozione di ostacoli di natura psicologica, determinarono un diverso atteggiamento, nei confronti di quel partito, del gruppo che ruotava intorno al giornale, che, infatti, pubblicò un'intervista al segretario Bastiano Centamore e che, dopo sei numeri unici, concluse un'esperienza che per molti aspetti era stata esaltante.

Ancora una volta, dunque, si pose per noi il problema di cosa fare.

Dopo un lungo e leale confronto le nostre strade si divisero. Enzo Tondo decise di entrare nel PCI. Anni dopo passerà al PdUP p.i.c. di Lucio Magri. Nuccio Scatà ed io decidemmo di rientrare nel PSI. Scatà però ne uscirà dopo qualche tempo per entrare a sua volta nel PCI, diventando poi membro della segreteria. Io invece rimarrò nel PSI fino al suo scioglimento.

Il C.D. della sezione del PSI il 13 settembre 1965, in merito alle istanze di rientro presentate da Scatà e da me (ed anche da Alfio Serratore), così deliberava:

> «I compagni del C.D., preso atto della decisione dei tre sopra menzionati compagni approvano e plaudono al rientro dei compagni di cui sopra nel PSI ed auspicano un inserimento più responsabile ed attivo nel lavoro politico della sezione. Si tratta, infatti, di vecchi compagni molto responsabili che possono dare un serio ed effettivo contributo alla sezione».

5: Lentini 1966: l'Autore di questo libro, Ferdinando Leonzio, seduto alla Villa Gorgia di Lentini.

Capitolo VI Unificazione e scissione

Quando ripresi a frequentare la sezione vi ritrovai vecchie conoscenze come Sebastiano Centamore, Delfo Pupillo, Pippo Centamore e Saro Ferrauto; ma ebbi modo di conoscere anche nuovi compagni, come ad esempio l'universitario Cirino Cormaci, nuovo segretario della FGS, un giovane di alto profilo morale, buono e leale e Vittorio Maglitto, passionale ed impulsivo, che in seguito si differenzierà dalle posizioni del fratello Salvatore, plenipotenziario di Sebastiano Centamore; dopo un po' arriverà Nello Imprima, proveniente da Scordia, città di radicata tradizione socialista.
Sempre più numeroso si era fatto intanto il gruppo della "manutenzione".
Un ambiente tutto sommato tranquillo e intriso di un certo spirito di collaborazione, se si esclude una timida fronda del precedente gruppo spodestato da Bastiano.

Poco dopo il mio rientro, nel settembre '65, cominciarono le trattative col PCI e col PSIUP per l'ingresso in giunta dei socialisti ed io fui subito inserito nella delegazione insieme con l'avv. Pupillo, il dott. Centamore e Cirino Cormaci.
Esse durarono qualche mese fino al raggiungimento dell'accordo, che prevedeva l'inserimento in giunta di due assessori socialisti. L'accordo, approvato dal C.D., fu sottoposto alla ratifica dell'assemblea del 9 dicembre 1965.
Essa si svolse in modo costruttivo, salvo qualche piccola obiezione degli ex dirigenti (Chiarenza, Sorbello) ed approvò quanto stabilito.
Per la scelta degli assessori venne nominata una commissione presieduta dal sarto Orazio Manfredi e composta da tutti i membri del C.D. più altri 15 iscritti, fra cui Saro Chiarenza, Cirino Cormaci, Saro Ferrauto ed io stesso.

In essa sembravano prevalenti i sostenitori di Centamore e se ne ebbe una prova quando, con una sola scheda bianca, deliberò di designare Alfio Bosco e Sebastiano Centamore.

Fu significativo che nessun voto fosse andato al Di Noto, per circa due anni capo incontrastato della sezione.

La nuova Giunta Municipale (14 febbraio 1966) risultava ora composta, oltre che dal sindaco Otello Marilli (PCI), dal vicesindaco Peppino Ferrauto (PSIUP), dagli assessori effettivi Alfio Bosco, Sebastiano Centamore (PSI), Carmelo Baudo, Alfio Mollica, Michelangelo Cassarino (PCI) e dai supplenti Turi Formica (indipendente) e Ciccio Ciciulla (PCI).

Gli accordi prevedevano anche l'istituzione di una commissione paritetica tra PCI, PSI e PSIUP per coordinare l'azione amministrativa dei tre partiti relativamente ai più importanti problemi.

Di essa facevano parte Guido Grande, Alfio Mollica, Michelangelo Cassarino per il PCI; Paolo Carani, Turi Miceli e Cirino Commendatore per il PSIUP. A farne parte per il PSI il C.D. designò (26-2-66) il dott. Pippo Centamore, Sebastiano Ventura e il sottoscritto; nel contempo venne convocata per il 20 marzo 1966 l'assemblea degli iscritti per il rinnovo del C.D. stesso.

Intanto erano entrati nel PSI Gian Battista Manganaro (ex assessore PCI della giunta Arena) e il consigliere comunale eletto nella lista del PCI Filadelfo Aurora.

Quest'ultima adesione aveva reso il PSI momentaneamente determinante ai fini della maggioranza consiliare (19 PCI, 4 PSI, 1 PSIUP).

L'assemblea, dopo il consueto dibattito, nominò un seggio elettorale, di cui fui designato presidente. Del C.D. (13 componenti) furono chiamati a far parte i maggiorenti del partito (Sebastiano Centamore, l'avv. Filadelfo Pupillo, l'avv. Mario Ferrauto, il dott. Giuseppe Centamore). Furono riconfermati Fortunato Bosco, Sebastiano Ventura, Turi Maglitto, Peppino Ippolito, mentre furono eletti per la prima volta Paolo Maci, Francesco Nipitella, Cirino Cormaci e Filadelfo Aurora. Rimase fuori (oltre a Saro Chiarenza) anche Turi Sorbello, ex vice di Di Noto.

Io fui il secondo degli eletti.

Il 14 aprile 1966 il C.D. riconfermò alla segreteria Sebastiano Centamore e designò vicesegretario il dott. Giuseppe Centamore e segretario amministrativo Cirino Cormaci. Io divenni responsabile dell'organizzazione, ruolo a me congeniale e in cui mi vedrò impegnato anche in futuro.

Intanto un fatto nuovo si stava affacciando all'orizzonte politico nazionale, un fatto che indirettamente incrinerà l'equilibrio raggiunto in sezione e provocherà la fine del clima unitario.

L'elezione di Giuseppe Saragat alla Presidenza della Repubblica (28 dicembre 1964) e, soprattutto, la collaborazione all'interno del centro-sinistra fra PSI e PSDI avevano comportato un forte riavvicinamento fra i due partiti socialisti, il che aprì la strada al processo della loro riunificazione nel quadro dell'Internazionale Socialista.

Impulso e motore di tale processo fu essenzialmente Nenni, che aveva considerato la scissione del '47 come una sua personale sconfitta. L'inversione di tendenza verso l'unificazione rappresentava invece un superamento di quella che un tempo egli aveva chiamato "l'orgia delle scissioni".

Anche a Lentini venne avviato questo processo e il C.D. designò (28 maggio 1966) cinque delegati (Filadelfo Pupillo, Sebastiano Ventura, Ferdinando Leonzio, Fortunato Bosco, Salvatore Maglitto) a far parte insieme a cinque socialdemocratici di una commissione paritetica PSI-PSDI.

Circa un mese dopo però si verificò un episodio imprevisto.

Pare che il consigliere Antonino Di Noto, appellandosi ad un articolo dello Statuto del PSI che stabiliva l'incompatibilità fra la carica di assessore comunale e quella di segretario di sezione, si sia rivolto alla Federazione provinciale, perché tale articolo fosse applicato anche a

Lentini. Sostanzialmente ciò significava chiedere le dimissioni di Sebastiano Centamore dalla carica di segretario del PSI. Le dimissioni vennero presentato (per iscritto) nella riunione del C.D. del 20 giugno 1966 e nella stessa comunicazione vennero proposti come segretario il dott. Pippo Centamore e come vice Ferdinando Leonzio.

La proposta, non saprei fino a che punto sentita, venne accolta aggiungendo però un secondo vicesegretario, Sebastiano Ventura, persona assai vicina al segretario uscente e suo buon interprete.

Si vide quasi subito che la nuova segreteria non era confortata dalla collaborazione del gruppo di Sebastiano Centamore, tanto che fu costretta a chiedere la fiducia prima al C.D. (4 luglio 1966) e poi all'assemblea (5 luglio 1966).

In questa assemblea emerse una nuova opposizione, più che altro diretta a scardinare il potere, ormai preminente nel partito, di Sebastiano Centamore, il quale, anche grazie ad un'efficace gestione della sua carica di assessore, riusciva ad influenzare in maniera determinante la vita della sezione.

A guidare questa nuova opposizione erano i battaglieri Gian Battista Manganaro e Saro Ferrauto, il quale avendo individuato, in modo direi irreversibile, nel gruppo numericamente dominante e nel suo leader la causa principale del malessere della sezione, ne sarà ininterrottamente oppositore.

Questa opposizione ottenne una notevole affermazione nell'assemblea, essendo riuscita a far approvare a maggioranza una mozione del Manganaro (contrapposta ad una di Sebastiano Centamore!) con cui sostanzialmente si chiedeva la rottura della collaborazione amministrativa.

La mozione si basava su alcuni screzi avvenuti in Consiglio Comunale fra i gruppi della maggioranza. Ma sostanzialmente mirava, a mio avviso, a togliere in tal modo al Centamore la fonte primaria del suo potere politico e cioè il suo assessorato. Impresa non facile, perché il Centamore aveva da qualche tempo capito l'importanza fondamentale della *leadership* della Federazione, con cui intratteneva ormai stretti rapporti, anche perché era entrato a far parte del comitato provinciale.

Qualche giorno dopo (8 luglio 1966) infatti venne convocata una riunione del C.D. su richiesta della Federazione e alla presenza del nuovo segretario provinciale on. Peppino Denaro, alla fine della quale, ritenendosi necessarie una consultazione col PSDI e una verifica del programma amministrativo, si decise di rinviare l'esecuzione di quanto deciso dall'assemblea!

E nel mentre l'opposizione, a cui avevano aderito anche Nello Imprima e Vittorio Maglitto, continuava la sua battaglia, un nuovo caso venne a turbare gli equilibri della sezione. L'assessore Alfio Bosco, da tempo in dissenso col partito (non condivideva, diceva lui, la "socialdemocratizzazione" del PSI) se ne allontanò definitivamente. Ed inoltre il consigliere Filadelfo Aurora decadde da consigliere comunale e gli subentrò Gaetano Cimino della lista del PCI, in cui egli era stato eletto. La maggioranza PCI (20) - PSIUP (1) ridivenne così autonoma rispetto all'apporto del PSI, ridotto a due soli consiglieri (S. Centamore e A. Di Noto) per di più in dissenso fra loro.

Intanto era giunto a conclusione il processo dell'unificazione socialista, che orgogliosamente si proponeva di contestare l'egemonia della DC sul governo e quella del PCI sul movimento operaio.

Il 30 ottobre 1966 si riunì la Costituente Socialista, la quale proclamò la nascita del nuovo partito, inserito a pieno titolo nell'Internazionale, suscitando tanto entusiasmo e tante aspettative.

Ma il nuovo partito si presentava anche caratterizzato da un pesante garantismo organizzativo. Esso nasceva bicefalo già nel nome: "PSI-PSDI Unificati" (brevemente sarà chiamato "Partito Socialista Unificato"). I suoi organi a tutti i livelli erano la pura somma di quelli dei due partiti quando essi erano separati. Due segretari nazionali: Francesco De Martino e Mario Tanassi (con un presidente: Nenni) e così fino alle sezioni. Il simbolo era costituito inizialmente da un

cerchio contenente i simboli dei due partiti, quello che sarà quasi subito chiamato irrisoriamente *la bicicletta*.
A Siracusa c'erano due segretari provinciali: Denaro (PSI) e Dierna (PSDI).
Anche a Lentini si procedette all'unificazione con un incontro fissato, su iniziativa del segretario del PSI dott. Giuseppe Centamore per il 31 ottobre 1966 presso la sede del PSDI, la *casa dei socialisti* in via Italia. Si trattava di un grosso edificio, con un ampio salone al primo piano, costruito dal partito socialista, allora partito unico dei lavoratori, prima del fascismo. Per sfuggire all'espropriazione dei beni del PSI effettuata dal Regime, la casa era stata intestata ad una cooperativa agricola, i cui soci erano tutti socialisti. Alla caduta del fascismo la cooperativa i cui soci erano in maggioranza seguaci di Filadelfo Castro, avevano assegnato la sede al PSI e, dopo la scissione del 1947, al PSDI. In seguito il pianterreno sarà dato alla UIL, sindacato allora in maggioranza diretto da socialdemocratici.
Il PSDI con cui noi socialisti di Lentini ci andavamo a fondere non aveva nulla a che vedere col PSI del periodo prefascista, quando Castro guidava le masse contadine in un clima di acceso massimalismo e si incontrava anche con Giacinto Menotti Serrati, come ebbe a dire lui stesso in un comizio. Ma non aveva neanche a che vedere col PSI del secondo dopoguerra, che nel '46 aveva riconquistato il Comune ed era rappresentativo di vasti settori popolari. Vicino a Castro c'erano allora uomini stimati come Severino Jelo e Salvatore D'Anna. Ma quando Castro, e con lui la grande maggioranza della sezione socialista, aderirono alla scissione socialdemocratica, il PSDI sull'onda della rivalità Castro-Marino, e in omaggio ad un anticomunismo sempre più viscerale, scivolerà su posizioni moderate.
Posizioni che non erano più in grado di rappresentare le aspirazioni delle masse bracciantili autenticamente proletarie, assetate di terra e ansiose di evadere dalla condizione di precarietà dei cosiddetti "jurnatari", il cui lavoro era legato alle condizioni atmosferiche, oltre che al "buon cuore" del padronato agrario.

In questo quadro sociale si ridusse sempre più l'influenza socialdemocratica a favore dell'altro partito della sinistra, il PCI, che, dopo l'allontanamento di Marino e di Arena e il ritiro di Pattavina, si trovò ad essere guidato da un gruppo dirigente giovane, forgiatosi nella lotta politica quotidiana e in essa impegnato con grande passione, sotto la guida di un giovane, ma assai qualificato segretario politico: Giovanni Pupillo.

Il PSDI dunque di elezione in elezione vedeva diminuire la sua rappresentatività, attraversando anche momenti di dissenso con la sua federazione. Alle amministrative del 1952, infatti, Castro si presentò con la lista "Socialisti indipendenti-martello con spighe" e perse non solo la sindacatura, ma anche il seggio al Consiglio Comunale. Alle successive comunali del '56 lo recupererà, ma all'interno di una lista di coalizione di centro-destra. Continuerà a mantenere il seggio consiliare fino alla sua morte (1963), quando gli subentrerà Peppino Pisano.

Ed era appunto Pisano il segretario del PSDI al momento dell'unificazione.

Due dunque anche a Lentini i segretari del PSU: Pippo Centamore e Peppino Pisano.

Il C.D. venne formato dalla somma dei due comitati: tredici componenti per parte.

Il primo problema che dovette affrontare il nuovo partito unificato e bicefalo fu la collocazione del PSU in Consiglio Comunale.

Il PSI, due consiglieri, stava, infatti, in maggioranza con Sebastiano Centamore in Giunta, mentre il PSDI, un solo consigliere (Pisano) era saldamente collocato all'opposizione.

Il nuovo C.D. di 26 componenti, dopo una lunga serie di riunioni e di estenuanti dibattiti, alla fine trovò una soluzione.

Con venti voti (i 13 ex PSDI più 7 ex PSI) si pronunciò per una soluzione per così dire intermedia: né in giunta, né all'opposizione, rimanendo però nella maggioranza.

Ciò comportava pertanto le dimissioni di Bastiano Centamore dalla Giunta.

Più facile a dirsi che a farsi! Il Centamore sembrava incollato alla sedia assessoriale. Il C.D. lo deferì ai probiviri. Pare venisse anche affisso un manifesto dal titolo un po' curioso, che suonava più o meno cosi: «Si scolli il cav. Centamore dalla poltrona assessoriale».

Della vicenda si occupò anche il giornale *La Sicilia*, in un articolo non firmato dell'11 gennaio 1967 dal titolo "Polemica fra i socialisti di Lentini. L'assessore Centamore sarà espulso dal PSU?" e il cui testo vale la pena riportare integralmente:

> «La decisione dell'assessore comunale di Lentini Sebastiano Centamore di rimettere il suo mandato alla federazione provinciale del PSU e non direttamente al sindaco, come sarebbe stato di prammatica dopo l'invito del direttivo della sezione lentinese del PSU, e le dichiarazioni fornitoci dallo stesso Centamore in proposito, ha(nno) suscitato un vespaio di polemiche e di critiche di parte. Le ripercussioni si sono fatte ben presto sentire. Ecco al riguardo un comunicato della sezione del PSU di Lentini: «Il PSU di Lentini non è affatto diviso in due tronconi, anzi oggi più che mai ha una visione unitaria circa l'indirizzo generale del partito; lo sparuto gruppetto che si oppone alle decisioni della grande maggioranza rappresenta solamente posizioni settarie e personalistiche che nulla hanno a che vedere con la politica scaturita dalla Costituente Socialista del 30 ottobre 1966. Circa la decisione di uscire dalla attuale coalizione amministrativa si precisa che: a) il comitato direttivo si è pronunciato a larga maggioranza; b) non si è tenuta la riunione di assemblea per rispetto alle norme transitorie stabilite dai due partiti al momento della unificazione e che stabiliscono la pariteticità degli organi direttivi di base fino all'aprile 1967; c) Tuttavia, prima della unificazione socialista, la sezione del PSDI era

compattamente contraria all'attuale maggioranza e, nel luglio scorso, l'assemblea della sezione del PSI si era pronunciata a larga maggioranza per la tempestiva uscita dalla maggioranza, salvo ratifica della federazione.

Si smentisce recisamente che abbiano consistenza le minacciate "dimissioni in massa" dal partito, che son solo strumento di ricatto nei confronti del partito, il quale conosce la natura e l'irrisoria consistenza del gruppetto che ruota attorno a Sebastiano Centamore, incollato alla sedia di assessore, qualunque sia il tipo di amministrazione. Nessuna dimissione è stata presentata dal Centamore a chi di competenza, e cioè al sindaco così come stabilito dal direttivo sezionale, cercando di spingere la federazione ad esautorare l'autonomia della sezione, nonostante le assicurazioni precise fornite dai compagni Denaro e Dierna.

Il Sebastiano Centamore ha cercato con tutti i mezzi di spostare la discussione da Lentini a Siracusa, poiché ha solo una piccola minoranza nel direttivo di sezione, e ciò in contrasto con lo statuto. Circa la posizione personale del Sebastiano Centamore nel partito, si precisa che egli è stato sospeso da ogni attività politica e deferito al collegio dei probiviri con proposta di espulsione».

Ma l'assessore Centamore aveva molte frecce al suo arco, specialmente in federazione. I due segretari sezionali vi furono convocati d'urgenza e dovettero addirittura sorbirsi... una ramanzina!
Le cose al Comune alla fine rimasero immutate, mentre invece cambiò il clima nella sezione. Il non aver voluto il Centamore eseguire i deliberati della sezione aveva determinato lo sbandamento di molti degli ex socialdemocratici, galantuomini di vecchio stampo (come ad es. il maestro Sferrazzo), abituati ad un clima assai più sereno e cordiale ed essi presero a non frequentare più la sezione; fra gli ex PSI vi fu una sostanziale divaricazione fra gli uomini vicini all'assessore,

che si andavano configurando sempre più come gruppo organizzato all'interno del partito e gli altri.

Curiosa la posizione del Ventura, che in tutte le riunioni di assemblea o di direttivo si pronunciava per la rottura o il disimpegno col PCI (da cui egli proveniva), quando la maggioranza vi era contraria; invece quando la cosa, in seguito alla fusione, aveva assunto concretezza, egli si era dichiarato appassionatamente contro le dimissioni dell'assessore.

Il dott. Centamore, Cirino Cormaci, l'avv. Pupillo, io stesso ed altri dirigenti presero le distanze da Sebastiano Centamore, sulla base della constatazione che non si trattava in realtà di dissensi sulla linea politica, ma palesemente si puntava alla salvaguardia di posizioni di potere.

Il nuovo C.D. che venne eletto per la prima (ed ultima) volta a "carte rimescolate" dagli iscritti dei due partiti, vide riconfermati, su 13 componenti, solo due rappresentanti dell'ex PSDI: Peppino Pisano e il geom. Carmelo Fangano. E a parte la riconferma del dott. Centamore, dell'avv. Pupillo e mia, si ebbe una netta prevalenza della "manutenzione" centamoriana.

Nel maggio dello stesso anno 1967 tuttavia Sebastiano Centamore, rimasto in giunta nonostante tutto, si vide costretto a dimettersi dalla stessa carica, ritenendosi "esautorato" nelle sue funzioni. In effetti la Giunta municipale aveva una maggioranza autosufficiente (20 PCI più 1 PSIUP più Alfio Bosco), il che diminuiva notevolmente il peso che Sebastiano Centamore poteva esercitare.

Presentate le dimissioni (in Giunta lo sostituì Cirino Garrasi) egli, dopo aver ripreso la segreteria, si dedicherà alla riconquista di una solida maggioranza all'interno della sezione, specialmente dopo gli avvenimenti del '68.

L'unificazione socialista, che tante speranze aveva suscitato, era stata realizzata in una fase di riflusso del centro-sinistra. I due principali obiettivi che si era posta vennero mancati. Non fu possibile limitare l'egemonia della DC sul governo soprattutto a causa della mancanza di alternative al quadro politico di allora. Né del resto il PSU riuscì ad intaccare l' influenza del PCI sulla classe lavoratrice.

Anzi gli attacchi del PCI nei suoi confronti col tempo si erano fatti sempre più forti, sia al centro che in periferia.

Ricordo che un giorno venne affisso un manifesto del PCI contenente un violento attacco al "governo di Nenni e di Tanassi" e che esso venne affisso anche all'interno della Camera del Lavoro. Il dott. Centamore (segretario del PSU) ed io (vice) ci recammo sul posto per protestare con i dirigenti sindacali. Ma il manifesto rimase dov'era.

Le elezioni del 19 maggio 1968 portarono il PSU nazionale dal 19,5% del '63 (PSI più PSDI) al 14,5%.

Al primo congresso del partito unificato si presentarono ben cinque mozioni e quando la maggioranza "autonomista" venne rovesciata dalla nuova corrente di Francesco De Martino ("Riscossa Socialista") con l'aiuto di Giacomo Mancini ("Presenza Socialista") e di Riccardo Lombardi ("Sinistra Socialista") e l'ala ex socialdemocratica venne posta in minoranza, la nuova scissione era già cosa fatta.

Nonostante il prestigio e gli appelli di Nenni, il 4 luglio '69 venne annunciata ed attuata, e PSI e PSDI ripresero ciascuno la propria strada.

Anche a Lentini avvenne la separazione; e l'allontanamento di Pisano e dei suoi amici facilitò il consolidamento dell'influenza di Sebastiano Centamore all'interno del PSI e il momentaneo disimpegno di alcuni suoi contestatori. In questa fase l'opposizione interna, guidata dal battagliero duo Saro Ferrauto - Cirino Cormaci, condusse una battaglia tanto tenace quanto vana.

Infatti Sebastiano Centamore (ormai non più assessore), aveva ripreso la segreteria del partito, diventandone per almeno un decennio il leader assoluto, anche se spesso insidiato dalle varie minoranze.

Sebastiano Centamore era un uomo tenace e paziente, che aveva il gusto della vita. La sua personalità lasciava trasparire una naturale bonomia nei rapporti umani e degli atteggiamenti a volte volutamente furbeschi. Era cordiale e educato con tutti, gentile e disponibile anche con i suoi avversari. Non ricordo di avergli mai sentito alzare la voce né tantomeno offendere un interlocutore.

Spesso si rendeva veramente simpatico, anche involontariamente. Una sera del 1960 si teneva in sezione (in Via XX Settembre) una riunione del C.D. ed egli aveva appena cominciato a svolgere il suo intervento, quando, dalla stanza attigua, in cui stavano altri compagni, venne apostrofato da uno dei presenti con voce forte e chiara: «Zìttiti, tragidiaturi!». Passato qualche attimo per la sorpresa causata dall'imprevisto invito, egli esclamò: «Propongo di costituire una commissione d'inchiesta per sapere perché mi ha detto tragediatore!».

Una mattina di vari anni più tardi, quando ambedue facevamo parte della stessa giunta, io mi trovavo al Comune, nell'ufficio del dott. Giuseppe Centamore. Improvvisamente Sebastiano entrò imprecando contro i comunisti, che gli avevano usato non so quale soperchieria, e dichiarando a chiare lettere che intendeva dimettersi. Io cercavo di calmarlo, di richiamarlo ai suoi doveri verso il gruppo consiliare, verso il partito, lo pregavo di discutere con me il caso. Ma egli, educato come sempre, quasi affettuoso, ma deciso come non mai, mi chiedeva con insolita fermezza, di non interferire nella sua irreversibile decisione, con un tono che non ammetteva repliche. Mentre si svolgeva questa concitata conversazione fra noi due, io che cercavo di dissuaderlo e lui che imperterrito insisteva, il dott. Centamore, che non aveva partecipato per niente alla discussione, si era messo alla macchina da scrivere. Battute alcune righe, gli porse il foglio dicendogli: «Vastianu, firma!». Erano le sue dimissioni ufficiali dalla carica!

Al leggere quelle parole, egli cambiò rapidamente espressione ed esclamò: «Avà, Pippu, macari tu ti ci metti?!». E giù interminabili risate di tutti e tre.

Questo era l'uomo. Il politico aveva intuito qual era la chiave del potere nei partiti politici, almeno in quelli di allora. Bisognava avere il controllo dell'assemblea degli iscritti e quindi del comitato direttivo; e questo controllo poteva riuscire a durare solo con l'inserimento di uomini a lui fedeli. Egli aveva infatti una cura particolare per il tesseramento e quando il gruppo dei suoi sostenitori, per qualunque motivo sembrava assottigliarsi, egli provvedeva a rimpolparlo con truppe fresche.

Dapprima ci fu il gruppo della "manutenzione", poi vennero quelli dell'ex PSIUP, quindi i parenti e gli amici personali e, in seguito, il gruppo dei "medici".

Marilli, a proposito di questo flusso e riflusso, una volta gli disse: «Escono i delusi ed entrano gli illusi».

La sua maggioranza, seppur solida e compatta, fu però sempre sofferta per la presenza quasi costante di minoranze tenaci e numericamente consistenti. Il che lo costringeva a defaticanti riunioni di direttivo, precedute da altrettanto gravose riunioni di corrente, al rispetto delle procedure, ecc.. Per cui, anche se la decisione finale era scontata, essa comportava per lui un impegno notevole e costante. Ma la sua posizione non sarebbe diventata così solida se egli non si fosse collegato in modo stabile col gruppo dominante della Federazione, instaurando con esso un rapporto che potrebbe definirsi di tipo "feudale". Egli, infatti, gli assicurava fedeltà negli appuntamenti congressuali ed elettorali ricevendone ampia protezione. Alle minoranze interne concedeva qualcosa solo quando pensava che un diniego potesse causargli un maggior danno politico. Io per esempio ebbi la mia prima carica pubblica come componente dell'E.C.A.. ai primi del '69, grazie ad un piccolo "colpo di mano" del dott. Centamore che sul mio nome, in seno al C.D. riuscì a raccogliere più voti del suo candidato per la relativa segnalazione. Fui perciò imprevedibilmente nominato (assieme a Nino Giudice) per il PSI nel Comitato Amministrativo dell'ECA, che comprendeva cinque rappresentanti del PCI, compreso il presidente (Bruno Ossino), uno del PSIUP ed uno della DC.

Un lato del carattere di Sebastiano Centamore che ho sempre apprezzato, era la sua assoluta mancanza di presunzione. Uomo di media cultura, egli aveva piena coscienza dei suoi limiti, a differenza di certi ridicoli personaggi che si credono in grado di poter svolgere qualunque ruolo politico o amministrativo, prescindendo dalla pur minima necessaria preparazione.

Quando ne aveva necessità egli si rivolgeva a quei suoi compagni di partito che, secondo lui, erano in grado di chiarirgli un problema, a qualunque corrente appartenessero. Se la questione era di carattere legale, egli si rivolgeva all'avv. Pupillo o all'avv. Ferrauto, se si trattava di problemi urbanistici, faceva venire a Lentini l'ing. Italia, se doveva sciogliere un nodo amministrativo interpellava il dott. Centamore.

Una mattina mi telefonò che era ancora buio, buttandomi giù dal letto, per chiedermi di scrivergli, in un paio d'ore, un discorso sulla Resistenza, che egli doveva tenere in mattinata. Protestai per l'ora e per il tempo limitato. Ma non gli si poteva dire di no.

L'affermarsi della sua *leadership* nella sezione e soprattutto la vocazione clientelare di molti suoi seguaci, a cui poco importava dell'attività politica e della linea del partito, ostacolavano notevolmente la circolazione delle idee e la dialettica interna. I temi politici veri e propri venivano ignorati. Ad esempio, nell'appassionante battaglia referendaria sul divorzio, la cui legge istitutiva portava la firma del socialista on. Fortuna, il PSI a Lentini fu assente, se si esclude qualche piccola iniziativa individuale. Di fronte ad un' atmosfera così pesante spesso si reagiva col disimpegno, poiché si considerava la situazione difficilmente ribaltabile. Ad esempio, proprio per queste considerazioni, un nutrito gruppo di agguerriti oppositori, guidato da Saro Ferrauto, Nello Imprima e Vittorio Maglitto deciderà di uscire dal partito, aderendo quasi subito dopo al PSIUP, pensando che dall'esterno la lotta avrebbe potuto essere più incisiva ed efficace. Ma l'ambiente del nuovo partito si dimostrò del tutto inadatto a questo disegno, forse per la diversa cultura politica che vi circolava e per l'origine non socialista di molti suoi aderenti.

Tanto che, nel '70, il gruppo abbandonerà il PSIUP per rientrare nel PSI. In questo viaggio di ritorno verso la "casa paterna" furono seguiti da uno dei due consiglieri del PSIUP, Angelo Celso.

All'approssimarsi delle elezioni amministrative del 1970 una sera l'avv. Pupillo convocò nel suo studio una riunione di tutti quei socialisti che, in diversa misura e con diversi accenti, erano in una posizione critica.

Oltre all'avv. Pupillo ed a me, c'erano il dott. Centamore, il dott. Greco, Alfio Serratore, Cirino Cormaci ed altri.

Dall'approfondita discussione che si svolse emerse un'analisi da tutti condivisa.

Secondo i presenti la supremazia di Sebastiano Centamore, in una sezione in cui il ceto impiegatizio comunale era ormai molto consistente, si fondava principalmente sul fatto che egli era ininterrottamente consigliere comunale dal 1956 e spesso assessore. Occorreva quindi bilanciare tale potere facendo presentare alle imminenti elezioni uno dei partecipanti alla riunione e concentrando le preferenze su di lui.

Né prima né durante la riunione avevo pensato che la scelta sarebbe caduta su di me. Ma, quando ciò avvenne, non potei tirarmi indietro.

Di recente Sebastiano Centamore aveva accolto nel partito Vincenzo Crisci, già consigliere comunista nel 1960 e poi unico eletto della lista civica "Ruota Alata", da lui promossa insieme con Vitale Martello nel 1964. Il Crisci era diventato vicesegretario della sezione e fu proprio in quella veste che, nel periodo della formazione della lista, venne ad offrirmi la candidatura, considerandomi quello che in gergo si diceva un "riempitivo".

Accettai e da quel momento ebbe inizio la mia battaglia elettorale.

Essa fu sostenuta lealmente da tutti quelli che mi avevano indicato ed io, che pur avevo partecipato a molte battaglie elettorali, imparai quanto è antipatico chiedere la preferenza per se stessi.

Ad urne aperte Sebastiano Centamore, capolista, seguendo i primi risultati, poté constatare con sorpresa come io lo avessi superato in quasi tutti i seggi elettorali della città. Egli prevalse però in quelli allocati presso la scuola "Monastero" e nel totale delle preferenze.

Il PSI ebbe tre seggi, con Sebastiano Centamore al primo posto con 284 preferenze; seguivo io con 275 e, a una certa distanza, Saro Chiarenza. Non furono eletti Mario Ferrauto, Turi Sorbello e Bastiano Ventura.

Iniziava per me una nuova esperienza politica.

6: Lentini, quartiere San Paolo. Foto di Giuseppe Sferrazzo, ottobre 2017.

Capitolo VII L'esperienza consiliare

Il Consiglio Comunale scaturito dalle elezioni del '70 si può certamente considerare di alto profilo.
Il PCI poteva contare su un gruppo consiliare di 18 componenti, con in testa l'on. Marilli. Vi facevano parte, tra gli altri il preside del liceo classico Sebastiano Addamo, affermato scrittore, il preside Alfio Siracusano, futuro scrittore, il dott. Alfio Nipitella, il prof. Michelangelo Cassarino, robusto poeta dialettale, il prof. Luigi Dugo, noto pittore, i maestri Alfio Mollica (chi non ricorda la sua colorita espressione: «Signori capitalisti, giù le brache!»? e Salvatore Di Mauro, vecchissimo militante comunista, sempre con mezzo sigaro in bocca, i noti sindacalisti Ciccio Ciciulla e Fortunato Mastrogiacomo, rappresentanti del mondo dell'agricoltura come Turi Formica, Cirino Caracciolo e Luciano Conti e di quello dell'artigianato come Alfio Cormaci, ecc...
Il PSIUP poteva contare su una rappresentanza di 2 consiglieri, ottenuta in seguito a un buon successo elettorale. Il primo degli eletti era l'avv. Filadelfo Lazzara, valente professionista, proveniente da una famiglia antifascista (era il fratello minore del famoso ufficiale partigiano Salvatore) e di orientamento socialista. Il secondo eletto era un giovane pescivendolo che si affacciava per la prima volta alla vita pubblica, ma che avrebbe avuto un ruolo non secondario nelle vicende del movimento socialista di Lentini e che sarebbe diventato il decano del Consiglio Comunale: Angelo Celso.
La sua adesione al PSIUP era stata, in un certo senso, istintiva, probabilmente dovuta al fascino che questo partito esercitava su ampi settori giovanili per le sue posizioni ad un tempo classiste e libertarie, per le sue coraggiose battaglie in difesa di tutti i movimenti rivoluzionari e anticolonialisti che emergevano in ogni angolo della terra.
La sua preferenza per questo partito rispetto al PCI era forse da ricercarsi, oltre che nella struttura politica e organizzativa del PSIUP

che lo faceva diverso dall'altro partito operaio (il PCI), in cui avevano un peso notevole l'apparato e il centralismo democratico, anche nella situazione politico-sociale della città.

Il PCI a Lentini si era ormai configurato essenzialmente come il partito della classe bracciantile organizzata politicamente e sindacalmente, non riuscendo quasi mai ad agganciare in maniera duratura altri ceti sociali. In particolare non si riconoscevano nel PCI fasce di lavoratori non organizzati, come ambulanti, piccolissimi commercianti o persone non specializzate disponibili a guadagnarsi la giornata anche con umili lavori. Questo ceto era confluito nel PSIUP di Carani e ne aveva fatto il "suo" partito, alleato sì, ma in modo quasi sempre conflittuale, del PCI. Come che sia, e senza che un tale disegno politico fosse elaborato "a tavolino" o espressamente voluto dall'interessato, nel giovane consigliere finirono per riconoscersi alcuni settori di questo ceto sociale, i quali lo avrebbero sempre sostenuto nel corso della sua vicenda politica. Ed egli si sarebbe dimostrato "cavallo di razza" della politica, sopperendo alle carenze scolastiche con una notevole capacità di arricchire la sua preparazione con l'esperienza, anche grazie ad un innato intuito politico.

Anche il gruppo della DC, forte di 14 consiglieri, poteva contare su uomini del prestigio e dell'autorevolezza dell'avv. Bombaci e dell'avv. Tribulato; ne facevano parte i miei carissimi amici d'infanzia Gianni Cannone e Pippo La Rocca, uomini di grande livello politico, stimati professionisti come il prof. Tanino Sferrazzo e i geometri Antonino Casella e Pippo Galatà, il mio ex compagno di scuola Aurelio Magazzù, uomini di grande esperienza politica come il cav. Pasquale Valenti e il cav. Alfio Cardillo, rappresentanti della sinistra DC come Nicola Di Stefano poi surrogato dall'avv. Carlo Mugno, ecc..

Il MSI si presentava con un gruppo di 2 consiglieri: la professoressa Sara Sferrazzo Curcio, indipendente, mia ex compagna di liceo, e vigile e stimata oppositrice, nonché il cav. Attilio Iachelli, noto esperto ed organizzatore sportivo, galantuomo, a cui sono legato da antica amicizia e reciproca stima personale, al di là delle rispettive inconciliabili posizioni politiche.

Infine per il PSDI venne eletto un professionista largamente impegnato nel sociale: l'ing. Andrea Amore, che nel corso della legislatura venne sostituito da Giuseppe Pisano.

Poiché non fu possibile raggiungere l'accordo per una giunta organica di sinistra, probabilmente perché il PCI era restio (come nella precedente tornata amministrativa) a concedere la vicesindacatura a Sebastiano Centamore, il PSI si decise per un appoggio esterno ad una giunta PCI-PSIUP.

Sindaco fu eletto l'on. Otelo Marilli (PCI), con vicesindaco l'avv. Filadelfo Lazzara (PSIUP). Gli altri componenti l'esecutivo erano stati tutti eletti nella lista del PCI: il prof. Cassarino, il prof. Siracusano, Turi Formica (indipendente), Cirino Caracciolo, Nello Addamo (indipendente), Paolo Innocenti, Luciano Conti.

Dopo alcuni mesi dalle elezioni si verificò un fatto che modificò la composizione del gruppo socialista. Il primo dei non eletti, Saro Renna, avanzò ricorso nei confronti di Saro Chiarenza, di cui pare eccepisse l'ineleggibilità per non essersi egli dimesso da una commissione comunale, e qualche tempo dopo gli subentrò.

Egli era un intelligente imprenditore dalla spiccata personalità e molto concreto nelle sue azioni, che si era iscritto al PSI in giovane età.

Entrato in consiglio comunale si schierò con la minoranza interna del PSI, che poté così contare su due consiglieri dei tre del gruppo e in tal modo bilanciare il controllo che Sebastiano Centamore aveva sul C.D. della sezione. Il quale C.D. ben presto ritenne esaurita la fase dell'appoggio esterno e con un deliberato del 22 settembre 1970 pose energicamente le premesse per l'ingresso in Giunta del PSI.

Dopo le lunghe trattative, nelle quali intervenne anche la Federazione del PSI, ogni resistenza fu superata e la Giunta in carica il 21 dicembre 1970 rassegnò le dimissioni.

Gli accordi prevedevano per il PSI due assessorati: la vicesindacatura, con una rubrica da stabilire, e l'assessorato ai Lavori Pubblici

Nel corso di questi mesi un altro cambiamento si era verificato in seno al Consiglio comunale Il giovane Celso, entrato in polemica con l'avv. Lazzara, aveva lasciato il PSIUP, aggregandosi al gruppo di Saro Ferrauto e rimanendo come indipendente nella maggioranza. Successivamente, sempre insieme allo stesso gruppo, aderirà al PSI.

Intanto, nel momento in cui si dovevano scegliere le persone da mandare in giunta, la Federazione avocò a sé la decisione, indicando Sebastiano Centamore come vicesindaco in rappresentanza della corrente maggioritaria ("Riscossa Socialista") e Ferdinando Leonzio come assessore ai Lavori Pubblici come esponente di quella di minoranza ("Rinnovamento Socialista").

Successivamente la sezione socialista procedette al rinnovo del C.D.. Vennero presentate tre liste e quella di Sebastiano Centamore vinse di stretta misura conquistando otto seggi su quindici (Sebastiano Centamore, Sebastiano Ventura, Rosario Chiarenza,

Filadelfo Amato, Filadelfo Grasso, Salvatore Maglitto, Angelo Celso, Carmelo Amore). La seconda lista, in cui mi riconoscevo, ma di cui ritenni di non far parte in quanto consigliere comunale, ebbe sei seggi (Pippo Centamore, Delfo Pupillo, Peppino Battiato. Alfio Serratore, Vittorio Maglitto, Cirino Cormaci). Una terza lista, che era stata presentata da Saro Renna e Turi Mangiameli, conquistò un seggio nella persona dello stesso Mangiameli.

La maggioranza elesse segretario Saro Chiarenza, quasi una forma di compensazione per essere stato egli estromesso dal seggio consiliare. La nuova Giunta, eletta nel febbraio del 1971, vedeva ancora una volta alla sua guida l'on. Marilli, questa volta con vicesindaco Sebastiano Centamore che saliva così un altro gradino della sua carriera politico-amministrativa. Assessori furono eletti: Filadelfo Lazzara (PSIUP), Ferdinando Leonzio (PSI), Salvatore Formica (indipendente PCI), Graziella Vistrè, Paolo Innocenti, Alfio Siracusano, Cirino Caracciolo (PCI).

Entrai dunque in giunta con un'esperienza di poche sedute di Consiglio Comunale, a gestire un importante assessorato, fra i cui dipendenti c'era il più combattivo nucleo di sostenitori di Sebastiano Centamore.

Poco dopo il mio insediamento il sindaco Marilli mi convocò un pomeriggio a casa sua, in Via Garibaldi, per informarmi sulla situazione dell'assessorato. Egli mi trattenne per circa quattro ore, dimostrando una conoscenza delle pratiche e una padronanza dell'argomento a dir poco stupefacenti.

Quando uscii mi sentii frastornato ed anche un po' preoccupato per la mole di problemi che mi aspettava, anche in considerazione del fatto che durante la mia attività professionale di pubblico dipendente, avrei potuto usufruire di permessi solo per le riunioni di giunta e di consiglio, che del resto si svolgevano quasi sempre di pomeriggio o di sera. Ero così costretto ad andare al Comune durante gli intervalli o all'uscita dalla scuola, rimanendoci fino a tardi ed uscendo per ultimo, quasi sempre dopo il personale, avendo come unico compagno il sindaco Marilli, che aveva la stessa "abitudine".

Fu così che ebbi modo di conoscere a fondo quell'uomo e di guadagnarmi la sua fiducia e le sue confidenze.

Aveva una personalità assai ricca di valori, umani e politici.

Un giorno mi raccontò di aver aderito, in giovinezza al GUF della sua città, Firenze. Poco tempo dopo aveva preso a partecipare alle riunioni di un gruppo (di cui faceva parte anche lo scrittore Ruggero Zangrandi) che, partendo da posizioni di semplice fronda del regime, aveva finito per subire influenze libertarie. E il laicismo intellettuale, che lo caratterizzava fin da allora, aveva poi portato il Marilli ad aderire al PRI. Ma, dopo aver visto le condizioni del bracciantato agricolo in Sicilia, dove si era nel frattempo trapiantato, aveva aderito al PCI, che della lotta per la terra era diventato l'alfiere dopo la Liberazione.

Egli aveva aderito al PCI con grande passione, ma anche con grande razionalità, mantenendo sempre il suo spirito laico. Era anche un intellettuale di grande spessore, come dimostrano non solo la sua qualifica di professore universitario, ma anche tutti i suoi interventi scritti ed orali sui più svariati argomenti. Era anche un uomo di spirito, con qualche venatura di ironia. Per esempio il 6 gennaio aveva il vezzo di telefonare alle mogli dei suoi amici, per far loro gli auguri. E, alla spontanea domanda dell'incuriosita signora («Ma che festa è?») egli rispondeva: «La befana!».

Una delle sue qualità che mi è rimasta più impressa è la sua grande pazienza. Egli ascoltava tutti, prendeva appunti su tutto quello che si diceva nelle riunioni spesso prolisse (come quelle del PCI) a cui partecipava. E non perdeva mai la calma: come quella volta che un cittadino si era fatto ricevere nel suo ufficio al Comune e, una volta entrato, aveva aperto la valigia che aveva con sé, piena di panni sporchi, dicendogli: «Mi dica lei come li debbo lavare, poiché a casa mia manca l'acqua?!».

Fra i miei colleghi quello con cui legai subito fu Paolo Innocenti, che mi fu subito amico di un'amicizia fraterna, destinata a durare fino alla sua prematura scomparsa (1999).

La mia attività di assessore cominciò quasi subito ad incontrare delle difficoltà. Non solo il tempo libero che avevo nelle ore antimeridiane (a causa della mia professione) si rivelava insufficiente rispetto all'incalzare dei problemi, ma avvertivo anche un certo distacco da parte del personale, con poche eccezioni, fra cui la più importante era quella del dirigente della ripartizione, l'ing. Alfio Buccheri, ottimo professionista e persona di elevata cultura.

Un'altra difficoltà era dovuta al fatto che la Commissione Edilizia, in base al regolamento, prevedeva fra i suoi componenti di diritto l'assessore ai Lavori Pubblici, ma non quello all'Urbanistica, nelle cui competenze rientravano però le pratiche ed i progetti da esaminare.

Si aveva così una palese contraddizione: mentre l'assessore competente (Innocenti) non poteva partecipare alle sedute, io che non seguivo le pratiche, ne prendevo conoscenza solo nel momento in cui esse venivano esaminate dalla Commissione Edilizia.

Solo molto tempo dopo riuscirò ad ottenere in Consiglio Comunale l'opportuna modifica del regolamento.

Non feci grandi cose, ma non feci neanche del clientelismo. E questo scontentava un po' tutti...

Nel frattempo la coalizione della minoranza socialista si era dissolta. Il dott. Centamore si era un po' appartato e successivamente si era avvicinato alle posizioni della maggioranza, imitato dopo qualche tempo dopo da Alfio Serratore, altri si erano disimpegnati e la minoranza si era ridotta all'avv. Pupillo e a pochi altri, i quali vedevano in me lo strumento quasi unico con cui scardinare il potere del gruppo dominante nella sezione, ma essi non tenevano conto delle risorse che Sebastiano Centamore aveva, sia per quanto riguarda il controllo del partito a Lentini e sia relativamente al rafforzamento delle sue amicizie in Federazione.

E quando il disegno della minoranza non riuscì (e non poteva riuscire), io mi trovai in un certo senso isolato.

Nel corso del 1971 due consiglieri del PSI, Rosario Renna e Angelo Celso, entrati in collisione con la gestione della sezione da parte di Sebastiano Centamore e Rosario Chiarenza, uscirono dal partito e si dichiararono indipendenti, costituendo un gruppo a sé, ma rimanendo pur sempre nella maggioranza.

Questo nuovo gruppo non mancò, poco dopo la sua costituzione, di rivendicare una sua rappresentanza in Giunta.

Sicché io, per l'isolamento politico in cui ormai mi trovavo, per l'ostracismo di cui a volte ero fatto segno, per la stanchezza e per il nuovo quadro politico determinatosi, in data 29 ottobre 1971 presentai le mie di missioni dalla Giunta:

«Egregio sig. sindaco, considerate le conclusioni degli incontri avvenuti fra le forze politiche che compongono l'attuale maggioranza consiliare; preso atto delle deliberazioni degli organi direttivi del PSI, le comunico le mie dimissioni... ecc.».

Nella seduta del Consiglio comunale del 6 novembre 1971 le mie dimissioni vennero accolte e al mio posto venne eletto il consigliere Angelo Celso, indipendente di sinistra, a cui toccò una diversa rubrica (Assistenza).

Nel corso del successivo anno 1972 i due consiglieri Celso e Renna passarono al PSIUP, che si venne quindi ti trovare con due assessori (Lazzara e Celso), mentre solo uno ne rimaneva al PSI (il vicesindaco Sebastiano Centamore).
Sul finire dello stesso anno il C.D. trasferì la segreteria del PSI da Chiarenza a Ventura (che la terrà fino al '75), assai più vicino a Sebastiano Centamore di quanto non lo fosse il Chiarenza.
Quest'ultimo, del resto, durante la sua segreteria, aveva incontrato non poche difficoltà, soprattutto per l'assenteismo dei componenti il C.D., che spesso disertavano le riunioni.
Mi raccontò il Chiarenza che una sera, avendo indetto una riunione e non vedendo arrivare nessuno, dalla sede di Via XX Settembre si era portato alla vicina piazza, dove aveva trovato molti dirigenti, intenti a parlare fra di loro di tutt'altre faccende. Come risposta ai suoi inviti a partecipare alla riunione, lo avevano quasi snobbato dicendogli che in quel momento avevano da fare, ecc.. Al che il Chiarenza, con un lampo di genio, replicò: «Beh !, come volete. Vuol dire che quelle segnalazioni, che la Federazione mi ha richiesto per alcune commissioni, data l'urgenza, le farò io».
Rivolta immediata dei presenti (« Che fai tu da solo? Nel partito non c'è la dittatura!») e precipitosa corsa in sezione per deliberare. Naturalmente non c'erano in ballo né commissioni né segnalazioni. Ma, si sa, l'odore del pesce attira il gatto.
Nel frattempo il sindaco Marilli, che era anche deputato regionale, si era stancato di ricoprire ambedue i ruoli, poiché essi lo stressavano anche fisicamente. La sindacatura, infatti, comportava una presenza quasi costante in Comune, mentre come deputato egli doveva partire spesso il lunedì per Palermo, per rientrare solo il venerdì.
Aveva sottoposto questa sua esigenza al suo partito, che, dopo lunghi dibattiti e riunioni, gli aveva trovato il sostituto, anche se in maniera piuttosto sofferta, nella persona del prof. Cassarino.
Il PSI (e Sebastiano Centamore in particolare) colse al balzo l'occasione per "punire" i due che lo avevano lasciato, chiedendo che, nella nuova

Giunta municipale, al PSI fossero assegnati, non più uno ma due assessorati, in base alla forza elettorale del partito, anche se i consiglieri in esso rimasti erano ormai solo due (lui ed io). La proposta non dovette trovare ostacoli da parte del PSIUP, ormai saldamente guidato dall'avv. F. Lazzara, né tantomeno da parte del PCI.

Questo significava il mio rientro in giunta e l'uscita di Celso, in quanto al PSIUP sarebbe rimasto un solo assessorato. Il 18 dicembre 1972 il Consiglio comunale prese atto delle dimissioni di Marilli e, subito dopo di quelle della Giunta. Nelle sue dimissioni, in cui si poteva forse notare un velo di amarezza, Celso sottolineava il suo disinteresse per la sedia assessoriale.

Quando si doveva passare all'elezione del nuovo sindaco, essendo mancato il numero legale la seduta venne rinviata al 20 dicembre 1972. L'episodio era forse sintomo di malcontento in qualche settore della maggioranza.

Nel giorno stabilito per la nuova seduta (assente Rosario Renna) Celso fece una dichiarazione di voto a nome del PSIUP, in cui non mancavano le note critiche nei confronti di PCI e PSI.

Vennero infine eletti il sindaco (il prof. Cassarino, PCI) e la nuova Giunta che comprendeva Sebastiano Centamore (vicesindaco) e Ferdinando Leonzio per il PSI; Filadelfo Lazzara per il PSIUP; Otello Marilli, Graziella Vistrè, Cirino Caracciolo e Paolo Innocenti del PCI, Salvatore Formica, indipendente eletto nella lista del PCI.

Questa volta mi venne assegnata la rubrica "Igiene e Sanità", alla quale mi dedicai con passione, avvalendomi dell'esperienza che avevo accumulato negli anni precedenti e della cordiale collaborazione dell'equipe medica, capeggiata dal dott. Luigi Briganti. Avevo anche imparato ad avvalermi del meglio dell'esperienza altrui. Ad esempio l'avv. Lazzara, primo nel Comune di Lentini, aveva incaricato un funzionario della gestione burocratica del suo assessorato (Pubblica Istruzione). Costui gli sbrigava le pratiche, inoltrava la corrispondenza, faceva le telefonate, ecc.. Sicché, quando l'assessore andava al Comune, non doveva far altro che firmare qualche lettera ed impartire le opportune direttive, potendosi dedicare alla pianificazione delle iniziative di largo respiro politico-amministrativo ed ottenendo così ottimi risultati: più o meno come si fa in un ministero. Io potei ottenere solo un impiegato part-time, che però era anche un mio caro amico personale, Saro Zacco. Ma era più che sufficiente perché tutto filasse liscio. Come mi ero sentito insoddisfatto della mia precedente rubrica assessoriale, così mi sentivo ripagato nella nuova. Svolsi dunque il mio mandato in maniera, secondo me, soddisfacente. Non sto ad elencare le cose realizzate, ma una piccola la voglio ricordare, perché richiestami dal mio amico Pippo La Rocca, allora commissario dell'Ospedale Civile: feci cioè apporre, in tutte le principali vie della città, la segnaletica stradale per l'ospedale.

Il 7 e l'8 maggio 1972 si svolsero le elezioni politiche generali e il PSIUP conseguì solo l'1,9% e, nonostante i circa seicentomila voti, non ottenne alcun seggio alla Camera (al Senato ebbe una pattuglia di eletti, avendo presentato candidati unitari col PCI). A Lentini, felice eccezione, l'esito fu invece positivo.
I deludenti risultati nazionali provocarono la convocazione di un congresso straordinario del PSIUP, che decise lo scioglimento del partito e la confluenza della maggioranza (Vecchietti, Valori, Corallo) nel PCI, mentre la minoranza (Avolio, Menchinelli) optò per il rientro nel PSI. Una terza componente, per così dire centrista, guidata da Foa e Miniati si pronunciò per la continuità d'azione di ciò che rimaneva del partito, sotto il nome di PDUP (Partito di Unità Proletaria).
A Lentini, com'era prevedibile, optò per la confluenza nel PCI solo una minoranza, guidata dall'avv. Delfo Lazzara; il quale, però, dopo una breve esperienza in quel partito, entrò nel PSI. La maggioranza degli iscritti si pronunciò invece per la sopravvivenza e costituì la sezione del PDUP, con leader Angelo Celso.
Il nuovo partito ebbe però vita effimera, sicché, prima delle successive elezioni amministrative (1975), previe intese con la maggioranza centamoriana, confluì nel PSI ottenendo anche una rappresentanza di

tre esponenti (Saro Cattano, Angelo Celso, Angelo Trovato) nel C.D., che si aggiunsero a quelli del PSI (Sebastiano Ventura, Alfio Serratore, Sebastiano Centamore, Carmelo Amore, Filadelfo Grasso, Filadelfo Amato, Rosario Ferrauto, Rosario Chiarenza, Salvatore Maglitto, Filadelfo Pupillo, Vittorio Maglitto, Alfio Oliva, Antonino Risuglia, Sebastiano Nastasi).

Praticamente nel giro di qualche anno tutti i protagonisti del PSI e del PSIUP si ritrovarono nello stesso partito.

Si aggiunga inoltre che nel PSI era entrato, dopo anni di assenza dalla scena politica, anche il rag. Vitale Martello, subito schieratosi sulle posizioni del suo amico avv. Pupillo, col quale si muoverà in futuro in piena sintonia.

Sul finire della legislatura la mia posizione politica in campo nazionale si era avvicinata molto a quella del segretario del partito Francesco De Martino (Riscossa Socialista), mentre, a livello locale, era cresciuta la distanza rispetto all'ala della minoranza guidata dall'avv. Pupillo, il quale per altro non nascondeva l'intenzione di presentare come candidato della corrente alle nuove elezioni comunali il rag. Martello.

A trarmi dall'isolamento fu il rappresentante dell'altra ala della minoranza, il dott. Centamore, che, conoscendo i miei orientamenti politici in campo nazionale e i miei dissensi in campo locale con l'altro gruppo di minoranza, si fece promotore di un riavvicinamento con la componente maggioritaria di Sebastiano Centamore. Alle elezioni del 15 giugno 1975 il PSI ripresentò gli uscenti (S. Centamore, Leonzio, Celso e Renna) e tutti i maggiori esponenti del partito. La minoranza dell'avv. Pupillo, come previsto, puntò sul rag. Martello. Fu una campagna elettorale che io potei condurre libero da vincoli correntizi, affidandomi a pochi amici (fra cui, in primo luogo, il dott. Centamore), alla mia esperienza politico-amministrativa, ormai consolidatasi, ed alla stima di cui presumevo di godere.

Il clima della campagna elettorale sembrava favorevole al PSI, anche grazie al forte impegno di tutte le sue componenti.

Un momento di tensione si ebbe proprio la sera di chiusura dei comizi, in cui ogni partito disponeva solo di mezz'ora. Venne il nostro turno e l'oratore designato, l'avv. Panico di Siracusa (rientrato dal PSIUP) ancora non si vedeva. Passarono cinque minuti, dieci, un quarto d'ora e ancora non spuntava. Sebastiano Centamore, vedendo la piazza sbandare e il pubblico stancarsi di attendere, stava per cadere in una crisi di nervi.

Improvvisamente mi spinse sul palco: «Parla tu!». Non ebbi neanche il tempo di replicare che non ero affatto preparato, che già mi trovai il microfono in mano. Quando cominciai a parlare il pubblico si ricompattò e quando arrivarono i primi applausi capii che era un momento favorevole ai socialisti.

L'avanzata del PSI fu, in effetti, notevolissima e la sua rappresentanza passò dai tre eletti del 1970 ad otto consiglieri.

Vennero riconfermati Sebastiano Centamore, Angelo Celso e Ferdinando Leonzio (284 preferenze); rientrò in Consiglio comunale Rosario Chiarenza, dopo la brevissima esperienza della legislatura precedente; la minoranza guidata dall'avv. Pupillo (che aveva aderito alla corrente di Giacomo Mancini) elesse due consiglieri: il rag. Vitale Martello, ex sindaco di Lentini e Vittorio Maglitto. Entrarono per la prima volta nel consesso cittadino Nello Cardillo, dipendente dell'amministrazione scolastica, e il geom. Alfio Mangiameli, il più giovane dei consiglieri socialisti e forse dell'intero Consiglio comunale. Egli sotto la spinta iniziale del padre Salvatore, vecchio socialista, si affacciava per la prima volta alla vita politica. Ma era assai desideroso di apprendere e di migliorarsi. Quasi subito mi fu molto vicino: mi poneva domande, mi chiedeva informazioni; ed io, compiaciuto della sua volontà e delle sue capacità, ben volentieri mi prestavo.

Egli ben sapeva mettere a frutto tutte le esperienze politiche ed amministrative che faceva, come dimostra il fatto che non solo sarà sempre rieletto nei successivi consigli comunali, ricoprendo più volte la carica di assessore, ma anche (ed è ciò che più conta) diventando nel corso degli anni uno dei più competenti consiglieri comunali, nonché ottimo conoscitore della macchina amministrativa.

Nacque dunque fra noi una fraterna amicizia ed una solidarietà umana, che da allora non si è mai incrinata, ma semmai rafforzata, nonostante le vicende successive dovessero dividere i nostri percorsi politici. Il PCI subì una seria sconfitta, foriera di importanti avvenimenti, passando da 18 a 12 seggi. Il sindaco e gli assessori uscenti vennero tutti riconfermati. Fra i nuovi, Paolo Di Falco, rappresentante del bracciantato agricolo ed Emanuela Neri, il cui marito in futuro sarebbe divenuto sindaco di Lentini. Entrarono nel consesso civico anche due giovani leve del PCI, destinate ambedue a diventare sindaci della città. Uno era Riccardo Insolia, allora studente di Filosofia, che avevo conosciuto in treno, quelle volte che io mi recavo nella vicina Catania, dove lui frequentava l'università. Egli mi poneva domande soprattutto sulla storia del socialismo e su problemi politici in generale, dando prova di grande apertura culturale; cosicché io avevo avuto modo di apprezzarne la rara intelligenza.

L'altro era Elio Magnano, studente in medicina. Egli era entrato nel PCI nel 1971, aderendo poco dopo ai gruppi universitari comunisti di Catania. Da qualche mese era diventato segretario della sezione e si era trovato quindi a gestire la recente campagna elettorale, che si era conclusa con la cocente sconfitta, le cui cause tuttavia erano da ricercarsi in tempi molto antecedenti.

Del gruppo della DC (13 consiglieri) facevano parte, fra gli altri. L'avv. Vincenzo Bombaci (capogruppo), il cav. Alfio Cardillo, rappresentante degli artigiani cristiani, il farmacista Cirino Di Mauro, uomo onesto e leale e lapiriano della prima ora, il dott. Francesco Fisicaro, futuro sindaco, il rag. Pippo La Rocca, il rag. Roberto Addamo, futuro assessore provinciale.

Il MSI raddoppiò la sua rappresentanza, oltre ai due precedenti (Iachelli e Sferrazzo), riconfermati, vennero eletti il prof. Salvatore Sciuto, segretario della sezione ed il giovane Nello Neri, futuro deputato di AN, che proprio nel Consiglio Comunale di Lentini farà le prime esperienze politico-istituzionali.

Anche il PSDI raddoppio la sua rappresentanza mandando in Consiglio comunale l'ing. Andrea Amore, futuro sindaco e Giuseppe Pisano.

Il fatto nuovo era l'ingresso nel Consiglio comunale di un rappresentante del PRI, l'avv. Salvatore Maddalena. Questo partito in passato, più che su una struttura vera e propria, aveva puntato su personaggi carismatici, di limpida coerenza politica e di salda tempra morale, come il barbiere Alfio Cannone e il medico Giuseppe Milazzo. Ma solo di recente si era dotato di una qualche organizzazione, per merito soprattutto di Giovanni Scuderi (il segretario), di Salvatore Giuffrida e di Francesco Consiglio.

Nel PSI l'entusiasmo era salito alle stelle, anche se si dice che Sebastiano Centamore abbia commentato la notizia degli otto consiglieri esclamando: «Semu cunsumati!». Fu buon profeta.

Comunque, fatti i dovuti festeggiamenti, iniziarono le riunioni politiche. Sia in un'assemblea di iscritti, che nella riunione congiunta del CD e del gruppo consiliare del 25 giugno 1975, mi resi conto di essere quasi del tutto isolato in merito alla linea politica da portare avanti. Io sostenevo che i voti perduti dal PCI non si erano dispersi in mille rivoli, ma erano andati quasi per intero a noi socialisti. Il che significava che la protesta contro il vertice comunista non era di tipo qualunquistico, ma rimaneva saldamente collocata a sinistra. Se il PSI dunque voleva far si che la massa di voti pervenutigli dal PCI allargasse in maniera duratura la forza del partito, che ora avrebbe potuto anche aspirare ai fasti del '46, doveva operare per una soluzione di sinistra al Comune. I numeri c'erano ancora (12 PCI più 8 PSI più 1 PRI). In caso contrario quei voti sarebbero ritornati al PCI.

Ma nell'orecchio di Sebastiano Centamore era ormai entrata la pulce della sindacatura, ed egli prese a tessere questa tela. In ciò non era contrastato dai manciniani, guidati dall'avv. Pupillo, che si contentarono di contrattare un assessorato per il rag. Martello, spianando così la strada verso il centro-sinistra scelta da Centamore.

Ma quello che allora mi sorprese di più fu l'atteggiamento degli ex psiuppini. Il PDUP (erede del PSIUP), come già detto, era entrato nel PSI, ottenendo tre posti nel C.D. di sezione. Ebbene, la componente psiuppina, che teoricamente avrebbe dovuto collocarsi all'ala sinistra del PSI, fu la più decisa a propugnare l'accordo con la DC!

Alla fine tale accordo fu raggiunto con l'assegnazione al PSI della sindacatura e di due assessorati.

Dall'esito della votazione a scrutinio segreto svoltasi in seno al C.D., alla presenza del segretario provinciale Nino Bozzanca, per la scelta degli assessori, apparve evidente che c'era stato un accordo fra i gruppi interni. La quasi totalità dei voti andò ad Angelo Celso e Vitale Martello, che rappresentavano rispettivamente il gruppo degli ex psiuppini, destinato a rafforzare la maggioranza centamoriana (che aveva già ottenuto il sindaco) e quello dei manciniani dell'avv. Pupillo.

Gli altri consiglieri erano così diventati semplici pedine di un gioco a loro esterno.

Dopo avermi giubilato da assessore (ma non avrei accettato per le mie posizioni critiche rispetto alla formula), senza una parola di ringraziamento o di saluto per la mia attività nella precedente Giunta municipale, ecco che le mie qualità (vere o presunte) vennero subito dopo a galla e, alla unanimità e con insistenza, mi fu offerta la carica di capogruppo. Con un partito totalmente controllato dalle tre fazioni che esprimevano i tre componenti della Giunta (a parte la questione della formula), accettando avrei semplicemente avallato una situazione che disapprovavo. Ingenuamente e per inesperienza accettò invece Nello Cardillo.

Con una maggioranza DC-PSI-PRI, il 4 agosto 1975 si insediò la Giunta municipale presieduta da Sebastiano Centamore, che così saliva 1'ultimo gradino della sua carriera politica. Ne facevano parte Angelo Celso ai Lavori Pubblici e Vitale Martello alla Pubblica Istruzione per il PSI, l'avv. Salvatore Maddalena, giovane ma valente professionista per il PRI, il cav. Pasquale Valenti (vicesindaco) decano del Consiglio comunale, il dott. Francesco Fisicaro, il cav. Cirino Floridia, il mio amico prof. Tanino Sferrazzo e Salvatore Martines per la DC. Quest'ultimo, uno dei personaggi più lucidi e capaci della scena politica lentinese, fu il nuovo assessore all'Igiene e Sanità. Gli passai le consegne dell'assessorato e da allora instaurai con lui un rapporto di stima, credo reciproca, che è durato nel tempo.

Nel frattempo nel PCI lentinese il diffuso malumore per la secca sconfitta andava diffondendosi sempre più, trovando sfogo in una serie di riunioni, la più importante delle quali fu un'assemblea presieduta dall'on. Achille Occhetto, allora segretario regionale del PCI.

L'assemblea ben presto divenne tumultuosa e responsabile del disastro elettorale fu ritenuto il gruppo dirigente che in passato aveva gestito partito e Comune, operando - così si sosteneva - in modo tale da determinare un distacco sempre più marcato fra l'Amministrazione Comunale da un lato e il partito e la cittadinanza dall'altro.

Nel mare di critiche che venivano avanzate e nel modo, in qualche caso esagitato, con cui esse venivano poste, forse non erano estranee le aspirazioni di chi sperava di subentrare nel ruolo politico degli accusati.

Ad ogni modo, alla fine, i "responsabili" furono individuati con nome e cognome e invitati a rassegnare il mandato che gli elettori gli avevano affidato: l'on. Otello Marilli, il prof. Michelangelo Cassarino e Paolo Innocenti si dimisero da consiglieri comunali. Qualche mese dopo si dimetterà, ma per ragioni personali, anche il prof. Alfio Siracusano, ex segretario della sezione.

Il PCI, con questa mossa avventata, si privava di un leader della statura di Otello Marilli, nel mentre emergeva un nuovo gruppo dirigente: Elio Magnano, Riccardo Insolia, Fino Giuliano, Simone Pulia, Angelo Brancato, Guglielmo Tocco, ecc...

Quando, qualche tempo dopo, l'on. Marilli (ormai trasferitosi a Catania) morirà, il segretario della sezione comunista (Riccardo Insolia), volendone commemorare la figura, si rivolgerà ad un amico personale dell'illustre uomo politico, ad un non comunista, all'autore di questa note, per avere notizie sulla sua biografia giovanile. Ed io gli indicherò il libro di Ruggero Zangrandi (*Il lungo viaggio attraverso il fascismo*), di cui lo stesso Otello mi aveva parlato.

Insediatasi la giunta Centamore, bisognava riorganizzare la sezione del partito socialista, anche perché il segretario Ventura da qualche tempo si faceva vedere sempre più di rado ed il lavoro interno del partito era quasi per intero svolto da Sebastiano Centamore, il quale, quando occorreva una rappresentanza formale, si faceva collaborare dal vicesegretario Alfio Serratore. Il quale ultimo, appunto, per l'11 agosto 1975, convocò l'assemblea per il rinnovo del C.D. che risultò composto di 15 membri: Sebastiano Centamore, Giuseppe Ventura, Ferdinando Leonzio, Francesco Giuca, Alfio Serratore, Turi Mangiameli, Angelo Celso, Saro Cattano, Saro Renna, Antonino Grasso, Pippo Centamore, Turi Maglitto, Cirino Siracusano, Saro Chiarenza, Luigi Amato. Segretario venne eletto il dott. Pippo Centamore e vice Ferdinando Leonzio; i due con l'aggiunta di Saro Renna, Sebastiano Centamore, Angelo Celso e Alfio Serratore, costituirono un comitato esecutivo.

Da notare che Sebastiano Centamore, formalmente aperto ad ogni collaborazione qualitativamente o politicamente valida, si garantiva sempre, però, all'interno dei C.D., una maggioranza di fedelissimi (secondo la formula "otto su quindici`").

Comunque sia, il mio rientro nel C.D. soddisfaceva in qualche modo la mia volontà di impegnarmi a fondo nell'attività di partito, ora che ero libero dagli impegni assessoriali.

Ma la minoranza di Delfo Pupillo e Saro Ferrauto non aveva riconosciuto validamente convocata l'assemblea che aveva eletto il C.D. e le sue "ragioni" avevano un notevole peso per la presenza nelle sue file di due consiglieri comunali (Vitale Martello e Vittorio Maglitto) in grado di mettere in forse la giunta Centamore da poco costituita.

Sebastiano Centamore accondiscese quindi a rifare le elezioni interne, nel mentre lo stesso segretario Pippo Centamore auspicava una gestione unitaria del partito.

Vennero quindi costituite due delegazioni: una per "Riscossa socialista" (Pippo Centamore, Ferdinando Leonzio. Angelo Celso, Alfio Serratore) e una per "Presenza socialista" (Vitale Martello. Saro Ferrauto, Nello Imprima, Nicola Spada) le quali, nell'incontro del 3 settembre 1975, convennero di convocare l'assemblea per il 19 e 20 dello stesso mese per l'elezione di un nuovo C.D..
Fino a quel momento la direzione politico-organizzativa della sezione veniva affidata ad una apposita commissione di nove persone (Pippo Centamore, Sebastiano Centamore, Celso, Renna, Serratore, Leonzio, Saro Ferrauto, Martello, Imprima, Celso).
Le votazioni si svolsero appunto il 20 settembre 1975 su liste contrapposte.
La lista di "Riscossa", capeggiata da Pippo Centamore, ottenne 10 seggi su 15 (Pippo Centamore, Luigi Amato, Nello Cardillo, Saro Cattano, Angelo Celso, Sebastiano Centamore, Saro Chiarenza, Salvatore Maglitto, Salvatore Mangiameli, Serratore) che comprendevano i fedelissimi di Sebastiano Centamore e gli ex psiuppini con lui alleati. Col gioco delle preferenze vennero eliminati personaggi politicamente scomodi, come Saro Renna per la sua indiscutibile autonomia di giudizio ed io stesso, notoriamente contrario alla formula amministrativa.
"Presenza" ebbe 5 eletti, di cui due del gruppo Pupillo vero e proprio (Pupillo e Martello) e tre del gruppo Ferrauto (Saro Ferrauto, Imprima e Vittorio Maglitto). I due sottogruppi in futuro si sarebbero separati per seguire strade diverse. Della lista di minoranza non vennero eletti vecchi leaders del partito come l'av. Mario Ferrauto e il sindacalista Peppino Battiato e giovani di valore come Cirino Cormaci e il rag. Alfio Oliva, noto commercialista.
Segretario venne riconfermato il dott. Pippo Centamore.
Nel giro di qualche mese mi venni quindi a trovare fuori della Giunta e fuori della direzione politica del partito per logiche correntizie e giochi di potere.

Nel corso di questi mesi l'attività dell'Amministrazione Comunale aveva fatto emergere insoddisfazioni e critiche. Non solo essa veniva attaccata dal PCI in Consiglio Comunale e con un pubblico manifesto del 20 ottobre 1975 (*È questo il sindaco per Lentini?*), a cui il PSI aveva risposto con un altro manifesto (*Lettera aperta alla sezione del PCI di Lentini*), ma suscitava grossi malumori all'interno del gruppo consiliare della DC.

E questi malumori, nonostante le rassicurazioni del segretario della DC (il noto giornalista e scrittore Gianni Cannone), contribuirono ad accentuare i dissensi anche all'interno del PSI. Tanto che in Consiglio comunale alcuni consiglieri socialisti (fra cui io stesso) dichiararono di votare contro una mozione di sfiducia presentata dal PCI solo per disciplina di partito; anche in seno al C.D. della sezione socialista si verificò una spaccatura tra maggioranza e minoranza, i cui cinque rappresentanti, ormai sostenitori del ritiro della delegazione del PSI dalla Giunta, nella riunione del 4 novembre 1975 abbandonarono i lavori, mettendo così fine al breve periodo di collaborazione con la maggioranza. All'interno della quale, si differenziarono, peraltro, Turi Mangiameli e lo stesso segretario, che chiese al rappresentante della Federazione (l'avv. Carlo Giuliano), che presenziava, il commissariamento della sezione e addirittura presentò le dimissioni (subito respinte), essendo venuto meno il clima unitario.

In questo periodo, a livello nazionale, il PCI, guidato da Enerico Berlinguer, stava elaborando la sua nuova linea politica del "compromesso storico" e un po' dovunque cominciavano a sorgere giunte dette di "larghe intese", che andavano dalla DC al PCI. Anche a livello locale, la sezione del PCI, nel suo congresso del 6/7 marzo 1976, approvò un documento in cui, tra l'altro, si diceva:

> «Noi comunisti proponiamo quindi che, sulla base di un preciso ed avanzato programma... si giunga ad un definitivo superamento del centro-sinistra e alla costituzione di una

Giunta a cui portino il loro contributo diretto tutte le forze democratiche e in primo luogo il PCI».

Con tale presa di posizione si metteva fine all'essenzialità dell'apporto socialista per la formazione di ogni maggioranza e di conseguenza si riduceva di molto il ruolo di Sebastiano Centamore nella città.
All'interno del PSI la situazione continuava ad essere in movimento tanto che il 20 marzo 1976 i cinque componenti della minoranza presentarono le dimissioni dal C.D., in quanto, essi dicevano «...permangono ancora le vecchie degenerazioni...» e «... si frappongono ancora seri ostacoli per un cambiamento radicale...». Il clima di latente crisi non venne affatto modificato dal ritiro delle dimissioni, avvenuto su consiglio del nuovo leader della minoranza provinciale, il prof. Raffaele Gentile.
Io lo conoscevo da tempo, avendolo avuto come collega per circa un quinquennio. Era un uomo intelligente e preparato, dai modi cordiali e dal carattere tenace. Egli aveva esordito nella vita pubblica come segretario del Sindacato-Scuola della CGIL di Siracusa ed aveva poi organizzato, all'interno della Federazione del PSI, la piccola corrente capeggiata a livello nazionale dall'on. Giolitti e, col tempo, era riuscito ad aggregare attorno a sé nuovi quadri dirigenti (fra cui spiccava la prof.ssa Marika Di Marco), con un progetto di sostanziale rinnovamento del PSI, teso a combattere ogni forma d'inquinamento del partito.
Il disagio all'interno della sezione di Lentini comunque aumentava sempre più, per l'afflusso di nuovi elementi lontani dalla tradizione del partito. Ma, fra le tante adesioni di clienti, di parenti e di... aspiranti, ce ne fu una dettata da una maturata convinzione politica. Parlo di quella del dott. Santo Ragazzi, proveniente dall'Azione Cattolica e già presidente della FUCI (Federazione Universitaria Cattolica Italiana) di Lentini.
In questa associazione, in effetti, già da qualche tempo, oltre alle consuete tematiche religiose, ne erano penetrate anche altre di

carattere sociale. Questa svolta "sociale" nella FUCI si era avuta in particolare sotto la precedente presidenza di Armando Rossitto ed anche per la positiva influenza esercitata dal suo assistente spirituale mons. Sebastiano Gozzo e del monaco padre Scalici.

Il giovane Santo Ragazzi (Santino per gli amici) si era formato in questo clima e, una volta laureatosi, si era sentito attratto dal PSI che tradizionalmente coniugava il tema della giustizia con quello della libertà.

Santino dunque (contattato dal dott. Pippo Centamore) aderì al PSI nell'aprile del '76, esordendo poco dopo con un intervento in una assemblea tenutasi nei locali dell'ex Biblioteca Comunale, in via Arrigo Testa.

Il 26 maggio successivo la situazione nel PSI riprese a ribollire con le dimissioni di Pippo Centamore, non solo da segretario della sezione, ma anche da componente del C.D..

Anche se le dimissioni erano ufficialmente motivate da ragioni personali, era chiaro che veniva a mancare un elemento di equilibrio e di moderazione all'interno del partito.

Per quanto mi riguarda, essendo di conseguenza venuti a mancare i legami di solidarietà personale con la segreteria del dott. Centamore, ripresi in pieno la mia libertà d'azione.

Lo sbandamento seguito alle dimissioni del segretario e le divisioni che cominciavano ad emergere nella maggioranza portarono alla imprevista elezione alla segreteria di Saro Ferrauto, il quale si proponeva di "avviare e portare avanti una risoluta azione di rinnovamento del partito". Ma ben presto egli doveva cozzare con una realtà assai restia a simili discorsi e il 29 luglio 1976 si vide costretto a rassegnare le dimissioni.

Come suo successore, la maggioranza scelse Alfio Serratore.

Ma il 15 giugno precedente si erano svolte le elezioni regionali e il sindaco Sebastiano Centamore si era candidato all'ARS. Il crollo elettorale del PSI a Lentini fu ancora più eclatante della vittoria dell'anno precedente, essendo il PSI passato dai circa 3500 voti delle amministrative ai circa 900 delle regionali.

Gli elettori che l'anno prima lo avevano votato avevano espresso in modo chiaro, come io avevo previsto, la loro condanna e la Giunta municipale si era dimessa.

Il Serratore si trovò quindi a gestire la delicata fase politica con una sezione in piena crisi, con una minoranza che si era ormai del tutto dissociata, con una maggioranza che aveva perduto pezzi importanti come il dott. Centamore, mentre altri, come Turi Mangiameli e gli ex psiuppini. si muovevano in modo sempre più autonomo. Ed inoltre con un gruppo consiliare diviso e con molti consiglieri che si sentivano semplicemente "usati". Ce n'era più che a sufficienza per giustificare le dimissioni che anche Alfio Serratore presentò dopo qualche mese.

Di conseguenza, Sebastiano Centamore, ormai piuttosto logorato dai precedenti avvenimenti, sollecitò dalla Federazione lo scioglimento del C.D. e il commissariamento della sezione.

Commissario venne nominato il dott. Ciccio La Face di Augusta.

A lui mi univano i comuni ricordi degli anni universitari e delle comuni battaglie nei gruppi socialisti dell'UGI. Avevamo la stessa età ed avevamo fatto gli stessi studi. La nostra amicizia, che aveva salde radici, sarebbe durata fino alla sua prematura scomparsa.

Le trattative per la nuova Giunta vennero quindi condotte dal dott. La Face, con il supporto della Federazione.

Vista la disponibilità del PCI, esse si conclusero con un accordo per un'amministrazione di "larghe intese" (DC-PCI-PSI-PSDI), in base al quale il sindaco veniva assegnato alla DC, partito di maggioranza relativa, e il vicesindaco al PCI, secondo partito della coalizione. Ai socialisti sarebbero andati due assessorati: "Lavori Pubblici" e "Personale".

Il movimento fra i consiglieri cominciò a farsi sempre più concitato: molti speravano di restare o di diventare assessori, ma nessuno voleva più essere "usato". Per essi l'occasione del riscatto si presentò quando il segretario provinciale Bozzanca fece sapere che, per la scelta degli assessori, si sarebbe tassativamente applicato lo Statuto del partito. Esso stabiliva che gli assessori dovevano essere indicati dal C.D. (nel nostro caso dal commissario) scegliendoli in una rosa di nomi di numero doppio degli assessori da designare, rosa che doveva essere a sua volta proposta dal gruppo consiliare.

Poiché gli assessori da nominare erano due, il gruppo consiliare (8 consiglieri) doveva indicare una rosa di quattro nomi, fra cui il commissario (praticamente la Federazione) avrebbe scelto i due nominativi. Appresa la notizia cinque consiglieri (Saro Cardillo, Saro Chiarenza, Leonzio, Alfio Mangiameli, Martello), che per diversi motivi si sentivano esclusi dalle stanze del potere, si riunirono e vennero ad una determinazione: ognuno di essi avrebbe votato per gli altri quattro, sicché ciascuno di loro avrebbe avuto quattro voti, mentre i restanti consiglieri (Angelo Celso, Sebastiano Centamore, Vittorio Maglitto) avrebbero conseguito al massimo tre voti. In questo modo sarebbe stata certa 1'esclusione di quelli che, a torto o a ragione, venivano considerati i registi delle "grandi manovre" nel partito. E così infatti avvenne. Dei cinque consiglieri che riportarono quattro voti, il rag. Martello dichiarò di ritirare la propria candidatura perché era stato già assessore nella precedente Giunta e quindi in campo rimasero gli altri quattro. Nessuno di essi era un fedelissimo della maggioranza e della minoranza provinciali. Ma la maggioranza puntò su Chiarenza e la minoranza, credo lo stesso prof. Gentile, indicò me. In ogni caso si trattava di due fra i più vecchi militanti del partito. Sebastiano Centamore venne quindi a trovarsi senza il controllo della sezione, commissariata anche per sua sollecitazione, e senza assessorato.

Fu l'inizio del suo declino politico.

Così mi trovai ad essere, per la terza volta, indicato come assessore, senza aver lottato per esserlo, in quanto avevo pensato di partecipare ad un'operazione politica tendente a liberare la sezione da soffocanti tutele.

Ma quella che forse era una piccola vendetta non tardò ad arrivare nel momento delle assegnazioni delle rubriche.

Benché si conoscessero (o forse proprio per questo?) le difficoltà che il mio lavoro mi creava per la conduzione di un assessorato come i Lavori Pubblici che richiedeva una presenza quasi costante dell'assessore in ufficio e benché ci fosse un leale accordo con Chiarenza perché a lui andassero i Lavori Pubblici e a me il "Personale", assai più consono alla mia preparazione professionale, la Federazione, e per essa il dott. La Face, si incaponirono (senza spiegarne il motivo) perché i Lavori Pubblici andassero a me.

Accettai con grande riluttanza, per non creare turbative alla risoluzione della difficile crisi e per l'amicizia col dott. La Face, che mi spiegò che una mia rinuncia avrebbe aperto gravi falle nella delicata situazione del gruppo, che si sarebbero riversate sulla credibilità del PSI e soprattutto sulla città.

Accettando mi sentii vittima di un piccolo sopruso, orchestrato solo per crearmi difficoltà.

Sindaco fu eletto il dott. Francesco Fisicaro (DC), che io conoscevo solo superficialmente come consigliere comunale molto preparato. Ma, iniziata la collaborazione in giunta, ebbi modo di apprezzarne la correttezza e la lealtà, oltre che la dedizione alla propria funzione.

Della Giunta municipale facevano parte tre esponenti del PCI (Riccardo Insolia, vicesindaco, Simone Pulia e Carlo Arcidiacono), due della DC (il dott. Tanino Sferrazzo e Salvatore Martines), due del PSI (Rosario Chiarenza e Ferdinando Leonzio) e uno del PSDI (l'ing. Andrea Amore).

La collaborazione in giunta consentì di sgombrare le vecchie incomprensioni che in passato mi avevano diviso da Saro Chiarenza; anzi nacque fra di noi una buona amicizia ed egli prese a benvolermi.

Ricordo che un giorno di calda estate venne convocata d'urgenza (!) in sezione, nelle prime ore pomeridiane, una riunione del gruppo consiliare per discutere di un ordine di servizio emesso dall'assessore al "Personale". Si trattava di un ordine di servizio del tutto legittimo ed opportuno, che forse disturbava qualche "cliente" e che probabilmente era stato preso come spunto per mettere sotto accusa il Chiarenza.

Fu per me spontaneo e doveroso difenderlo e sostenerlo in quella circostanza.

Quando mi presentai la prima volta all'Ufficio Tecnico, trovai un vertice assai disponibile, che divenne apertamente a me favorevole, quando impartii le prime disposizioni anticlientelari, come per esempio quella di seguire tassativamente l'ordine cronologico delle richieste della piccola manutenzione, salvo che per i casi d'urgenza.

Certamente mi muovevo molto più a mio agio della prima volta, anche grazie all'esperienza acquisita. Ma la mia permanenza in giunta fu assai breve perché potessi lasciare un ricordo significativo. Comunque il provvedimento più "visibile", almeno per la durata della sua efficacia, fu l'apposizione di ringhiere in ferro in tutte le scalinate della città, in molti casi pericolose per anziani, bambini, invalidi, ecc..

Ma l'ostilità all'interno del partito, che prima si era indirizzata sul Chiarenza, cominciò ben presto ad orientarsi su di me. A poco a poco vennero a mancarmi le motivazioni. Perché continuare? Forse per un partito ormai preso in un groviglio di rancori, di ambizioni, di correnti, di gruppi, di persone? Non ne valeva la pena. Per la città? Altri probabilmente avrebbero potuto fare meglio di me. Per la maggioranza? Non era in discussione. Una mattina dunque, pochi mesi dopo il mio insediamento, telefonai al capogruppo Cardillo per comunicargli che fra poco avrei presentato le mie dimissioni.

Mi recai al Comune e, dopo aver informato oralmente il sindaco, consegnai la mia lettera di dimissioni al segretario generale. Poco dopo a sostituirmi venne designato Nello Cardillo, che conservò anche la carica di capogruppo.

Io mi concentrai nel mio ruolo di consigliere comunale, estraniandomi da ogni attività politica, che del resto era imbalsamata, essendo la sezione commissariata.

Nel corso di questi mesi la minoranza socialista si era divisa in due tronconi. Il gruppo Pupillo-Martello era andato con i manciniani, ora provincialmente guidati dal prof. Vincenzo Bondì, mentre, il gruppo di Saro Ferrauto si era collocato nella corrente autonomista del prof. Raffaele Gentile.

A quest'ultimo gruppo si aggregherà, dopo una prima fase di riflessione, il dott. Ragazzi e ad esso anch'io guarderò con simpatia. Seguì un periodo per così dire di "rodaggio" politico per preparare la sezione a riprendere la sua attività, diretto dal nuovo commissario, il dott. Pippo Amara di Augusta, durante il quale il gruppo di Saro Ferrauto, a cui nel frattempo si era unito anche il prof. Salvatore Iannitto (uno dei maggiori estimatori delle tradizioni cittadine), si adoperò a più riprese per un reale rinnovamento della sezione.

Esso fece proposte concrete ed indicò soluzioni operative, anche se un po' ingenue, riguardanti soprattutto il tesseramento, che era ad un tempo causa ed effetto dell'inquinamento del partito.

La delusione, com'era prevedibile, fu cocente quando, il 25 settembre 1977 si tenne, nei locali della Biblioteca Civica, l'assemblea per l'elezione del direttivo, per restituire alla sezione i suoi pieni poteri. Essa era presieduta dai rappresentanti provinciali della maggioranza (prof. Salvatore Miceli) e della minoranza (prof. Raffaele Gentile).

Amare parole furono pronunciate nel suo intervento dal dott. Ragazzi. Parole pesanti, che vale la pena di riportare in parte:

> «...Non e senza rammarico che, proprio quando sembrava giunto il momento di raccogliere i frutti di una travagliata fase di ripensamento critico, si e costretti a registrare l'indifferenza e l'arroganza con le quali sono state derise le attese di quanti, fiduciosi, hanno sinceramente creduto nel rinnovamento del PSI. Ci si riferisce, in modo particolare, a quanto e accaduto e continua ad accadere a Lentini, dove le incrostazioni clientelari e una gestione non propriamente politica della sezione (non raramente "arricchita" da provocazioni di vario tipo), hanno

> fatto del PSI una forza politica invisa alle masse e non lontana, grazie all'opportunismo politico che vi ha per tanto tempo dimorato, dal trasformarsi in "partito qualunquista italiano".... Ci sembra perfettamente inutile, conseguentemente, non condividendo l'orientamento finora prevalso, inserirci in un Comitato Direttivo che non contiene, neanche potenzialmente, i germi di un impegno politico e organizzativo capace di operare seriamente per la ricostruzione del partito...».

Con il suo intervento il dott. Ragazzi si consacrava come il leader di fatto della minoranza, la quale decise di non partecipare all'elezione del comitato direttivo. Anch'io, ormai appartato, mi astenni dall'intervenire all'assemblea.
Pertanto venne presentata una sola lista di quindici persone che, ovviamente, vennero tutte elette.
Nel nuovo C.D. convivevano diverse anime: oltre quella centamoriana vera e propria, c'era il gruppo degli ex psiuppini ad essa alleato, ma che, all'occasione, si muoveva in maniera autonoma; c'era l'avv. Pupillo, piuttosto isolato ed ormai dedito al suo ruolo istituzionale di componente del Consiglio di Amministrazione dell'Ospedale; c'era infine Saro Renna, uomo di spiccata personalità, del tutto autonomo nelle sue decisioni e quindi non manovrabile.
I quindici erano: Sebastiano Centamore, Angelo Celso, Luigi Amato, Salvatore Maglitto, Pippo Cantarella, Saro Renna, Sebastiano Renna, Sebastiano Perrotta, Filadelfo Pupillo, Carmelo Ossino. Sebastiano Tinnirello, Mauro Matarazzo, Francesco Giuca, Fortunato Amore, Andrea Inserra (segretario Sebastiano Centamore).
Nello stesso periodo in cui avvenivano questi fatti, si dimise l'amministrazione Fisicaro "...per consentire la ristrutturazione dell'attuale Giunta così come disposto dai partiti..." che l'appoggiavano.
Si apriva così una lunga crisi.

E con la crisi si riaprivano le grandi manovre all'interno del PSI: i gruppi e i sottogruppi si riunivano; gli incontri, ufficiali e non, si moltiplicavano, tutte le capacità tattiche venivano messe in campo, ma senza approdare a nulla.

Finché il C.D., il 12 dicembre 1977 decise di... non decidere. A quanto pare, esso giunse, a maggioranza, alla determinazione di dare l'appoggio esterno alla Giunta che si sarebbe formata, rinviando a tempi migliori la partecipazione diretta dei socialisti, in attesa che all'interno del partito si chiarissero le varie posizioni.

Ma l'indomani sera, il 13 dicembre, in un'abitazione privata, ebbe luogo una riunione di una parte dei dirigenti per un riesame della situazione. Luogo ed ora della riunione vennero a conoscenza di alcuni dell'altra parte, che si recarono sul posto e vi rimasero in attesa, per saperne di più.

Quando, alla fine del convegno, a sera inoltrata, i due gruppi si incontrarono, gli animi di alcuni cominciarono a scaldarsi... nonostante il freddo invernale e la discussione si fece animata. La miccia, infine, per così dire raggiunse... il deposito dei fuochi artificiali e questi esplosero alti nel ciclo, come all'uscita di S. Alfio.

I fatti furono ripresi dalla stampa e la Federazione provinciale non poté fare a meno di intervenire, questa volta pesantemente.

Vi furono varie espulsioni dei presunti responsabili, pare senza possibilità di contraddittorio e forse anche di qualche spettatore. Il bubbone era scoppiato, evidenziando lo stato di crisi a cui la sezione era arrivata. Essa fu sciolta ancora una volta, commissario il dott. Franco Vinci di Ferla, e il PSI rimase fuori della Giunta per tutta la legislatura. Il gruppo consiliare venne praticamente "ingessato", non potendo più partecipare a maggioranze o giunte. Esso era ora ridotto a cinque consiglieri: Vitale Martello (capogruppo), Rosario Chiarenza, Sebastiano Centamore, Ferdinando Leonzio, Vittorio Maglitto.

Degli altri, due (Cardillo e Mangiameli) andranno più tardi nel PRI (unitamente a Saro Renna, Turi Mangiameli e Pippo Cantarella), mentre Angelo Celso (insieme a Saro Cattano e Sebastiano Tinnirello) rimarrà in posizione d'attesa.

Nel marzo 1978, dopo la lunga crisi, si insediò la nuova Giunta municipale, presieduta dal socialdemocratico ing. Andrea Amore e con la partecipazione della sola DC (assessori: Vincenzo Bombaci, Giuseppe La Rocca, Gaetano Sferrazzo, Salvatore Martines, Pasquale Valenti, Cirino Floridia, Giuseppe Emmi, Roberto Addamo).

Ma le posizioni assunte dall'ing. Amore, relativamente alla costruzione dell'invaso del Biviere, portarono dopo pochi mesi ad una nuova crisi che si risolse con l'elezione a sindaco dell'avv. Bombaci, sostituito come assessore dallo stesso ing. Amore.

Il nuovo sindaco, oltre che un noto professionista, era una delle figure di maggior spicco della DC, sia per la sua statura di leader, che per le varie cariche istituzionali e di partito ricoperte in passato.

Ma anche l'Amministrazione da lui presieduta, un bicolore DC-PSDI come la precedente, essendo in realtà una Giunta di minoranza non poteva durare a lungo.

E proprio "...per agevolare l'allargamento della GM ad altre forze politiche...", anche la Giunta Bombaci, insediatasi nel luglio del 1978, si dimise, lasciando il posto ad una nuova giunta di "larghe intese", sostenuta però da tre soli partiti: DC, PCI, PSDI. Rimasero fuori il PSI, per le note vicissitudini interne e il PRI, ora forte di tre consiglieri (Salvatore Maddalena, Alfio Mangiameli, Sebastiano Cardillo).

A presiederla fu chiamato (4 gennaio 1979) il comunista prof. Riccardo Insolia, ormai forte dell'esperienza acquisita come consigliere comunale e come vicesindaco della Giunta Fisicaro.

Ne facevano parte quattro rappresentanti della DC (Vincenzo Bombaci, Giuseppe La Rocca, Franco Rossitto e Salvatore Martines), tre del PCI (Angelo Brancato, Simone Pulia, e Guglielmo Tocco) e uno del PSDI (Andrea Amore).

Questa formazione durerà fino alla fine della legislatura.

Nel corso del 1978 nella sezione del PSI era sembrato spegnersi ogni segno di vita politica, ma un lavorio sotterraneo si svolgeva in attesa della ricostituzione.

Il gruppo Ragazzi-Saro Ferrauto si collegò in modo sempre più stretto alle posizioni del leader della minoranza provinciale, Raffaele Gentile, a cui non potevano non guardare quanti ancora speravano in una rigenerazione del partito.

Ma nel frattempo una nuova tela veniva tessuta dall'instancabile Sebastiano Centamore, nel quadro di una strategia volta a rafforzare con nuovi apporti le sue schiere, ormai prive del sostegno degli ex psiuppini. Egli aveva infatti conosciuto un gruppo di medici desiderosi di fare attività politica.

In passato a Lentini piuttosto rari erano stati i casi di medici che si erano interessati di politica: il dott. Milazzo (PRI), il dott. Giudice e il dott. Nipitella (PCI), il dott. Greco (PSI) lo avevano fatto in maniera tutto sommato episodica e marginale.

Ma le elezioni, che si erano svolte qualche tempo prima, dei Consigli di Circolo e di Istituto, in attuazione dei "Decreti Delegati" della scuola, avevano visto emergere ai primi posti diversi esponenti dei discepoli di Esculapio.

Questo episodio sembrò, a mio avviso, risvegliare la categoria e interessarla ai problemi politici generali e all'impegno per la loro risoluzione.

Sebastiano Centamore dunque, ora alla ricerca di nuove adesioni, si incontrò più volte con uno di questi gruppi, gli presentò anche il leader della maggioranza provinciale, l'inossidabile prof. Miceli, e l'accordo fu raggiunto.

Si trattava di un gruppo di quattro medici ospedalieri e, ovviamente, del loro seguito. Dei quattro l'unico ad avere una lunga militanza nel PSI, anche se vissuta in modo discontinuo, era il dott. Nello Greco, la cui formazione politica aveva senz'altro salde radici, oltre che per le sue personali convinzioni, probabilmente anche per il fatto di essere egli nipote di quel vecchio galantuomo di Gaetano Zarbano, il segretario del PSI al momento della mia iscrizione al partito. C'erano poi il noto pediatra Nino Moncada, assai stimato nel suo campo e il dott. Alfio Lombardo, un serio professionista fra i più apprezzati dell'ospedale di Lentini, nonché nipote di Peppino Pisano. Il leader del gruppo, infine, era il pediatra dott. Filadelfo D'Anna, figlio del noto e stimato esponente socialista, poi socialdemocratico, dei tempi di Castro, Salvatore D'Anna.

Il dott. D'Anna, mio compagno di banco al liceo, era mio intimo amico, di un"amicizia salda e incrollabile, a prescindere da tutti i fatti precedenti e successivi a questi avvenimenti.

Egli era animato da una grande volontà di rinnovamento e di rilancio del partito, volontà destinata però ad urtarsi con una realtà irta di ostacoli interni ed esterni.

I quattro avevano dunque le carte in regola per dare nuova linfa al partito e per imprimervi una svolta positiva. Senonché c'era qualcosa che ostava a questo auspicabile disegno. Anzitutto il vizio d'origine. Infatti, essi e il loro seguito (la corrente nell'insieme sarà denominata "I medici") entravano nel partito tramite Sebastiano Centamore, che subito li collegava alla corrente maggioritaria della Federazione, il che li avrebbe, sia pure involontariamente, condizionati e incanalati in un alveo che era quello della ormai tradizionale maggioranza provinciale. Maggioranza che, appunto perché tale, non poteva non portare le maggiori responsabilità della fase negativa che viveva il partito.

Ad appesantire la già pallida vita democratica del PSI, per di più, dall'elezione (1976) di Craxi alla segreteria nazionale in poi, andava attuandosi un'altra trasformazione in senso negativo.

Le varie correnti nazionali del partito, che in qualche modo avevano una matrice politica che le caratterizzava rispetto alle altre, man mano andavano scomparendo e si omologavano alle posizioni del segretario nazionale. La stessa nuova "sinistra socialista" (sorta subito dopo la scissione del PSIUP), dopo la morte del suo grande leader Riccardo Lombardi, diventerà l'ombra di se stessa, una specie di "Opposizione di sua maestà".

Ma al posto delle correnti di pensiero, cominciavano a sorgere nelle federazioni le cosiddette "componenti", cioè i gruppi che si coagulavano attorno a un leader e che, stringi stringi, in fondo altro non erano che gruppi di potere.

In questo andazzo piuttosto deprimente capitavano dunque i "Medici". I quali, non avendo alle spalle un solido radicamento nella tradizione del partito, non potevano essere (e, in effetti, non furono) in grado di operare un'efficace selezione nel gruppo che andavano costituendo e poi nel partito di Lentini.

Sul finire del '78, infatti, approssimandosi la ricostituzione della sezione, alla Federazione (tutta craxiana, ma divisa in "componenti"), venne la bella idea di affidare il tesseramento al dott. D'Anna (per la maggioranza) e al dott. Ragazzi (per la minoranza). Come dire: «Vinca il migliore».

Gare di questo tipo non possono dare buoni frutti in un processo di rinnovamento. È umano che ciascuno cercasse di superare l'altro nel "reclutamento" e che, al di là delle buone intenzioni e della provata correttezza personale, la logica delle "componenti" non poteva che mirare alla quantità, a scapito della qualità.

Io, che non facevo parte di alcuna componente, ebbi la tessera per intervento personale del mio amico Filadelfo D'Anna.

L'assemblea di ricostituzione fu tenuta nel dicembre del '78, nei locali dell'ex Biblioteca, in Via Arrigo Testa.

Io non ritenni di parteciparvi perché non condividevo il metodo seguito per il tesseramento, effettuato al di fuori di ogni selezione e affidato al giudizio insindacabile di due sole persone, per quanto stimabili esse fossero. Con ciò, in effetti, si era persa un'ulteriore occasione per tentare un rinnovamento del partito.

Comunque per l'elezione del C.D. concorsero due liste e la componente D'Anna dei quindici seggi in palio ne conquistò nove (Filadelfo D'Anna, Alfio Lombardo, Nino Moncada, Augusto Giuliano, Sebastiano Perrotta, Ciro Petralia, Nello Greco, Natale Di Stefano, Salvatore Centamore); quella Ragazzi si aggiudicò i restanti sei seggi

(Santo Ragazzi, Filippo Motta, Alfio Vinci, Nuccio Fisicaro, Giuseppe Milone, Salvatore Commendatore).

Notevole stupore suscitò nell'ambiente politico la mancata inclusione di Sebastiano Centamore nel C.D. e ciò fu ritenuto una specie di sua giubilazione.

Nella prima riunione del nuovo direttivo, avvenuta alla presenza del dott. La Face e del prof. Gentile, venne eletto segretario il dott. Filadelfo D'Anna, mentre nella successiva seduta si procedette alla distribuzione degli altri incarichi. Il fatto che vicesegretario venne eletto un rappresentante della maggioranza (Perrotta) e non il dott. Ragazzi come ci si poteva aspettare da una gestione che si voleva unitaria, evidenziò un certo malessere della minoranza, che non tarderà ad emergere in pieno.

Una delle prime iniziative della nuova maggioranza fu il rilascio dei locali della sezione di Via XX settembre, ritenuti insufficienti, e l'affitto di una nuova sede in via Garibaldi, con nuovo arredamento.

Il C.D., nel corso della sua attività si occupò di varie problematiche come il Piano Regolatore Generale (PRG), il Centro storico, la CGIL scuola, istituendo di volta in volta varie commissioni di lavoro, destinate per lo più a rimanere nel campo delle buone intenzioni.

Ma il fatto veramente nuovo fu l'emergere di un "caso Celso", il quale aveva iniziato una marcia di riavvicinamento al partito. Nella riunione del C.D. del 3 aprile 1979 e poi in quella del 2 maggio dello stesso anno la segreteria pose in discussione il problema del tesseramento di Celso ed altri. La questione venne infine riproposta in modo esplicito il 9 ottobre 1979 e la maggioranza (a cui aveva aderito ormai anche Nuccio Fisicaro) si pronunciò a favore del rilascio della tessera ad Angelo Celso, Saro Cattano e Sebastiano Tinnirello, con ciò rompendo definitivamente con la minoranza, la quale votò contro.

Proprio in questo periodo avvenne la prematura fine di Sebastiano Centamore, da qualche tempo si era ammalato.

Come me, anche lui negli ultimi tempi non aveva più seguito le vicende interne della sezione, limitandosi a svolgere la sua attività di consigliere comunale, in modo però via via sempre più sporadico. La sua scomparsa lasciava certo un vuoto nel partito e nella città.

L'amicizia personale fra di noi non era mai venuta meno e spesso ci ritrovavamo a rievocare le tante vicende politiche che avevamo vissuto. Ricordo ancora il nostro ultimo colloquio politico (lui stava già male) sulla vita della sezione, sul gruppo D'Anna, sul gruppo Ragazzi. Gli chiesi: «Vastianu, che ne pensi dei "Medici"?». E lui: «Sono il male minore. Ma appena mi rimettu i iettu fora!». Lo rividi, un'ultima volta, all'ospedale, qualche giorno prima della sua morte.

In data 5 novembre 1979 il segretario D'Anna comunicò al sindaco e agli altri partiti la nuova composizione del gruppo consiliare socialista: Vitale Martello (capogruppo), Angelo Celso, Rosario Chiarenza, Ferdinando Leonzio. Vittorio Maglitto, Rosario Cattano (subentrato a Sebastiano Centamore).

Mentre si divaricavano sempre più le posizioni fra le due componenti rappresentate nel C.D., ne sorgeva una terza, organizzata dall'avv. Pupillo, a cui aderì anche il dott. Sebastiano (Nello) Greco.

Sicché quando si tenne la nuova assemblea sezionale, il 13 gennaio 1980, vennero presentate tre liste per l'elezione dei tredici componenti del C.D..

La lista dei "Medici" ebbe sei eletti (Delfo D'Anna, Nino Moncada, Nuccio Fisicaro, Fortunato Amore, Ciro Petralia, Luigi Maci), quattro seggi andarono alla lista Ragazzi, detta "Rinnovamento" (Santo Ragazzi, Filippo Motta, Saro Ferrauto, Salvatore Commendatore) e tre a quella dell'avv. Pupillo (Delfo Pupillo, Nello Greco, Alfio Lombardo).

I "Medici" pertanto persero la maggioranza assoluta e le due minoranze si allearono per diventare esse maggioranza ed eleggere il nuovo segretario.

La scelta non fu facile, anche perché il gruppo Pupillo, pur rinunciando a favore della più grossa componente Ragazzi, pesò notevolmente nella designazione del nuovo segretario.

L'accordo fu ufficializzato nella riunione del direttivo del 4 febbraio 1980, quando venne eletto il nuovo segretario: il prof. Filippo Motta.

Si trattava di un giovane e brillante professore di storia e filosofia, originario di Catania e trasferitosi a Lentini per ragioni di lavoro.
Aveva alle spalle un'attiva partecipazione al Movimento Studentesco del '68 e una militanza nel movimento libertario.
L'articolo di Craxi su Proudhon pubblicato sull'*Espresso* del 27 agosto 1978 lo aveva favorevolmente colpito e si era quindi avvicinato al PSI, a cui, dopo alcuni contatti avuti col dott. Ragazzi, aveva aderito.
La minoranza dei "Medici" non volle accettare alcun incarico operativo all'interno del C.D., palesando così l'intenzione di voler condurre, nella sezione, una robusta opposizione. Ma questa linea, forse dettata dalla delusione per i risultati della recente assemblea, verrà presto modificata e la minoranza vedrà via via crescere il suo peso grazie alla sua compattezza a fronte delle crepe che cominceranno ad emergere nella maggioranza.
Dapprima sarà il gruppo Pupillo a prendere le distanze. Successivamente su un importante argomento (il tesseramento) il dott. Ragazzi verrà messo in minoranza.
Il rovesciamento vero e proprio della maggioranza avvenne in occasione della formazione della lista per le imminenti elezioni comunali e, precisamente, sul tema dell'inserimento o meno in essa di Angelo Celso ed altri.
Si pronunciarono a favore il gruppo D'Anna e il segretario Motta e la decisione fu considerata, dalle altre due componenti una violazione delle norme statutarie.
A quel punto era evidente che si era creata una nuova maggioranza rispetto a quella uscita dall'assemblea sezionale, in quanto la rottura tra il prof. Motta e quelli che lo avevano eletto segretario era diventata irreversibile.
Egli, invece, troverà sostegno nel gruppo D'Anna, che non l'aveva votato.
La svolta venne ufficializzata nella riunione del C.D. del 15 aprile 1980 in cui le dimissioni, correttamente presentate dal prof. Motta, vennero respinte dai "Medici", che così riconquistarono la maggioranza.

Dopodiché il C.D. passò alla formazione della lista. Per quanto mi riguarda, nonostante mi venisse offerta, io rifiutai la candidatura, considerando definitivamente chiusa la mia esperienza nel Consiglio Comunale.

7: Cartolina illustrata: Saluti da Lentini, 1963. Quattro vedute di Lentini.

Capitolo VIII I "Medici"

Alle elezioni dell'8 giugno 1980 il PSI conquistò cinque seggi.
Vennero eletti il dott. Nino Moncada (capogruppo), Nuccio Fisicaro ed Angelo Celso della maggioranza interna e il dott. Alfio Lombardo e il rag. Vitale Martello della minoranza facente capo all'avv. Pupillo.
La componente Ragazzi non riuscì ad eleggere alcun candidato e ciò provocò un certo disorientamento nel gruppo, che cominciò anche a disertare le riunioni del C.D..
La DC rientrò in Consiglio comunale con una forte rappresentanza (18 consiglieri).
Oltre le più significative riconferme (Tanino Sferrazzo, Ciccio Fisicaro, Pasqualino Valenti, Alfio Cardillo, Roberto Addamo) fecero il loro ingresso nel civico consesso personaggi destinati a giocare un ruolo di rilievo nel partito e nella città: l'avv. Giacomo Capizzi, il prof. Nino Mazzone, che saranno sindaci di Lentini, Alfio Mastrogiacomo, che, per una curiosa circostanza, si troverà per un brevissimo periodo al vertice dell'Amministrazione Comunale, Salvatore Martines, uno dei più acuti esponenti della DC, Davide Battiato, anch'egli futuro sindaco, Gianni Cannone, già segretario della sezione ed ex consigliere provinciale, Carmelo Russo e Giuseppe Zarbano ottimi conoscitori l'uno delle tematiche sportive e l'altro di quelle urbanistiche, Alberto Di Mari, Pippo Laganà, ecc...
Ed inoltre l'avv. Salvatore Moncada (capogruppo), ex presidente della Provincia, nonché leader della forte corrente di minoranza della DC di Lentini.
Nonostante questo imponente spiegamento di forze e la presenza nel gruppo di tante forti personalità e nonostante la sezione fosse guidata da uno dei "cavalli di razza" della DC, il rag. Giuseppe La Rocca, dalle notevoli doti politiche e dalle indubbie capacità di mediazione, il gruppo DC portava in sé i germi della dissoluzione.

La divisione all'interno della DC, fra il gruppo maggioritario guidato dall'avv. Nicotra, politico di primo piano della DC siciliana (sarà eletto deputato per tre legislature) e la minoranza rappresentata dall'avv. Moncada, si riproduceva fedelmente nel gruppo consiliare. Ed essa sarebbe esplosa in futuro, causando lo sfacelo del gruppo stesso con importanti ripercussioni sulla Città.

Il PCI, ormai, lontano dai fasti del passato, portò in Consiglio comunale tredici consiglieri. Ingressi di rilievo erano quelli del suo leader più prestigioso, l'on. Guido Grande (già segretario della sezione, segretario provinciale della CGIL, amministratore dell'ospedale, nonché deputato regionale), quello dell'on. Mario Bosco, futuro Sindaco, del prof. Pippo Moncada (fratello del capogruppo DC), del dott. Tano Giudice, primario di ginecologia all'Ospedale.

Il PRI venne rappresentato da due consiglieri fra loro imparentati: il giovane Alfio Mangiameli, che dopo la precedente e in un certo senso un po' amara militanza nel PSI, aveva arricchito la sua esperienza, il che aveva ancor più evidenziato le sue innate capacità politiche e lo zio Nunzio Mangiameli, per il momento neofita della politica, ma che ben presto si rivelerà grande orientatore di consensi elettorali. Il partito si era rafforzato costituendo una propria sezione, con regolare direttivo, ora guidato con grande determinazione ed intelligenza da Saro Renna.

Il PSDI riconfermò l'ex sindaco ing. Amore ed il MSI si ridusse ad un solo, ma brillante rappresentante, il dott. Nello Neri.

In questo quadro politico il PSI non ebbe esitazione nell'optare per il centro-sinistra, sulla base della convinzione che non c'era altra formula alternativa. Dopo le solite trattative venne costituita la nuova Giunta.

Sindaco venne eletto un giovane, ma già affermato professionista, l'avv. Giacomo Capizzi (DC), di grande moderazione e di notevole equilibrio, oltreché capace e corretto amministratore.

La DC venne rappresentata in Giunta dal dott. Franco Rossitto, dal dott. Pippo Zarbano, dal giornalista Gianni Cannone e dal prof. Nino Mazzone.

Per il PRI venne eletto il geom. Alfio Mangiameli, che avrebbe diretto l'importante settore dei Lavori Pubblici.

Il PSI ottenne tre assessorati: vicesindacatura e Pubblica Istruzione per Nuccio Fisicaro, mio caro amico fin dalla più giovane età, destinato a ricoprire un ruolo considerevole nel socialismo lentinese, e ciò in assonanza con la tradizione di famiglia (il nonno materno Mariano Raiti era stato consigliere del PSI prima del fascismo ed il padre Antonino aveva ricoperto lo stesso ruolo nel 1946), Igiene e Sanità per il dott. Alfio Lombardo e Annona e Verde Pubblico per Angelo Celso, che entrava nella sua terza legislatura, con un notevole bagaglio di importanti esperienze politico-amministrative.

Il 23 marzo 1981 si tenne la nuova assemblea della sezione socialista per il rituale rinnovo del C.D.. Questa volta le minoranze, ormai in rotta con l'altra componente, non parteciparono alle votazioni.

Su questa decisione probabilmente influì lo scoraggiamento del gruppo Ragazzi, per non essere riuscito ad ottenere una rappresentanza in Consiglio comunale (e ciò, per un partito che si occupava prevalentemente di Amministrazione Comunale, contava molto) ed il malumore del gruppo Pupillo, che probabilmente avrebbe preferito essere rappresentato in Giunta dal rag. Martello.

Il nuovo C.D. quindi fu composto interamente da esponenti della maggioranza e la sezione rimase saldamente in mano ai "Medici". I componenti (quindici) eletti furono: il dott. Nino Moncada, Salvatore Maglitto (ex braccio destro di Sebastiano Centamore), Luigi Maci (genero di Sebastiano Centamore), il bancario Augusto Giuliano, Ciccio Giuca, Salvatore Centamore (figlio di Sebastiano), il dott. Delfo D'Anna, Fortunato Amore, Francesco Volo, il prof. Filippo Motta, Salvatore Commendatore, Sebastiano Tinnirello (ex psiuppino), Sebastiano Perrotta e l'ottimo commercialista Cirino Petralia.

All'unanimità, il 3 aprile 1981, il prof. Motta venne riconfermato segretario della sezione, con vicesegretario Sebastiano Perrotta. Ma il vero leader della sezione era senz'altro il dott. D'Anna (responsabile Enti Locali), che si era presentato alle ultime provinciali, riportando a Lentini una discreta affermazione. Egli era ora anche componente del direttivo provinciale e ciò gli conferiva maggior peso politico.

Intanto andavano emergendo nella sezione segni di malcontento per l'andamento amministrativo, tanto che venne dato avvio ad una serie di contatti con le altre forze politiche, per una approfondita verifica della maggioranza, non senza valutare nel frattempo altre soluzioni.

Il prof. Motta, in un'intervista pubblicata dal *Giornale del Sud* del 6 ottobre 1980, aveva dichiarato, fra l'altro, che «la nostra adesione alla maggioranza era subordinata all'attuazione di un programma che affrontasse i maggiori problemi della città. Fino ad oggi però la giunta si è dimostrata incapace di ciò, in quanto nessuno dei grandi problemi di Lentini è stato minimamente sfiorato», escludendo tuttavia, almeno per il momento, l'apertura di una crisi.

Gli incontri ebbero esito negativo e le tensioni, specie con la DC, aumentarono sempre più fino a sfociare, nell'aprile del 1981, nelle dimissioni degli assessori socialisti, seguite poco dopo da quelle di tutta la Giunta.

I tentativi, non molto convinti, di riprendere il dialogo e di ricomporre l'alleanza di centro-sinistra fallirono ed aumentarono invece le tensioni tra PSI e DC.

Alla fine la crisi venne risolta dando vita ad un'amministrazione di centro (DC-PRI).

Sindaco venne riconfermato l'avv. Capizzi (DC), con vicesindaco Alfio Mangiameli (PRI). Assessori vennero eletti il dott. Zarbano, il prof. Nino Mazzone, il dott. Franco Rossitto, il prof. Sferrazzo, il dott. Marcello Ciaffaglione, il cav. Valenti, il cav. Cardillo, tutti della DC.

Intanto, nelle file socialiste, all'approssimarsi delle elezioni regionali del 21 giugno 1981 era cominciato un lavoro, che col passare del tempo andava facendosi sempre più intenso, intorno alle varie candidature che stavano emergendo.

Oltre a quella del deputato uscente avv. Carlo Giuliano, appoggiato a Lentini da Alfio Serratore e Nicola (Lino) Spada, si consolidò quella del dott. Pippo Amara, sostenuta dai "Medici" e quindi dalla sezione ufficiale; la minoranza dell'avv. Pupillo si schierò con quella del dott. Turi Formica di Siracusa, dirigente prestigioso e politico integerrimo.

Infine si affermò la candidatura del prof. Raffaele Gentile, che si poneva chiaramente come alternativa al vecchio gruppo dirigente della Federazione e quindi in una prospettiva di rinnovamento del partito in provincia. A Lentini, intorno a questa ipotesi, si mise in movimento il gruppo guidato da Santo Ragazzi, rafforzato da nuove adesioni, specialmente di giovani come Pippo Nicotra (un vero esperto di musica napoletana), Pippo Cardello, che anni dopo diventerà un affermato poeta, Alfio Ira e Giovanni Cannone (omonimo del dirigente DC), futuri segretari della UIL; Delfo Arcidiacono (noto amministratore di società sportive), ecc...

Io, da più di un anno lontano dalla politica, che negli ultimi tempi mi aveva fortemente deluso, fui avvicinato dal dott. Ragazzi, che ben conosceva i miei rapporti d'amicizia col prof. Gentile. In effetti, durante il lungo periodo in cui eravamo stati colleghi di lavoro (egli aveva insegnato a Lentini) era nata fra noi una sincera amicizia e una reciproca stima, destinata a durare nel tempo.

Poiché militavamo nello stesso partito, spesso nascevano fra noi discussioni politiche che ci trovavano sostanzialmente d'accordo, con la differenza che io ero molto più pessimista di lui, forse perché avevo alle spalle una più lunga e travagliata militanza. Egli, invece, credeva nella possibilità di rigenerazione del partito e lavorava per questo.

Il dott. Ragazzi, che con l'approssimarsi della campagna elettorale si era psicologicamente "ricaricato", mi invitò ad un incontro a cui avrebbe partecipato il prof. Gentile.

Rividi dunque, dopo molto tempo, in quella circostanza il mio ormai vecchio amico e non potei negargli il mio sostegno elettorale, non senza avergli fatto ribadire il significato della sua candidatura, che non doveva inquadrarsi nel solito carrierismo politico, ma doveva mirare, come si diceva allora, ad "aggiustare il partito".

La comune partecipazione alla campagna elettorale dell'originario gruppo Ragazzi (prima guidato da Saro Ferrauto) e di quelli che, come me, si erano avvicinati a lui intorno alla candidatura Gentile, fece coagulare una componente nuova e piuttosto consistente. E questo gruppo, pur non rappresentato nel C.D. della sezione, acquistò ulteriore e notevole peso quando le urne decretarono la elezione del prof. Gentile a deputato regionale, nel mentre un certo scoramento pervase gli altri schieramenti interni della sezione del PSI.

Infatti tutti sapevamo, per tradizione ormai consolidata e per la struttura, spesso di tipo feudale, che nella Federazione di Siracusa (e forse non solo in essa) il deputato regionale determinava la politica del partito e ne condizionava ogni decisione.

Neanche l'elezione del prof. Gentile fece eccezione alla regola e, in tempi alquanto rapidi egli, da leader della minoranza provinciale, divenne leader della maggioranza, man mano che i piccoli valvassori sconfitti affluivano verso le nuove insegne del potere.

A Lentini il C.D., ormai privo della tutela della Federazione e con un partito ora fuori dalla Giunta municipale, e sostanzialmente in rotta con tutti gli altri gruppi politici presenti nel Consiglio comunale, appariva disorientato.

E quando, alla fine di settembre, in occasione dell'esame del tesseramento, esso respinse un elenco presentato da Pippo Cardello, diede, di fatto, l'esca ad un intervento della nuova maggioranza provinciale.

Infatti, nell'ottobre dello stesso 1981, si fece strada la proposta di commissariamento della sezione.

Il 14 ottobre 1981 il C.D. della sezione approvò un argomentato documento, in cui tentava un'ultima accorata difesa della propria legittimità proprio nella paventata e sempre più consistente eventualità del minacciato provvedimento di scioglimento.

Ma, al di là delle questioni formali, che pur hanno la loro importanza, ma che ormai non interessavano a nessuno, la sostanza delle cose spingeva verso il superamento del periodo dei "Medici".
Nel C.D. non erano rappresentate le minoranze, sia le due più consistenti, guidate l'una dal dott. Ragazzi e l'altra dall' avv. Pupillo, sia quella di più recente formazione, emersa intorno alla candidatura dell'on. Giuliano e organizzata da Alfio Serratore e Lino Spada; minoranze che avevano avuto ottimo riscontro elettorale sia locale che provinciale. Per di più due consiglieri comunali (Alfio Lombardo e V. Martello) su cinque aderivano alla minoranza dell'avv. Pupillo.
Dunque la composizione degli iscritti alla sezione, realizzatasi negli ultimi anni, e lo stesso C.D. apparivano in contrasto con la nuova realtà delle forze esistenti nel campo socialista, così come avevano evidenziato le recenti elezioni regionali.
Con un provvedimento, ormai da tutti atteso, anche se da alcuni avversato e da altri auspicato, ma nella logica di potere che aveva ispirato da tanto tempo la Federazione, e di cui la vecchia maggioranza portava le maggiori responsabilità politiche, la sezione venne sciolta e commissario venne nominato Santo Gallo di Canicattini.
Era costui un ottimo giovane, di buon carattere ed assai cordiale. Le sue venute a Lentini, non molte in verità, suscitarono notevoli speranze di rigenerazione del partito.
Ma le aspettative si rivelarono di gran lunga al di sotto della realtà, che anzi forse peggiorò.
Il metodo scelto dal commissario per la ricostituzione della sezione si rivelò, infatti, una cura peggiore del male.
Stabilì dei giorni e degli orari nei quali era possibile presentare le domande di iscrizione e portò i relativi moduli, a disposizione di chiunque volesse aderire al partito.
Unica condizione richiesta era che l'interessato presentasse di persona la domanda. Non era necessario neanche pagare l'importo della tessera. Emergeva così un costume, che poi si ripeterà nel corso degli

anni, aggravandosi sempre più, per cui non sarà necessario pagare alcunché all'atto del rinnovo dell'iscrizione; rinnovo che avverrà mediante la compilazione di elenchi da trasmettere alla Federazione, ormai talmente cristallizzati, che diverrà impresa assai difficile inserirvi qualche nuovo iscritto o depennarne qualcuno dei vecchi, per non turbare il delicato equilibrio di potere fra le "componenti".

Si veniva così a creare una situazione un po' curiosa, perché la Federazione, che ne aveva la competenza, approvava gli elenchi dei tesserati inviati dalle sezioni, ma la Direzione Nazionale, non avendo ricevuto il relativo importo, non inviava le tessere corrispondenti. Io stesso che avevo l'abitudine di conservare tutte le tessere, fin dalla prima, non possiedo quelle degli ultimi anni fino allo scioglimento, perché mai rilasciatemi (in seguito tutte andarono purtroppo perdute).

Ben presto fu chiaro che la superficialità di Santo Gallo non avrebbe portato nulla di buono, al di là delle sue certo oneste intenzioni.

Si cominciò ad intuire che le domande presentate non sarebbero state esaminate e che quindi non ci sarebbe stata nessuna selezione, il che era poi l'unico obiettivo che si doveva porre un commissario di una sezione sciolta.

In questa occasione si iscrisse un certo numero di nuovi aderenti che andarono a gonfiare il tesseramento, che da allora divenne, di fatto, solo una questione di elenchi che si sarebbero ripetuti quasi immutabili nel tempo, di anno in anno. Alla fine venne il giorno del congresso di sezione, che fu tenuto il 22 maggio 1982 nel salone Navarria.

Essendo esso collegato al congresso provinciale (e a quello nazionale) e dovendosi quindi eleggere i relativi delegati, la votazione avvenne, com'era giusto costume politico nel PSI, per appello nominale, trattandosi di scelte politiche. Ma dovendosi anche eleggere il C.D. di sezione, una volta conosciuto l'esito della votazione e la percentuale di voti da ciascuna mozione conseguita e, proporzionalmente, il numero di seggi ad essa spettanti nel direttivo, ogni "componente" si riunì per conto proprio, per scegliere i suoi rappresentanti. Nasceva così un costume che si sarebbe ripetuto nel tempo, per cui si prescindeva dalla votazione segreta sui nomi e la scelta dei dirigenti, che teoricamente spettava a tutti i membri di ogni "componente", di fatto sarebbe stata decisa da chi la dirigeva, facendolo così divenire quello che sarebbe stato chiamato un "signore delle tessere".

La degenerazione politica avrebbe così fatto passi da gigante, favorita dal fatto che, mentre a livello nazionale i dirigenti erano tutti craxiani, nelle federazioni e nelle sezioni, chi poteva e voleva cercava di crearsi una propria componente, con tendenza a divenire vero e proprio gruppo di potere. Il confronto politico era così destinato ad esaurirsi rapidamente, per lasciare il posto alla lotta per il potere all'interno delle federazioni e delle sezioni, il che era il presupposto per la conquista del potere vero, quello nelle istituzioni e nel sottogoverno.

Si creavano pertanto le premesse di una crisi grave della democrazia interna nel partito, il che sarebbe stato causa non ultima della sua fine.

Nel congresso del salone Navarria il gruppo dei "Medici", il cui leader era sempre il dott. D'Anna, si presentò come componente autonomamente organizzata, ma poiché faceva parte di un gruppo provincialmente guidato dal dott. Pippo Amara, che nel frattempo era confluito nella corrente dell'on. Gentile, in pratica era diventato anch'esso un gruppo "gentiliano", come quello rivale del dott. Ragazzi! Dunque un'unica corrente provinciale "gentiliana", ma a Lentini divisa in due anime, quella del dottor D'Anna, "neofita" e quella del dott. Ragazzi, per così dire "antemarcia".

Esse, con complessivi 216 voti conquistarono dieci seggi, cinque ciascuno, tre andarono alla "componente" di Lino Spada (62 voti) e due a quella dell' avv. Pupillo (46 voti).

Gli eletti furono per il gruppo D'Anna: il dott. D'Anna, il prof. Motta, il commercialista Petralia, Saro Cattano e il dott. Centamore, che ritornava alla politica dopo qualche anno di assenza; per il gruppo Ragazzi: il dott. Ragazzi, Vittorio Maglitto, Pippo Nicotra, Pippo

Cardello ed io stesso, che così rientravo nel direttivo dopo un periodo in cui ero stato un po' appartato; per il gruppo Spada: Lino Spada, Alfio Serratore e Salvatore Centamore; per il gruppo Pupillo: l'avv. F. Pupillo e il dott. Nello Greco. Tutto sommato un buon direttivo, quanto di meglio il partito poteva esprimere in quel momento.

Dopo essere stato insediato (1 giugno 1982) dal commissario Santo Gallo, il C.D., nella seduta del 10 giugno 1982, elesse all'unanimità e per acclamazione il nuovo segretario della sezione, nella persona del dott. Santino Ragazzi e nella successiva riunione procedette alla distribuzione degli incarichi, eleggendo Alfio Serratore vicesegretario. Io divenni responsabile dell'organizzazione, tornando così ad un settore di lavoro per cui mi sentivo più portato fin dai primi anni di militanza.

Mi adoperai quindi per la costituzione del Movimento Femminile Socialista, avvenuta il 21 settembre 1982, alla presenza della prof.ssa Marika Di Marco, componente del Comitato Centrale. Ma esso ebbe vita breve per i fatti avvenuti successivamente.

Dopo un po' di tempo, infatti, cominciarono ad emergere alcune difficoltà per la segreteria. In parte esse erano dovute al fatto che la sua maggioranza (10 su 15) era sostanzialmente fittizia, essendo basata su un matrimonio non d'amore fra il gruppo Ragazzi (ormai modificato rispetto a quello originario) e quello dei "Medici" (anch'esso rimaneggiato), per cui le vecchie rivalità spesso riaffioravano.

C'erano anche incomprensioni caratteriali che spesso risultavano logoranti. Per di più, all'interno dei due gruppi c'erano dirigenti, me compreso, che assumevano posizioni liberamente autonome sui temi di politica generale, con ciò contravvenendo alla rigida disciplina di gruppo che si andava consolidando. Per esempio le riunioni di C.D. erano quasi sempre precedute da quelle del gruppo gentiliano "puro" del dott. Ragazzi, alle quali finii per non essere più invitato, ritrovandomi così "indipendente" (dai gruppi), come avverrà per altri in seguito. Si aggiunga inoltre che nel frattempo anche la seconda

Giunta Capizzi (DC-PRI) si era dimessa per consentire la formazione di una più forte maggioranza con la partecipazione dcl PSI, il quale si trovava così a fronteggiare una crisi non facile che lo trovava diviso sulle scelte di fondo e che alla fine resterà fuori dalla maggioranza.
Infatti il 10 giugno 1982 si era insediata una Giunta Cannone (DC-PRI) con assessori Alfio Mangiameli (vicesindaco, PRI). Pippo Zarbano, Turi Martines, Carmelo Russo, Nino Mazzone, Pasqualino Valenti, Alberto Di Mari, Davide Battiato, tutti della DC. La Giunta Cannone, come la seconda Giunta Capizzi, era sostenuta all'esterno dal PSDI, con il PSI all'opposizione, ma in fibrillazione.
Nel giugno '83 le tensioni latenti all'interno del C.D. del PSI esplosero e la segreteria si ritrovò fortemente indebolita sia nei rapporti con i vari gruppi (ad esempio Lino Spada ne aveva chiesto le dimissioni già il 25 aprile 1983) che per il concorso di alcune situazioni che invece avrebbero richiesto una sezione fortemente compatta. La nuova crisi comunale (iniziata il 20 maggio 1983 con la dissociazione del PSDI dalla maggioranza), le notevoli difficoltà finanziarie del partito, lo sfratto dai locali di via Garibaldi, i contrasti interni avevano reso la situazione del partito piuttosto pesante.
In data 26 giugno 1983 il dott. Ragazzi rassegnò le dimissioni da segretario con lettera circolare ai componenti del C.D..
In questa situazione aumentarono il caos e lo sbandamento del partito e va a merito del compianto Alfio Serratore se la mobilia della sezione (che i "Medici" avevano notevolmente migliorata) poté essere salvata.
E fu il medesimo Serratore, nella sua qualità di vicesegretario, a convocare il C.D. per il 7 luglio 1983 per l'elezione del nuovo segretario. Ma non era facile trovare qualcuno disposto ad addossarsi un compito così arduo ed infatti non si trovavano candidati. Quand'ecco che il dott. G. Centamore, spalleggiato da Angelo Celso, ritenne (14 luglio 1983) di fare il mio nome, proprio perché io ero, per cosi dire, "indipendente" dalle cosiddette "componenti". Mai una simile eventualità mi era passata per la mente e perciò fui molto sorpreso dalla proposta, anzi stupito. Ero ormai convinto che il mio

ruolo non poteva che essere quello dei cosiddetti "notabili", buoni a dare consigli, ma scarsamente operativi.

Comunque rifiutai, adducendo un motivo (vero) prettamente politico: sapevo che la maggioranza del C.D. era orientata per il centro-sinistra, cosa che io, come socialista di sinistra, non mi sentivo di condividere e, tantomeno, di gestire in prima persona. Potevo invece, e di questo mi impegnavo, essere leale con la maggioranza e collaborare, come semplice membro del C.D., nel lavoro interno del partito.

Questo tipo di discussione andò avanti per un po' e Serratore, dopo due riunioni senza esito alcuno, dovette convocarne una terza.

E fu proprio allora che il dott. Centamore trovò la soluzione del problema. Sinistra o centro-sinistra, egli sostanzialmente disse, non possono essere scelte aprioristiche. La linea del partito, così come avviene in campo nazionale, deve essere quella della "governabilità", tendente ad assicurare il funzionamento delle istituzioni democratiche e quindi i servizi dovuti alla collettività. I numeri in campo ed i comportamenti degli altri partiti sarebbero poi stati valutati dal PSI, per stabilire in che modo esso potesse assicurare tale governabilità. Chiesi ed ottenni che tale linea così fortemente argomentata e che costituiva un compromesso più che dignitoso, finalizzato all'unità del partito, fosse ufficializzata in un documento, che fu approvato all'unanimità dal C.D..

A quel punto non potei più tirarmi indietro.

8: Piazza Duomo nel 1959: cartolina illustrata.

Capitolo IX Segretario

Il 19 luglio 1983, dunque, alla terza riunione del C.D., tenutasi presso la sede della UIL fui eletto segretario della sezione.
Erano presenti dieci componenti (Pupillo, Spada, Serratore, G. Centamore, Salvatore Centamore, Cardello, Ragazzi, Nicotra, Leonzio) su quindici.
Riportai nove voti, avendo io votato scheda bianca.
Le assenze contavano più delle presenze. Maglitto non era venuto, forse perché non si sentiva di votare un segretario diverso dal dott. Ragazzi? L'assenza di D'Anna e dei suoi amici a lui più vicini (Motta e Petralia) difficilmente poteva essere considerata casuale.
Essi forse vedevano la mia segreteria come una proiezione del dott. Centamore, amico-rivale della stessa componente? Non saprei dire. Fatto è che mi ritrovai sulle spalle una situazione politica e amministrativa piuttosto pesante e ingarbugliata. Non era certo facile dirigere un partito diviso in tante componenti, al loro interno esse stesse spesso divise. Non c'era più sezione e quindi le riunioni si facevano o presso l'UIL (diretta dal socialista Alfio Ira) o presso la CGIL (grazie ai sindacalisti socialisti Nello Imprima e Nello Saccuzzo); ciò tuttavia comportava notevoli difficoltà per la convocazione delle riunioni e la conservazione dei documenti e, poiché la politica non si può fare solo nelle riunioni, ma anche e soprattutto confrontandosi con gli altri dirigenti e militanti, ero costretto a cercare fuori i miei interlocutori, anziché trovarli nei locali della sezione. E, come se non bastasse, non c'era più una lira in cassa.
Mi misi subito al lavoro cominciando proprio dai soldi, se è vero che «senza soldi non si canta messa», come dice il detto popolare. All'indomani della mia elezione andai a trovare il dott. Lombardo, da cui ottenni un congruo contributo e subito dopo il dott. D'Anna. Mi resi subito conto che egli aveva nei confronti della mia segreteria le stesse perplessità (politiche) che io avevo avuto per la sua, ma che

l'amicizia personale gli impediva un atteggiamento di aperta opposizione. Mi fu però facile dissipare i suoi dubbi ed ottenere anche da lui un sostanzioso contributo, segno tangibile di una solidarietà, ora non più solo umana ma anche politica.

La sottoscrizione fu quindi allargata ad un vasto numero di militanti a Lentini e, fatto nuovo, anche a Siracusa, col valido aiuto dell'amministratore del partito Pippo Cardello. Fu inoltre stabilita una percentuale dell'indennità di carica da versare al partito e così la situazione finanziaria venne risolta.

Ma intanto incombeva la crisi amministrativa.

Riunito il gruppo consiliare (diretto dal dott. Moncada) esso si ricompattò sulla base della linea della "governabilità", che consentiva una presenza politicamente significativa nel Consiglio comunale, con grande soddisfazione di tutti e cinque i consiglieri.

I contatti politici ben presto si fecero frenetici e in pochi giorni ebbi incontri con il dott. Salvatore Moncada (capogruppo DC), il rag. La Rocca (segretario DC), il prof. Cassarino (segretario PCI), l'ing. Amore (segretario PSDI), l'imprenditore Renna (segretario PRI), oltre che con i componenti della delegazione socialista.

In tutto questo vorticoso movimento mi fu di valido aiuto il vicesegretario Alfio Serratore, da cui ebbi la più leale e fraterna delle collaborazioni.

Initialmente l'unica soluzione possibile sembrava una Giunta PSI-PCI (per i forti contrasti in seno alla DC), che potesse assicurare il governo della città, magari con l'eventuale concorso di PRI c PSDI (che però erano alquanto restii) e, chissà, con l'astensione, di una parte della DC. Ma improvvisamente la DC si ricompattò, formò una delegazione e ci rivolse un invito, che venne accolto, anche per la mancanza di alternativa, all'unanimità dal C.D., anche se fra i gentiliani "puri", sia pure con diverse sfumature, sembrava serpeggiare un certo malcontento.

Iniziarono quindi gli incontri con le delegazioni di DC, PRI e PSDI, il quale quasi subito si tirò fuori dalla costituenda coalizione, per dissensi sulla politica urbanistica. Essi ebbero luogo il 5, il 9 e il 12 agosto 1983, inframmezzati da riunioni del C.D., della delegazione socialista, ecc. e da incontri informali che ebbi con i dirigenti degli altri partiti, in particolare col segretario della DC Pippo La Rocca. L'essere cari amici d'infanzia facilitò non poco le cose ad entrambi, in quanto sgombrò il terreno da inutili formalismi.

Si giunse infine all'accordo sul quadro politico e sul programma, con piena soddisfazione del PSI, che evitò l'appalto del servizio di Nettezza Urbana (non voluto secondo un'antica tradizione della sinistra che privilegiava il servizio pubblico), in ciò d'intesa con i sindacati.

Per concludere la crisi, il 19 agosto 1983 si incontrarono le delegazioni dei tre partiti: quella del PRI guidata da Rosario Renna, quella della DC che comprendeva, oltre al segretario rag. La Rocca, l'avv. Nicotra, leader della maggioranza del partito, l'avv. Moncada, capogruppo e leader della minoranza, il vicesegretario ing. Magnano e il sindaco uscente e nuovamente designato Gianni Cannone. Di quella del PSI facevano parte, assieme a me, i principali dirigenti del partito presenti a Lentini (gli altri erano fuori sede per le ferie estive). Ma soprattutto, nella sala della riunione, si notava la presenza di un folto numero di militanti socialisti, che avevano seguito la delegazione ufficiale, per assistere all'esito finale delle trattative e che io non mi ero sentito di escludere.

Infatti, quasi per istinto, sono sempre stato contrario alle diplomazie segrete, alle confraternite di corridoio, ai gruppi dirigenti o di potere chiusi nel loro bunker a difendere le loro prerogative. E poi tenevo sempre presente una bella definizione del socialismo che avevo letto su *Critica Sociale*: "Il socialismo è la socializzazione del potere". E a questo concetto mi ero ispirato nel breve periodo della mia segreteria, per esempio considerando le riunioni del C.D. aperte alla presenza e agli interventi dei semplici iscritti. Questo stile, che prescindeva dalle "componenti", mi consentirà in più di un'occasione di appellarmi alla base senza passare prima dai vari capintesta.

La riunione cominciò in un clima di cordialità e i presenti, dopo aver ribadito il raggiunto accordo sul programma, passarono a trattare della composizione della Giunta municipale

A quel punto un dirigente della DC, con tono assai cortese, mi disse: «Che cosa chiede il PSI?». Sicuramente non era nelle intenzioni del mio interlocutore, ma in quel momento a me quella sembrò una situazione in cui una parte (la DC) si comportava come se detenesse, chissà perché, la disponibilità del potere e si dichiarava benevolmente disposta a cederne un pezzetto agli occasionali alleati, quando invece da parte nostra si era più volte precisato che quella che si stava formando era una maggioranza nuova rispetto alla precedente. Mi venne in mente di rispondere con una battuta scherzosa, che non fu subito presa per quella che era, una battuta appunto, e che per qualche minuto ammutolì la sala. Dissi che il PSI aveva deciso di trattenere per sé la vicesindacatura e due assessorati e di lasciare alla DC il sindaco e gli altri assessorati, a parte quello spettante al PRI.

Superato l'attimo di stupore, sopraggiunse un liberatorio scoppio di ilarità e l'accordo rapidamente si concluse. con grande soddisfazione di tutti i presenti, specialmente di tutti i numerosi socialisti, che in tutto il corso delle trattative avevano potuto constatare che si potevano ottenere ottimi risultati politici mantenendo alta la bandiera del partito.

Il PSI doveva dunque indicare tre assessori su cinque consiglieri. E qui cominciarono le "dolenti note".

Proposi che fosse il C.D. a scegliere i nomi, mediante votazione a scrutinio segreto, in modo che fosse garantita la massima democrazia e la libertà di voto, trattandosi di scelta di persone.

Ciò innestò una serie di incontri di corrente, di gruppi e sottogruppi, a cui io non partecipai.

Il 25 agosto 1983 il C.D. scelse Angelo Celso, Nuccio Fisicaro e Vitale Martello.

Alla fine della seduta, conclusa positivamente la crisi comunale, venne avanzata la proposta di affiancare al segretario un "direttorio" o "esecutivo" permanente composto dai rappresentanti di tutte le "componenti". Mi sembrò che mi si volesse ingabbiare per ridurre il mio ruolo da quello di rappresentante del partito a quello di esecutore delle decisioni dei "signori delle tessere" e misi subito a disposizione il mio mandato.

La proposta fu ritirata, ma io rimasi piuttosto amareggiato.

In effetti l'avvicinarsi della conclusione del tesseramento e dell'assemblea per il rinnovo del C.D., aveva risvegliato gli "appetiti" di molti. Altro che "socializzazione del potere"!

Nella sezione lo spirito di setta s'ingigantiva sempre di più e vecchi e nuovi rancori emergevano prepotentemente.

Intanto veniva eletta la nuova Giunta. A presiederla veniva riconfermato il giornalista Gianni Cannone, allievo di Carlo Lo Presti e studioso e scrittore di storia cittadina e in particolare del Notaro Jacopo.

La DC si fece rappresentare da ottimi elementi (Alberto Di Mari, Salvatore Martines, Tanino Sferrazzo, Pippo Zarbano), il PRI da Alfio Mangiameli, il PSI da F. (Nuccio) Fisicaro (vicesindaco- Sport- Edilizia sportiva- Turismo- Spettacolo- Verde pubblico), A. Celso (Nettezza Urbana e personale) e Vitale Martello (Urbanistica).

La vita del PSI nel settembre '83 ruotava ormai intorno al tesseramento che era diventato enorme (439 iscritti che la Federazione impose di ridurre fino a 250, numero "bloccato" che sarà riconfermato di anno in anno, per sempre!) e ciò creava movimento nei gruppi.

Il 14 settembre 1983 il dott. Nino Moncada mi comunicò le sue dimissioni da capogruppo e successivamente egli aderì alla componente Spada che, nel frattempo, aveva rotto con Serratore, il quale, a sua volta, cercava di creare un suo proprio gruppo. I miei buoni rapporti con Serratore, susciteranno nei miei confronti da parte di Spada e dei suoi un'opposizione, prima strisciante e poi via via sempre più virulenta.

Anche fra i gentiliani "puri" Cardello e Nicotra prendevano le distanze da Ragazzi e Maglitto.

Ad un certo punto, a richiesta dei gruppi di D'Anna e di Spada, il C.D. decise l'azzeramento di tutti gli incarichi operativi (ad eccezione del segretario) per meglio ristrutturarli, ma probabilmente per eliminare Alfio Serratore dalla vicesegreteria.

Nuovi vicesegretari vennero eletti il dott D'Anna e il dott. Greco e responsabile degli "enti locali" il prof. Motta (20-10-83).

Nel mentre si svolgevano tutti questi movimenti all'interno del PSI, con un ritmo incalzante, all'interno del gruppo consiliare della DC riemergevano i vecchi contrasti. I quali, nonostante l'opera moderatrice del segretario La Rocca, s'ingigantivano sempre più diventando insanabili, fino ad esplodere nella seduta del Consiglio comunale del 12 dicembre 1983, al punto che nove consiglieri della DC proposero lo scioglimento del consesso civico costringendo la Giunta municipale alle dimissioni.

Io, che fin dal pomeriggio di quel giorno avevo avuto sentore dell'imminente crisi, avevo preparato, d'intesa con la delegazione socialista, il testo di un manifesto. Sicché, proprio mentre l'Amministrazione si dimetteva, un militante del PSI correva in tipografia a farlo stampare.

In esso si condannava espressamente la DC che, con le sue spaccature, rendeva ingovernabile la città e addirittura cercava di scaricare le sue contraddizioni interne sulle istituzioni, auspicando lo scioglimento del massimo organo rappresentativo cittadino.

Il PSI, invece, si faceva carico della governabilità, come supremo interesse della città, auspicando soluzioni alternative.

Successivamente anche il PCI, diretto dal prof. Michelangelo Cassarino, stampò un volantino intitolato "La DC dichiara fallimento".

La CGIL, infine, con un altro volantino, si pronunciò contro la paralisi delle istituzioni, chiedendo con fermezza che il Consiglio Comunale desse un governo alla città e cioè "una Giunta stabile ed organica, per affrontare i problemi" più urgenti e drammatici per i lavoratori ed i cittadini.

Posizione quest'ultima sostanzialmente collimante con la linea del PSI e piuttosto divergente da quella del PCI, o quanto meno dal suo vertice, che, in fondo, pur condannando la rissosità del gruppo DC, causa di continue crisi, non indicava soluzioni, e probabilmente non disdegnava lo scioglimento del Consiglio comunale.

Immediatamente si riunì il C.D. del PSI, che approvò un documento in cui si approvava l'operato della segreteria e della delegazione (Leonzio, D'Anna, Motta, Cardello, Pupillo) che veniva riconfermata con pieni poteri e il compito di adoperarsi per la costituzione di una Giunta di "Alternativa Democratica" con tutte le forze della sinistra (PCI, PSI, PSDI, PRI) e, in linea subordinata, anche per una Giunta minoritaria di sinistra, con o senza la partecipazione diretta del PSI.

Il primo compito che mi assunsi, come segretario del PSI, fu quello di contattare i partiti laici, PSDI e PRI.

Con l'ing. Amore (PSDI) mi appellai alla comune matrice socialista, anche se dovetti constatare che esisteva un grosso ostacolo per la sua adesione in materia di politica urbanistica. Pregai quindi un autorevole membro della delegazione del PSI, l'avv. Pupillo, molto preparato in materia, di contattare l'esponente del PSDI e di cercare di trovare un accordo. La "missione" fu svolta in poco tempo, in maniera egregia e con esito positivo.

Per quanto riguarda il PRI, mi avvalsi degli ottimi rapporti personali col segretario della sezione (R. Renna) e col capogruppo (A. Mangiameli) per un confronto franco e leale. Il PRI era stato in precedenza in polemica col PCI, ma era rimasto scottato ancor di più dall'esperienza di collaborazione con la DC e, poiché anch'esso era contrario allo scioglimento del Consiglio comunale, finì con l'aderire in pieno alla formula dell'"Alternativa democratica".

E fu proprio d'intesa e in collaborazione con Alfio Mangiameli che feci la prima mossa ufficiale.

Il PCI aveva indetto, nei locali dell'aula consiliare un'assemblea (allora le assemblee le faceva e spesso...) aperta al pubblico, per esaminare la crisi comunale e deliberare su di essa. Mangiameli ed io, come eravamo d'intesa, ci andammo.

Non appena il segretario Cassarino ebbe terminato la sua relazione, in cui sostanzialmente aveva constatato che non c'era possibile soluzione alla crisi comunale e che pertanto lo scioglimento del Consiglio comunale appariva come il fatale sbocco di essa, io chiesi la parola.

Un po' sorpreso (eravamo forse gli unici estranei alla riunione) il prof. Cassarino disse: «La parola al compagno Leonzio, segretario del PSI». Confermai che ero venuto nella mia veste ufficiale, in rappresentanza del partito e comunicai la linea del PSI per una Giunta di Alternativa democratica (PCI, PSI, PSDI, PRI), invitando il PCI a partecipare a un incontro delle quattro delegazioni, in un giorno ed ad un orario già fissati, per l'inizio delle trattative.

L'assemblea non si era ancora ripresa dallo stupore quando, subito dopo di me, chiese la parola il giovane ma abile rappresentante del PRI, che confermò la disponibilità del suo partito a quanto da me detto; dopo di che ce ne andammo e Alfio Mangiameli si incaricò (e lo fece subito) di invitare il segretario del PSDI ing. Andrea Amore alla medesima riunione, già indetta. Il dado era tratto. L'iniziativa politica passava al PSI e al PRI, il che veniva evidenziato anche visibilmente.

Infatti alla prima riunione (27 dicembre 1983), a cui partecipava una quindicina di persone, fui invitato da tutti ad assumere la presidenza per la direzione e la disciplina dei lavori.

Ma le trattative si presentavano tutt'altro che facili, specialmente per l'atteggiamento piuttosto diffidente del PCI (forse per la prima volta esso non era l'invitante, ma l'invitato) che intervenne alla seduta con una folta delegazione guidata dal prof. Cassarino, e di cui faceva parte il personaggio certamente più carismatico e autorevole del partito, l'on. Guido Grande.

Il PCI esordì proponendo, come base della discussione, un suo documento in cui si attaccavano, oltre alla DC, anche il PSI ed i partiti laici, cioè i suoi interlocutori!
Vista l'evidente assurdità della proposta essa fu immediatamente rigettata dagli interessati, e da me per primo.
La delegazione del PCI continuò, anche in seguito, a porre mille ostacoli, spesso pretestuosi. In uno degli innumerevoli incontri (le trattative durarono tre mesi!) i comunisti si alzarono, come per dire: «Amici miei, come avete visto, non è possibile concludere. Andiamocene e chiudiamo tutto!». Anche gli altri fecero per alzarsi, ma io li fermai, volendo così evidenziare che era solo il PCI ad andarsene e che quindi esso solo si assumeva la responsabilità della rottura e del conseguente scioglimento del Consiglio comunale-
In un successivo documento approvato dalla sua assemblea e poi distribuito come volantino il PCI, tra l"altro, affermava testualmente:

> «I comunisti si sono dimostrati responsabili verso la città e i lavoratori. Dopo una lunga battaglia di opposizione, di fronte al dichiarato fallimento della DC, abbiamo tentato di dare un governo serio alla città - <u>Non è stato possibile</u> - <u>Non per colpa nostra</u>. In considerazione di ciò il PCI ritiene definitivamente chiusa questa fase di trattative».

Ma il PSI lo incalzava e poco dopo un nutrito gruppo di militanti di base, ormai ringalluzziti dal ruolo di protagonista assunto dal loro partito e finalmente orgogliosi della loro appartenenza politica, inondavano la città con un volantino della sezione intitolato "Che cosa vuole il PCI?".
In esso, dopo aver illustrato la linea politica perseguita dal PSI, si evidenziavano le contraddizioni del PCI "che mentre si dichiara(va) favorevole ad una giunta di alternativa, dall'altro si scaglia(va) contro i possibili alleati, svuotando le sue proposte di effettivo valore politico e lasciando supporre che in realtà non vuole alcuna alternativa. Se il PCI

vuole lo scioglimento del Consiglio Comunale, lo dica chiaramente: i suoi 13 consiglieri, sommati ai 9 democristiani che si sono già espressi ufficialmente in questo senso, possono facilmente determinarlo" e ribadiva la disponibilità del PSI ad appoggiare, anche dall'esterno, incondizionatamente, un monocolore comunista, o una giunta del PCI con uno o ambedue i partiti laici.
Nel mentre aumentava l'interesse intorno al PSI (sostenuto dal segretario provinciale prof. Michele Miceli) da parte dell'opinione pubblica e della stampa locale.
Alla fine le latenti contraddizioni del PCI, grazie soprattutto alla fermezza della linea socialista, cominciarono ad emergere anche all'interno del suo gruppo dirigente e finalmente in quel partito le posizioni si diversificarono e si votò.
E con una votazione interna a maggioranza il PCI finì per aderire alla proposta di costituzione della giunta di Alternativa democratica, indicando anche il sindaco (quale partito più forte della coalizione) nella persona dell'on. Mario Bosco. Era costui un giovane operaio dall'intelligenza vivace e dall'oratoria faconda, che si era messo in luce nel partito, diventando in precedenza anche segretario della sezione. Nel '79 era stato candidato alla Camera dei deputati, mancando di poco il successo. Ma nel 1981 era stato eletto deputato regionale, succedendo all'on. Grande e nel Consiglio comunale aveva svolto il ruolo di capogruppo.
Per il PCI, inoltre, entrarono in Giunta Angelo Brancato, Paolo Di Falco e Pippo Moncada e per il PSDI l'ing. Amore.
Grossi problemi sorsero nel PRI e nel PSI, senza conseguenze immediate, ma con strascichi successivi.
A entrare in Giunta venne designato per il PRI Nunzio Mangiameli, zio del capogruppo, i cui rapporti con la segreteria finiranno per incrinarsi. Successivamente, infatti, in occasione del rinnovo del gruppo dirigente, il prof. Silvio Pellico sostituirà alla segreteria del PRI Saro Renna, il quale, dopo aver guidato, unitamente a Vincenzo Reale, la

minoranza interna, uscirà dal partito e fonderà il MDR (Movimento Democratico Repubblicano).

Per quanto riguarda il PSI, al massimo dell'euforia per il successo politico conseguito, i problemi esplosero nel gruppo consiliare. Ancora una volta la situazione venne risolta dal dott. Centamore con un equilibrato intervento.

Furono designati i tre precedenti assessori, con poche varianti nelle rubriche e la nuova Giunta si insediò il 20 febbraio 1984. Il PSI salutò l'avvenimento con un pubblico manifesto in cui si sottolineava come il partito si fosse "impegnato con tutte le sue forze, con tenacia, serietà e compostezza, e senza tentennamenti".

Anch'io, in un intervista rilasciata il 13 marzo 1984 a *Ripresa economica* (diretta dal comunista Guglielmo Tocco) e pubblicata sul n° 2 del febbraio-marzo 1984, fra l'altro dichiarai:

> «Il PCI, occorre dirlo, è arrivato a questa formula dopo un lungo e sofferto esame e con qualche contraddizione. Ma alla fine, con senso di responsabilità, è approdato alla giusta soluzione, ed ha anche proposto il suo uomo più rappresentativo alla guida della nuova amministrazione, per la quale ora è completamente impegnato».

Dopo circa nove anni dunque, soprattutto per l'iniziativa socialista, la sinistra tornava a dirigere la cosa pubblica.

Ma, anche grazie alle faide interne che immancabilmente riemergevano nel PSI, frenandone o bloccandone l'iniziativa politica, quello che seppe meglio "sfruttare", sul piano propagandistico, la storica svolta nella vita pubblica lentinese, fu il PCI, alla cui guida ben presto Riccardo Insolia sostituirà il prof. Cassarino.

Il PCI, infatti, con incredibile disinvoltura, modificò tutta la linea politica esibita durante le trattative, fatta di dubbi, di esitazioni, di tentennamenti e di forti resistenze per la costituzione della Giunta di *Alternativa democratica* e finì per intestarsi in prima persona il merito dell'iniziativa e del buon esito dell'operazione. Lo fece con una serie di prese di posizione, fra cui vale la pena ricordare un depliant distribuito al1'approssimarsi delle elezioni per il Parlamento europeo del giugno '84. Dopo aver affermato che i DC (una parte in verità) "hanno proposto lo scioglimento del Consiglio Comunale", esso sosteneva che il PCI aveva "lanciato questa scommessa: dimostrare a noi stessi e alla città che è possibile un'alternativa allo sfascio", e più avanti affermava:

> «...siamo andati in Giunta con l'intento di imporre una svolta nei metodi e nei contenuti del governo di questa città. I partiti laici e di sinistra hanno accolto questo nostro appello ed è stato così possibile formare una Amministrazione di Alternativa democratica (PCI, PSI, PRI, PSDI)»

Alcuni mesi più tardi, quando io non sarò più il segretario del PSI, in occasione di una pubblica manifestazione organizzata dal PCI nell'aula consiliare per salutare la venuta a Lentini del suo *leader* on. Alessandro Natta, si assisterà ad una paradossale deformazione dei fatti da parte di alcuni esponenti comunisti, i quali si attribuiranno il merito di aver riportato la Sinistra al governo della città e, come bravi fanciulli che hanno fatto vedere la bella pagella al padre, si prenderanno le pubbliche lodi del loro segretario nazionale!
La lotta politica intanto continuava con toni accesi e a ritmi sostenuti. I due tronconi in cui si era ormai spaccata la DC presero ad accusarsi a vicenda di aver fatto perdere al partito il potere comunale e uno di essi si lanciò a testa bassa contro il sindaco on. Bosco in occasione delle dichiarazioni programmatiche e poi in un manifesto, a cui replicarono i gruppi consiliari di maggioranza con un comunicato del 10 aprile 1984.
Anche i partiti di maggioranza non mancarono di intervenire nella polemica. Ricordo che il brillante neosegretario del PCI, Insolia, mi sottopose il testo di un manifesto, che aveva già l'adesione del PRI e del PSDI, chiedendomi di sottoscriverlo a nome del PSI. L'ora era tarda

e urgeva portarne il testo in tipografia. Io ne condividevo il contenuto, ma credendo nella collegialità delle decisioni e non avendo il tempo di riunire il C.D., mi sobbarcai l'onere di contattare, in vario modo, gli altri 14 componenti di esso, e solo quando ebbi l'adesione della stragrande maggioranza firmai.

Per il 2 giugno 1984 venne convocata l'assemblea del PSI per il rinnovo del C.D.. All'approssimarsi di questo appuntamento la componente del dott. D'Anna, che ormai era la più forte nel partito (vi avevano aderito anche gli ex "giulianei" Alfio Serratore e Salvatore Centamore) e che era stata la più leale con la mia segreteria, mi invitò a far parte della sua lista (e poi anche a capeggiarla).

Era la prima volta che mi trovavo a convocare in prima persona un'assemblea e volli farlo nel rispetto della sostanza e della forma della tradizione socialista.

Affidai ad Angelo Celso, che svolse egregiamente il suo compito, la coreografia della sala dell'assemblea, a cui vennero invitati il sindaco e gli altri partiti politici. Essa si presentava addobbata di bandiere rosse e di garofani, naturalmente rossi, mentre echeggiavano le note degli inni socialisti ("Bandiera rossa", "L'internazionale", "L'inno dei lavoratori"). L'assemblea era stata convocata per due giorni: il primo dedicato al dibattito e alla presentazione delle liste, il secondo alle votazioni. Essa iniziò puntualmente il 2 giugno, alla presenza del segretario provinciale prof. Michele Miceli e del senatore Franco Greco.

Dopo l'intervento del sindaco Bosco, svolsi la mia relazione, in cui elencai quanto si era fatto, sia come lavoro interno che come rapporti con le istituzioni nel periodo della mia segreteria. Quando evocai il nome di Nenni (deceduto l'1 gennaio 1980) ricordandone il ruolo determinante in occasione dell'avvento della Repubblica, di cui in quel giorno cadeva la ricorrenza, fui interrotto da un caloroso applauso.

Seguirono i saluti dei partiti e gli interventi degli iscritti. Parlarono l'avv. Pupillo, il dott. D'Anna, il dott. Ragazzi, il dott. Moncada e tanti altri.

Vennero presentate cinque liste: una dal dott. D'Anna (della quale io facevo parte), una da Lino Spada, una dall'avv. Pupillo, una quarta guidata dal dott. Ragazzi e un'altra da Pippo Cardello, praticamente formata dal gruppo di giovani che si erano staccati dalla componente Ragazzi.

Nessuno degli interventi aveva contestato la mia gestione del partito, né la linea politica, il che però dimostrava che le varie liste rappresentavano gruppi i cui aderenti, nel migliore dei casi erano uniti solo da vincoli di amicizia e, nel peggiore, da ambizioni di potere.

Venne formata una commissione elettorale da me presieduta e formata da un rappresentante per ogni lista (Salvatore Cantarella, Alfredo Bosco, Alfio Martello, Saro Ferrauto, Pippo Cardello). Furono poi stampate le schede e predisposte le urne per le votazioni che si svolsero in modo ordinato l'indomani, anche se era deprimente veder votare persone che, pur "regolarmente" iscritte, erano, anche per me che non ero un novellino nel partito, degli "illustri sconosciuti", che non frequentavano la sezione, né partecipavano alla sua vita, ma venivano solo per fare un favore al capetto che li aveva tesserati.

I risultati dettero il seguente esito, dopo una piccola contestazione, rapidamente risolta, su quale tipo di proporzionale applicare: 5 seggi andarono alla componente D'Anna (Ferdinando Leonzio, Filadelfo D'Anna, Ciro Petralia, Fortunato Amore, Salvatore Centamore), 2 a quella Ragazzi (Santo Ragazzi e Pippo Nicotra), 2 a quella Cardello (Pippo Cardello e Alfio Vinci, un noto geometra, figlio di un vecchio socialista), 2 a quella Pupillo (Filadelfo Pupillo e Vitale Martello, che però si dimetterà subito essendo consigliere comunale, cedendo così il posto al compagno di lista dott. Nello Greco) e infine ben 4 alla lista Spada (Lino Spada, Alfio Spada, fratello di Lino, Francesco Bellomo e Giuseppe Ferrara).

Il quadro si presentava quindi piuttosto composito e frastagliato ed io feci le mie considerazioni in merito in un'intervista richiestami dal direttore di *Ripresa economica* (n° 6 del giugno 1984).

Intanto per il 17 aprile 1984 erano state indette le elezioni europee. Cercai di mobilitare il partito, ma con scarsi risultati.

Trattandosi di elezioni squisitamente politiche, esse erano piuttosto lontane dalle tematiche del governo e sottogoverno locale e provinciale. Sostanzialmente risposero all'appello i giovani del gruppo Cardello e pochi altri dirigenti e militanti a me vicini. I candidati più "papabili" erano Anselmo Guarraci (membro della Direzione Nazionale), Vincenzo Gatto (figura carismatica del socialismo siciliano, dal PSIUP rientrato nel PSI) e il noto prof. Paolo Ciurcina di Siracusa.

I risultati per il PSI di Lentini furono deludenti, anche se la percentuale di voti conseguita (il 6,3%) rappresentava una sostanziale conferma rispetto al 6,4% delle elezioni per la Camera del 1983 e al 6,2% delle precedenti europee del 1979.

Ben altri risultati ottenne il PCI (in cui il 25 novembre 1984 confluirà il PDUP, a Lentini rappresentato da Paolo Ragazzi, Enzo Tondo e Delfo Inserra) col suo 52.4%.

Certo su questo risultato aveva influito anche la tendenza nazionale che aveva portato il PCI al sorpasso sulla DC col suo 33,3% in campo nazionale. E a determinare questo successo probabilmente avevano concorso anche le tragiche circostanze in cui era morto l'on. Enrico Berlinguer, prestigioso leader del partito ed integerrimo uomo politico, amato da tutta la sinistra, anche se qualche tempo prima era stato fischiato al Congresso Nazionale del PSI (l'episodio era stato però disapprovato da quasi tutti i socialisti di Lentini).

Non mancai di analizzare (con una certa amarezza) i risultati elettorali in un mio articolo su *Ripresa economica* (n° 7 del luglio 1984), in cui volli riportare una frase di Michele Achilli (leader della corrente più a sinistra del PSI), citata da *La Repubblica* del 21 giugno 1984, con cui il dirigente socialista riteneva indispensabile il rinnovamento del partito se esso non voleva ridursi a "una federazione di clientele che si mobilitano quando sono in gioco interessi locali, salvo andare in vacanza quando si tratta di elezioni nazionali o sovranazionali".

Poco dopo la conclusione della campagna elettorale, per il 23 giugno 1984, riconvocai il nuovo C.D. della sezione.
Sulla carta i gentiliani di varia estrazione avevano 9 seggi (su 15) che, sommati ai 2 dei formichiani dell'avv. Pupillo, potevano assicurare una maggioranza soddisfacente, considerando che Lino Spada era ormai su posizioni di aperta opposizione, in ossequio alla geografia politica della Federazione.
La possibile maggioranza era però al suo interno piuttosto frastagliata, avendo in sé diverse anime.
Tuttavia, in quel momento, nessuno aveva la possibilità di convogliare sulla sua persona una convergenza di consensi più vasta di quella che avrei potuto realizzare io.
Pertanto, fidando (troppo) nelle mie capacità di mediazione e in un certo carisma che avevo acquistato all'interno e all'esterno del partito, accettai la candidatura e venni rieletto segretario (con 10 voti - 3 andarono a Lino Spada - 1 bianco, il mio - 1 assente, Greco).
Vicesegretari vennero eletti il dott. D'Anna e il dott. Ragazzi.
Successivamente, il 9-7-84, i tre della segreteria, con l'aggiunta di Pippo Cardello, Filadelfo Pupillo e Alfio Spada formeranno un "ufficio politico".
Poco dopo si svolse il congresso sezionale per l'elezione dei delegati al congresso provinciale. In quella occasione venni eletto (per la corrente Gentile) componente della Commissione Provinciale di Garanzia (Probiviri), insieme all'avv. Pupillo (per la corrente Formica). Per me quella sarà l'ultima carica politica ricoperta nel PSI, prima del suo scioglimento.
Ma il costante e a volte frenetico impegno politico cominciava a logorarmi. Le riunioni itineranti del C.D. presso la sede della CGIL e della UIL (la nuova sede di via Roma sarà affittata solo nell'agosto 1984 e sarà resa funzionale col concorso di molti militanti di base); i frequenti viaggi a Siracusa come segretario di sezione; le riunioni preliminari della maggioranza in vista del Consiglio Comunale; i contatti con gli altri partiti, con i dirigenti e gli assessori socialisti; la

mia partecipazione (fra il pubblico) alle sedute del Consiglio comunale, durante le quali spesso i consiglieri socialisti mi chiedevano consigli e informazioni sulla linea del partito, in merito ai vari punti in discussione, tanto che a qualcuno venne l'idea di soprannominarmi "Bearzot" (come per dire "colui che dirige la partita fuori del campo"); le riunioni del C.D. sezionale, caratterizzate dalla rivalità fra le "componenti" e dall'opposizione, che a me sembrava preconcetta del giulianeo Lino Spada, con le tensioni che si riaccendevano ogni volta che si parlava di tesseramento o di sottogoverno. Tutto ciò aveva smorzato non poco la mia tenace volontà d'impegno.

Per giunta in una delle riunioni tenutasi a Siracusa fra segretari di sezione (mi accompagnava Pippo Cardello) mi rifiutai di sottoscrivere un documento in cui, fra l'altro, si criticava il sen. Greco per il suo scarso collegamento con le sezioni. Il che per Lentini non si poteva proprio dire, in quanto il senatore non si era mai tirato indietro ogniqualvolta l'avevo interpellato ed era anche venuto di persona a Lentini, ad esempio per partecipare ad una manifestazione sulla crisi agrumicola, che aveva registrato l'attiva adesione del consigliere provinciale Ciccio La Face, dell'intero gruppo dirigente del PSI e di un folto numero di militanti con le bandiere del partito, il che aveva sottolineato ancora una volta il ruolo centrale assunto dal partito nella città, come evidenziavano l'entusiasmo dei militanti e i riconoscimenti di molti di essi alla mia direzione politica.

Comunque la mancata sottoscrizione del documento mi alienò, almeno io credo, le simpatie politiche del leader provinciale on. Gentile e del segretario della Federazione prof. Michele Miceli.

Tragicomico il fatto che, nel partito delle "componenti", nel mentre io mi venni praticamente a trovare fuori dalla mia per non aver voluto criticare il sen. Greco, di fatto leader della minoranza provinciale, il rappresentante di quest'ultima a Lentini (Lino Spada), con assoluta indifferenza continuava a condurre un'opposizione a testa bassa. Ce n'era abbastanza per stancare chiunque, tanto più uno che non aspirava a cariche istituzionali né a posti di sottogoverno.

Per cui il 20 settembre 1984 rassegnai le dimissioni da segretario della sezione, seguito poco dopo dai due vicesegretari e dall'amministratore Pippo Cardello.

Nel C.D. si creò un senso di smarrimento e di sfiducia, sicché dopo un mese di riunioni a vuoto, il 31 ottobre 1984, poiché non emergeva una candidatura per così dire "politica" il C.D. elesse (con 6 voti - 4 schede bianche - 1 nulla - 4 assenti) l'unico che, dopo qualche esitazione, si era dichiarato disponibile: Lino Spada!

Nicola (Lino) Spada aveva esordito in politica nel '69, iscrivendosi al PSIUP. Dopo un po' aveva lasciato quel partito, passando al PSI.

In seguito, per contrasti politici con la gestione di Sebastiano Centamore, aveva lasciato anche il PSI e dopo un po' era entrato nel PCI, attratto forse dall'efficienza organizzativa e dalla vitalità operativa dei comunisti. Ma il contatto diretto con la vita interna e lo stile comunista lo aveva deluso ed era rientrato nel PSI, dove rimarrà fino alle amministrative del '93. In quell'occasione parteciperà ad una lista civica di vaga ispirazione liberale e successivamente aderirà a "Forza Italia" e quindi al CDU, di cui diventerà anche segretario.

Dopo le comunali del '97 sarà attratto dal SI (Socialisti Italiani), poi divenuto SDI (Socialisti Democratici Italiani).

Era una persona assai affabile nei modi e molto educata nei rapporti interpersonali. Era anche assai attaccato alla sua "componente" che curava in maniera puntigliosa, anche nei rapporti con Siracusa.

Lino Spada si ritrovò dunque ad essere segretario in modo per così dire inaspettato (vicesegretario Fortunato Amore).

Non c'erano più i problemi del fondo cassa e dei locali sezionali, né crisi amministrative da gestire.

Tuttavia, anche per il disimpegno di molti dirigenti, si ritrovò un po' isolato nell'imprevisto ruolo, e dovette contentarsi sostanzialmente dell'ordinaria amministrazione.

In questo periodo, il 22 dicembre 1984, venne insediata la Commissione Provinciale di Garanzia, che il 30 gennaio 1985 elesse suo presidente Franco Aloscari (un galantuomo).

Intanto l'approssimarsi delle elezioni amministrative per il rinnovo del Consiglio comunale, indette per il 12 maggio 1985, aveva provocato un certo risveglio nel partito e da molte parti si sentiva l'esigenza di prepararsi ad affrontarle con una più solida situazione organizzativa.

Lo stesso Spada mise a disposizione il suo mandato e il 24 gennaio 1985 rassegnò le dimissioni da segretario della sezione. In quella stessa seduta, dopo un dibattito in cui da tutte le parti mi si invitava a riprendere la direzione del partito (ma con una certa freddezza dei due del gruppo Ragazzi), dopo qualche esitazione, con imprudenza, ma in parte per senso di responsabilità e in parte per il desiderio di cogliere i frutti politici di tutta la mia precedente intensa attività, accettai e fui rieletto segretario del partito per la terza volta (con 6 voti, 3 schede bianche fra cui la mia, 6 assenti).

Vicesegretario venne eletto Pippo Cardello. Mi affiancava un ufficio politico uguale al precedente.

Il problema prioritario era ormai diventato quello della preparazione della lista. Per affrontarlo fu nominata (29 gennaio 1985) una commissione apposita, da me presieduta e composta da un rappresentante per ognuna delle cinque "componenti" della sezione: Gianni Cannone, omonimo del leader DC, Saro Ferrauto, Alfio Martello, Angelo Spada, Alfio Serratore). Fu preso il solenne impegno che essa avrebbe potuto prendere le sue decisioni solo all'unanimità, il che costituiva una solida garanzia per tutti i gruppi. E fu anche deciso di riservare una larga parte delle candidature a indipendenti vicini al partito, che per prestigio personale e seguito nella città, avrebbero potuto dare un notevole apporto all'immagine del partito e quindi ai suoi risultati elettorali. In seguito fu anche deciso che i nominativi non accettati all'unanimità sarebbero stati esaminati dall'intero C.D..

La campagna elettorale sarebbe stata certamente contrassegnata da una difesa da parte nostra della giunta di *Alternativa democratica*, che aveva bene operato e che esisteva principalmente per merito del PSI e dalla critica della DC, che avrebbe attaccato a testa bassa, nel tentativo di riprendere la guida del Comune.

Non sarebbe stato difficile rispondere a questi possibili attacchi con gli stessi argomenti politici con cui, nell'ultima parte della legislatura, i consiglieri DC delle due opposte fazioni si erano vicendevolmente apostrofati.

La commissione iniziò i suoi lavori nel migliore dei modi, accogliendo alcune mie proposte riguardanti grosse personalità che avrebbero dato lustro alla lista.

Ma, parafrasando Marx, uno spettro si aggirava nella sezione del PSI: si faceva sempre più strada l'idea, balzana quanto meschina, di inserire in lista candidati di supporto o di sostegno che dir si voglia, veri portatori d'acqua che, in realtà, non avrebbero dovuto correre per se stessi, ma per portare voti al candidato vero, a chi cioè voleva rafforzare la sua posizione nel partito penetrando nelle istituzioni.

E finché si fosse trattato di iscritti al partito, credo che, entro certi limiti, non mi sarei opposto, per amore della pace. Ma inserire indipendenti che non avevano alcun ruolo nella città, messi in lista solo per supportare le piccole ambizioni di qualcuno, non mi avrebbe potuto trovare consenziente.

La questione esplose quando il rappresentante del gruppo che si rifaceva alla minoranza provinciale propose, come indipendente, una persona a me del tutto sconosciuta, anche se ancora per poco.

Fu il rappresentante del gruppo Cardello ad avvertirmi che si trattava di un personaggio che pare avesse orbitato nientemeno che in un movimento di estrema destra, operando principalmente negli ambienti degli universitari di Catania. Il mio no fu immediato e deciso. Anche se quel giovane, come diceva il proponente, aveva ormai cambiato idea, simpatizzando ora per il PSI, avrebbe dovuto, a mio avviso, fare domanda d'iscrizione al partito ed eventualmente mostrare nel tempo la serietà del suo ripensamento politico.

Ma candidare come indipendente una persona con simile curriculum era per me troppo, era contrario ai miei principi politici. Sia detto tra parentesi, molti anni più tardi essa si ritroverà nelle file di AN. Il proponente non si rassegnò, i lavori della commissione furono bloccati e la vicenda ritornò al C.D..

Ma la cosa sarebbe finita lì se non fosse, nel frattempo, venuta fuori una proposta, dal gruppo dei gentiliani "puri", di un'altra candidatura indipendente (una persona collegata al loro gruppo, come la campagna elettorale evidenzierà), sulla quale non si potevano certo fare le obiezioni riguardanti l'altra proposta, ma che, secondo me, non presentava i requisiti che ci si può attendere da un indipendente dell'area socialista.

Ero dunque contrario anche ad essa, ma forse avrei finito per accettarla facendo forza sulla mia opinione, se fra i due gruppi non ci fosse stata una sostanziale convergenza sulla tesi che ogni "componente" potesse indicare autonomamente i propri candidati.

Mai avrei potuto salire sul palco io, antifascista del partito di Matteotti, sentendomi nell'impossibilità di rispondere a certe critiche da parte degli avversari politici.

Avrei comunque ancora potuto contare su una maggioranza nel C.D., ma il partito sarebbe andato spaccato alle elezioni e, per di più, i due gruppi erano ben rappresentati nel comitato provinciale, uno nella maggioranza e l'altro nella minoranza, e facilmente avrebbero potuto, in quell'istanza, avere la meglio.

Alla fine di una defaticante riunione (16 febbraio 1985), durata fino a notte tarda, nel corso della quale, per protesta contro la dilagante logica correntizia il dott. D'Anna e l'avv. Pupillo si dimisero dall'ufficio politico, e conclusasi con un nulla di fatto, decisi di rassegnare le mie dimissioni.

Non era quella la campagna elettorale che avrei voluto guidare. Mi sarei ridotto al ruolo di amministratore delegato delle ambizioni altrui. Per uno che nulla aveva chiesto e nulla chiedeva al partito, né come governo né come sottogoverno, la fedeltà ai propri principi e alle proprie opinioni era la condizione minima per poter svolgere un lavoro, che era assai più pesante di quello che facevo

professionalmente per vivere, e che solo la passione e la fede in un ideale possono consentire di svolgere.
Informai della mia decisione il segretario provinciale prof. Michele Miceli, il quale mi chiese di soprassedere ad essa e di convocare una nuova riunione del C.D. a cui avrebbe partecipato egli stesso. La riunione (21 febbraio 1985) si svolse in maniera quasi identica alla precedente: stessi interventi (rilevanti quelli del dott. Centamore e dell'avv. Pupillo), stessa lunghezza, stesso nulla di fatto, nonostante gli sforzi e l'equilibrio messi in campo dal prof. Miceli.
Egli sostenne in buona misura, la mia impostazione, ma neppure lui (così mi sembrò) aveva la forza per superare i grossi ostacoli creati dalla logica di corrente, di componente, di gruppo, di persone...
Per cui, nonostante un po' tutti i presenti mi chiedessero, credo sinceramente, di non farlo, rassegnai le mie dimissioni, questa volta per sempre.

Il mio ultimo contributo al partito lo detti qualche giorno dopo, quando diversi rappresentanti della stampa mi chiesero interviste per spiegare le ragioni delle mie dimissioni.
Le rifiutai tutte, perché dire il mio pensiero, spiegare quello che era successo, avrebbe sicuramente danneggiato l'immagine del partito, che io stesso avevo contribuito, in maniera considerevole, a creare presso l'opinione pubblica. E il danno sarebbe stato notevole, in quanto si era in prossimità della campagna elettorale. Sbagliai. L'esperienza mi ha insegnato che i "gruppi" di ogni tipo ed estrazione si combattono meglio rompendo ogni forma di "omertà", rivolgendosi all'opinione pubblica, facendo capire che anche nelle bottiglie ben etichettate possono essere contenute bevande non proprio gradevoli.
Ma, come diceva mio nonno, l'esperienza si fa quando non serve più.

9: Piazza Umberto I a Lentini nel 1956: cartolina illustrata

Capitolo X Decadenza

Convocai il C.D. per il 27 gennaio 1985, per l'elezione del nuovo segretario, ma la riunione si concluse con un rinvio.
L'avv. Pupillo, considerate le dimissioni dell'intero ufficio politico, come suo membro più anziano, ebbe il compito di riconvocare il C.D..
Com'era inevitabile, la lista si fece lo stesso e si fece con un sistema che per molti forse rappresentò una liberazione degli istinti. Infatti, nella successiva riunione (9 marzo 1985), a cui io non partecipai, il dott. Centamore, con l'umorismo "nero" che a volte lo contraddistingueva e con intenzione critica verso l'andazzo che si era imposto, portò una calcolatrice per stabilire, con esattezza "matematica", il numero di candidati che spettava ad ogni componente, in proporzione alla rappresentanza che essa aveva nel C.D..
All'interno di quel numero ogni gruppo, in perfetta autonomia, come un partito a sé, avrebbe inserito i candidati che voleva, iscritti o meno, senza alcuna interferenza: 13 posti toccarono a D'Anna, che ribadì la sua disapprovazione a quello scempio correntizio, 10 a Spada, 5 ciascuno a Ragazzi, Cardello e Pupillo, che non si sentì di ratificare la decisione e si astenne.
Contemporaneamente venne nominata una segreteria collegiale (Cardello, D'Anna, Greco, Ragazzi, Lino Spada), la quale ebbe vita effimera, per poi finire nel nulla.
Nonostante questi presupposti, in parte per la linea politica che aveva perseguito prima delle elezioni e, credo in misura maggiore, per l'impegno che ci misero i candidati dei cinque gruppi nella gara a superarsi l'un l'altro, il PSI conseguì un buon risultato, conquistando 3105 voti (15,53%) e 7 seggi: Nuccio Fisicaro, Angelo Celso, Vitale Martello, Pippo Nicotra e Santo Ragazzi, Carmelo Antonino Grasso e Vittorio Maglitto, che avevano formato una tema per la raccolta delle preferenze.

Con tutta evidenza risultava vincente la componente gentiliana "pura" del dott. Ragazzi, a cui appartengono gli ultimi quattro dell'elenco.
Il PCI conquistò 13 seggi, confermando la sua precedente forza consiliare. Oltre ai riconfermati Mario Bosco, Riccardo Insolia, Angelo Brancato, Pippo Moncada (futuro segretario del PRC), Paolo Di Falco, entravano nel Consiglio comunale personaggi che avrebbero ricoperto un ruolo importante nella città: Elio Magnano (futuro sindaco), Salvatore Di Mari (futuro segretario del PDS, poi DS) e Paolo Censabella, un giovane e appassionato sindacalista che si era formato nella CGIL partendo da rappresentante aziendale, per divenire poi segretario della Carnera del Lavoro di Lentini ed infine segretario provinciale della FILLEA, battendosi con instancabile impegno per la causa dei lavoratori.
Il PRI riconfermò i due uscenti Alfio e Nunzio Mangiameli ed elesse anche un terzo consigliere nella persona di Enzo Reale, un giovane che dimostrerà anche in futuro di poter contare su un proprio consistente seguito.
L'unico seggio del PSDI venne conquistato dal prof. Lorenzo Cattano.
La DC, pur subendo una secca flessione, rientrò in Consiglio comunale con una consistente rappresentanza di tredici consiglieri. Davide Battiato, Alberto Di Mari, Nino Mazzone, Turi Moncada, Gianni Cannone erano fra i consiglieri più prestigiosi riconfermati.
Fra i nuovi due illustri professionisti: il dott. Filadelfo Brancato e il dott. Concetto Madeddu.
Salvatore Martines venne eletto in una lista civica "Margherita", ma nel corso della legislatura confluirà nella DC.
Dopo molto tempo di assenza dal Consiglio comunale anche il PLI conquistò un seggio, con l'elezione di Rosario Ossino Fisicaro, mentre il MSI si ridusse ad un solo rappresentante (il prof. Sebastiano Sciuto).
Nel segno della continuità con la precedente linea politica, il PSI partecipò alle trattative per la costituzione di una nuova giunta PCI-PSI-PRI-PSDI, che poteva contare su una maggioranza di 24 consiglieri su 40. Non essendo però riuscito ad eleggere un nuovo segretario, le

trattative furono affidate ad una delegazione guidata dal capogruppo provvisorio dott. Ragazzi.

Io, dopo le mie dimissioni da segretario, mi ero dedicato per qualche mese ad una seria riflessione, ad una ricerca dei miei possibili errori. Ed ero giunto alla conclusione che la mia collocazione nel partito non avrebbe più dovuto essere influenzata dai rapporti di amicizia personale con questo o quell'esponente; ma avrebbe dovuto invece essere guidata dalle mie più intime convinzioni. In poche parole non avrei più dovuto collegarmi ai miei amici personali nel partito (e ce n'erano tanti), ma a quelli che la pensavano come me. E poiché io mi consideravo, ed ero, un socialista di sinistra, che si ispirava ad un'ottica politica facente parte della migliore tradizione del partito (Costantino Lazzari, Pietro Nenni, Rodolfo Morandi, Riccardo Lombardi, Sandro Pertini) mi diedi da fare per costituire una corrente di sinistra nella sezione, nel pieno rispetto della dialettica democratica, tradizionale nel PSI.

Avvalendomi della mia ormai profonda conoscenza dei militanti, presi a contattare quei pochi a cui riconoscevo le precedenti caratteristiche. Di questi miei movimenti venne a conoscenza il consigliere Angelo Celso, il quale penso ritenesse da essi insidiata, chissà perché, la sua posizione politica. Mi chiese spiegazioni ed io gliele diedi, precisando che lui non c'entrava per niente col mio piccolo giro d'orizzonte. Tuttavia ben presto il colloquio superò (e non da parte mia) i limiti della contrapposizione politica, tanto da indurmi a modificare i miei recenti progetti politici e ad inviare, il 4 giugno 1985, una raccomandata alla sezione del PSI. Essa diceva laconicamente: «Con la presente vi comunico le mie irrevocabili dimissioni dalla carica di componente del Comitato Direttivo della sezione del Partito Socialista Italiano di Lentini».

Alla "discussione" aveva assistito l'avv. Pupillo, come me componente della Commissione Provinciale di Garanzia (Probiviri) e forse egli informò di quanto avvenuto quell'organismo.

In effetti, con lettera del 14 giugno 1985, il suo presidente Franco Aloscari essendone venuto a conoscenza, mi invitò a Siracusa per il 24 giugno successivo, per essere sentito su quanto accaduto «poiché i fatti in questione potrebbero comportare l'adozione di provvedimenti disciplinari che rientrano nei compiti istituzionali della Commissione».
Ormai stanco e sfiduciato, alieno anche da spirito di rivalsa, non ci andai, e non partecipai più a riunioni ufficiali di partito o di suoi organismi.
La commissione prese lo stesso le sue decisioni e Angelo Celso non entrò nella costituenda Giunta.
Intanto lo sbandamento all'interno della sezione, che non riusciva ad eleggere un segretario, si aggravava, sicché altri dieci componenti (Santo Ragazzi, Pippo Nicotra, Ciro Petralia, Filadelfo Pupillo, Nello Greco, Francesco Bellomo, Pippo Ferrara, Lino Spada, Delfo D'Anna, Pippo Centamore) rassegnarono le dimissioni dal C.D..
Di conseguenza il segretario provinciale prof. Michele Miceli comunicò con telegramma che a «seguito dimissioni maggioranza componenti direttivo sezione Lentini est da considerarsi decaduto...».

Il 12 luglio 1985 venne rieletto sindaco l'on. Mario Bosco, ma con soli 20 voti rispetto ai 24 della maggioranza. Uno di quelli mancanti era quello del socialista Vitale Martello, che si era dissociato dalle decisioni del gruppo consiliare del PSI (ormai privo di guida politica), lasciando l'aula prima della votazione; supponendo che l'on. Bosco avesse votato, per eleganza istituzionale, scheda bianca, apparve chiaro che nella maggioranza c'erano due "franchi tiratori", come evidenziò anche la *Gazzetta di Siracusa* del 17 luglio 1985. Sullo stesso giornale il capogruppo Ragazzi motivava così la scelta di schieramento del PSI: «Perché si usciva da un'esperienza amministrativa che aveva dato risultati positivi sia dal punto di vista politico sia dal punto di vista elettorale».
Nella nuova Giunta municipale entrarono tre socialisti: Santo Ragazzi (Vicesindaco, Urbanistica, Ambiente, Turismo, Spettacolo e Cultura),

Pippo Nicotra (Annona, Vigili Urbani, Viabilità, Verde Pubblico, Affari Cimiteriali) e Nuccio Fisicaro (Sport).
Per il PRI fu eletto Nunzio Mangiameli (Pubblica Istruzione), per il PSDI Lorenzo Cattano (Solidarietà Sociale).
Il PCI venne rappresentato dal Pippo Moncada (Lavori Pubblici), da Angelo Brancato (Nettezza Urbana) e da Elio Magnano (Sviluppo economico, Agricoltura); rimase fuori l'uscente Paolo Di Falco.

Intanto la vita interna del PSI si andava facendo veramente asfittica. Non era stato eletto un nuovo C.D. né nominato un commissario per la sezione.
L'unico episodio di un certo rilievo si ebbe quando (4 gennaio 1986) l'avv. Pupillo espletò un tentativo tendente a ripristinare il vecchio C.D. dichiarato decaduto in seguito alle dimissioni della maggioranza dei suoi membri.
Ma la cosa non ebbe nessun esito e il partito entrò in un periodo di vera decadenza, contrassegnato dalla perdita di qualsiasi ruolo della sua base di iscritti, del resto in larga misura puramente nominali. Il centro decisionale si spostò quindi, in modo sempre più marcato, dalla sezione al gruppo consiliare.
E siccome in esso predominavano i gentiliani "puri" (4 su 7) guidati dal vicesindaco dott. Ragazzi, era di fatto quest'ultimo a deciderne la linea, probabilmente godendo di una certa "copertura" da parte della corrispondente maggioranza gentiliana della federazione.
E mentre nel PSI la democrazia interna tendeva a diventare un pallido ricordo, il PCI tenne (dal 17 al 19 gennaio 1986) un suo importante congresso sezionale nell'aula consiliare, in vista di quello nazionale ed io fui tra gli invitati a titolo personale.
Non ero nuovo ai congressi del PCI a cui avevo varie volte assistito, spesso in rappresentanza del PSI.
Ricordo che nel periodo in cui ne ero segretario portando al PCI il saluto della sezione socialista, accennai al fatto che, anche nel periodo in cui le scelte dei due partiti avevano seguito binari diversi, non s'era

mai spezzato il filo rosso che univa le due forze storiche della sinistra. L'applauso che i partecipanti vollero tributare a quelle parole non fu affatto di circostanza.

Anche a questo nuovo congresso volli dare un contributo con un intervento, che da taluni fu giudicato un po' "originale", per non dire fuori luogo.

Ma non lo era, e la storia futura lo dimostrerà ampiamente.

Dopo le solite parole di rito, andai al dunque e snocciolai la mia idea.

Poiché tutte le parole hanno un preciso significato - dissi - ed evocano delle immagini e delle riflessioni, occorre considerare che anche la parola "comunista", con cui il partito continua a denominarsi, va analizzata. Essa non ha più il significato storico ed ideologico evocato dal *Manifesto* di Marx ed Engels, ma suscita piuttosto considerazioni che scaturiscono dalla realtà contemporanea. La parola "comunista" richiama sì alla mente la Resistenza, a cui il PCI partecipò con largo contributo, e le lotte dei lavoratori italiani nel dopoguerra, spesso guidate da comunisti. Ma essa richiama alla mente anche lo stalinismo, le dittature dell'Est e i tremendi errori che oggi anche il PCI condanna. Ed è quest'ultimo aspetto a prevalere nell'immaginario collettivo.

Se il PCI ha ormai operato una importante svolta, con l'Eurocomunismo, con l'esplicita accettazione della democrazia al suo interno e nel sistema politico, con l'avvicinamento al socialismo europeo, con cui i legami si fanno sempre più solidi, esso deve proiettare queste scelte anche nel nome, deve cambiare la sua denominazione di "comunista".

La proposta, in quel momento forse anticipatrice, ebbe l'onore di una replica da parte del segretario regionale nelle sue conclusioni, una replica tuttavia non favorevole.

Nel mentre la Giunta municipale continuava alacremente a portare avanti il suo lavoro, anche per il dinamismo del vicesindaco dott. Ragazzi, nella maggioranza cominciò a manifestarsi qualche crepa.

Oltre al malumore del consigliere socialista Vitale Martello, c'era ora da registrare quello di quattro consiglieri del PCI (Salvatore Bifera, Claudio Bosco, Renato Casetto e Paolo Di Falco).

Il 22 giugno 1987 si svolsero le elezioni regionali e il sindaco Mario Bosco non venne rieletto, avendo il PCI preso solo un seggio rispetto ai due che aveva nel collegio ed avendo eletto il solo prof. Nino Consiglio.
Dopo le elezioni regionali, nei partiti della maggioranza consiliare di Lentini si fece strada l'idea di una verifica da effettuarsi nel prossimo settembre. Nel mentre la DC premeva per il suo ingresso in Giunta.
Il malumore dei quattro consiglieri comunisti col tempo era diventato un dissenso vero e proprio, piuttosto serio.
Tanto che in futuro tre di essi (Salvatore Bifera, Claudio Bosco e Paolo Di Falco) andranno in Democrazia Proletaria, mentre Renato Casetto passerà al PRI, schierandosi con la minoranza interna del partito, rappresentata in Consiglio comunale da Enzo Reale.
L'affievolirsi della compattezza della maggioranza da un lato e i colloqui che si svolgevano anche a Siracusa con la DC, alla fine determinarono la giunta Bosco a rassegnare le dimissioni, accolte dal Consiglio comunale il 13 ottobre 1987, per favorire la formazione di una maggioranza più solida.

Nel frattempo nel PSI, dopo il lungo periodo di crisi direzionale, era finalmente stata convocata un'assemblea ed eletto un CD di 15 componenti (Alfio Formica, Franco Lipari, Vitale Martello, Alfio Ira, Francesco Marino, Lino Spada, Angelo Spada, Santo Ragazzi, Delfo Pupillo, Saro Ferrauto, Antonino Grasso, Delfo D'Anna, Pippo Centamore, Pippo Cardello, Nuccio Fisicaro).
Successivamente il CD aveva eletto segretario il Rag. Martello, che si trovò quindi ad affrontare la lunga crisi comunale.
Essa fu piuttosto travagliata e si concluse con l'elezione (21 novembre 1987) a sindaco per la terza volta dell'on. Mario Bosco e di una Giunta

formata esclusivamente dal PCI che ebbe tre assessori (Brancato, Insolia, Magnano) e dalla DC che ebbe la maggioranza dell'esecutivo con cinque assessori (Battiato, Laganà, Martines, Mastrogiacomo, Moncada). Socialisti e laici rimasero fuori non condividendo quella che era considerata l'applicazione a Lentini della politica del "compromesso storico" e anche perché, probabilmente, in una maggioranza così ampia, il loro peso politico sarebbe stato fortemente ridimensionato.

Poco dopo l'elezione della nuova Amministrazione, il rag. Martello, insofferente della tutela, vera o presunta, che il gruppo Ragazzi esercitava sulla sezione del PSI, si dimise da segretario.

Per la successione furono avanzate due candidature: quella del dott. Centamore (sostenuta dal gruppo Ragazzi) e quella di Alfio Ira (sostenuta anche dal gruppo Pupillo e dal gruppo Spada).

A prevalere fu quest'ultima, sia pure di misura (8 voti contro 7).

Alfio Ira era entrato nel PSI nel 1981 assieme ad un gruppo di giovani, inizialmente schieratosi con la componente gentiliana del dott. Ragazzi e poi resosi autonomo.

Successivamente, dal 1982 al 1985 era stato segretario della UIL di Lentini. Presentatosi alle elezioni comunali del 1985, pur non essendo stato eletto, aveva riscosso una buona affermazione. Sindacalista tenace e appassionato, molto legato all'idea socialista, dal 1985 al 1991 diverrà segretario organizzativo della UIL provinciale e poi segretario provinciale della UISBA (braccianti agricoli).

Non appena eletto segretario Alfio Ira, essendo il PSI libero da problemi di giunta, in cui finiva sempre per aggrovigliarsi, si dedicò alla riorganizzazione e al rilancio del partito nella città. Fra l'altro organizzò un convegno sul Mezzogiorno, a cui intervenne anche il ministro Nicola Capria.

Ma il volontarismo di Ira non poteva non scontrarsi con una realtà come quella del PSI di Lentini, in cui ormai i personalismi finivano sempre più per prevalere sulla politica.

Ed anche lui si trovò ad affrontare una crisi comunale quando cadde la terza giunta Bosco (PCI-DC), durata relativamente poco.

I motivi delle dimissioni dell'ultima giunta Bosco sono da ricercarsi prevalentemente nel malumore interno alla DC, che poco gradiva una giunta a due col solo PCI, che escludeva i partiti intermedi e nella insoddisfazione della corrente nicotriana.

Le trattative per la formazione di un nuovo governo cittadino furono laboriose, ma alla fine si approdò ad una soluzione che avrebbe dovuto, almeno sulla carta, lasciare tutti soddisfatti, poiché metteva i due partiti maggiori su un piano di sostanziale parità.

Fu anche deciso di assegnare il sindaco al PSI e il candidato non poté che essere il dott. Ragazzi, sia per le sue capacità e per la sua preparazione, che per la prevalenza che la sua componente aveva nel gruppo consiliare e soprattutto in seno alla Federazione.

Ma qualche malumore inespresso doveva pur esserci se con una maggioranza (DC-PCI-PSI-PRI-PSDI) che disponeva in Consiglio comunale di 35 seggi su 40 (ne rimanevano fuori solo DP, il MSI e il PLI), il dott. Ragazzi venne eletto con soli 20 voti (11-10-88).

Al PSI, che aveva il sindaco, venne dato un solo assessorato (il "Personale" per Nuccio Fisicaro), uno venne assegnato al PRI, nella persona di Alfio Mangiameli e tre ciascuno al PCI (Elio Magnano, Angelo Brancato e Simone Pulia) e alla DC (l'avv. Salvatore Moncada, ex presidente della Provincia, Alfio Mastrogiacomo, impiegato scolastico e giornalista, e il prof. Nino Mazzone, vicesindaco).

Non molto tempo dopo Alfio Ira, probabilmente deluso dall'atteggiamento degli altri dirigenti della sezione socialista, prevalentemente mirato a seguire le vicende del Comune (su cui, fra l'altro essi incidevano poco, data la forte personalità del dott. Ragazzi) e poco interessato all'attività politica vera e propria, rassegnò le dimissioni da segretario.

Gli subentrò Francesco Marino (omonimo, ma non parente dell'ex deputato regionale), un mio compagno di scuola alle elementari.

Marino, un operaio da tempo attivista sindacale della CGIL (nel 1986 passerà alla UIL), era entrato nel PSI nel 1980.

Egli era dotato di una vivace personalità e della capacità, piuttosto rara, di dire con franchezza e senza riserve il suo pensiero.

Nel corso della legislatura era entrato in Consiglio comunale subentrando, come primo dei non eletti, all'architetto Grasso, dimissionario.

Sarà rieletto nel 1990, divenendo anche, nel 1992, vicesindaco.

Dopo la liquefazione del PSI a Lentini, nelle elezioni comunali del '93 si presenterà con la lista "Mani Pulite", senza però essere rieletto. Lo sarà invece nel 1997 nella lista del PRC a cui aveva aderito. Ma, pare in seguito ai dissensi relativi alla campagna elettorale per le provinciali del '98, lascerà Rifondazione Comunista, per approdare, dopo un certo tempo, nel PPI.

Marino dunque si mise al lavoro, organizzando anche, alla fine del marzo '89, il congresso sezionale per il rinnovo del CD che questa volta risultò formato di 13 componenti (Pippo Centamore, Nuccio Fisicaro, Pippo Nicotra, Lino Spada, Franco Lipari, Delfo Pupillo, Vitale Martello, Saro Ferrauto, Santo Ragazzi, Alfio Formica, Delfo D'Anna, Alfio Ira, Ciccio Marino).

Il C.D., ai primi di aprile '89, lo riconfermò (con 8 voti su 13) alla segreteria, ma, qualche mese dopo, per sopraggiunti dissensi sulla gestione interna della sezione, anche Marino lasciò la carica e il C.D. chiamò a succedergli Lino Spada.

Nel frattempo si stava giungendo all'esaurimento dell'esperimento Ragazzi al Comune. Nella DC, fin dall'aprile '89 si era fatta strada l'idea di rivendicare il sindaco, come partito di maggioranza relativa; idea prima avanzata cautamente e poi in maniera sempre più esplicita.

Il PCI, dal canto suo, temendo che da un'eventuale crisi scaturisse la sua esclusione dalla Giunta, insisteva invece per il proseguimento e il sostegno dell'esperienza in corso.

Anche nel PSI la novità aveva suscitato un dibattito (nel direttivo e nel gruppo consiliare), come sempre assai vivace.

Nel mentre, nel caso sempre più probabile di una nuova coalizione al Comune, il duo Ragazzi-Celso propendeva per una alleanza col PCI, il resto del gruppo consiliare, sempre più prevalente rispetto al CD (di cui, del resto, con l'eccezione di Vittorio Maglitto, tutti i consiglieri facevano parte) si pronunciò per l'alleanza con la DC.

In questa decisione, al di là dei fattori politici, giocavano anche piccoli calcoli di bottega.

Una giunta di sinistra poteva significare la riconferma della sindacatura Ragazzi. E questo probabilmente non era gradito ai più per due motivi: 1) Perché il Ragazzi sindaco aveva forse sottovalutato o addirittura "snobbato" la sezione, del resto sempre più in preda al caos organizzativo e all'indifferenza degli iscritti. La "dialettica" interna era, infatti, ormai limitata ad una ventina di persone (consiglieri + dirigenti); 2) Una nuova sindacatura socialista significava, per forza di cose, un numero ridotto di assessori (nella precedente amministrazione il solo Nuccio Fisicaro).

Così, quando, per una sorta di autocombustione, essendosi liquefatta la maggioranza che la sosteneva, cadde la giunta Ragazzi, la scelta del PSI fu per il centro-sinistra.

Il segretario Lino Spada con tenacia portò avanti questa linea, nonostante il sostegno dato a Ragazzi dall'on. Raffaele Gentile e dal nuovo segretario provinciale Franco Scollo, tanto più che lui apparteneva alla corrente di opposizione della Federazione.

In una riunione carica di tensione, tenutasi nell'aula consiliare con le altre forze della costituenda maggioranza, l'accordo infine fu fatto e la strada venne aperta ad una nuova giunta di centro-sinistra.

A presiederla fu chiamato (1 agosto 1989) il geom. Davide Battiato (DC).

Si trattava di un professionista che in giovanissima età aveva militato nel MSI, quando il partito era guidato dall'avv. Salvatore Neri, e che nel 1967 aveva aderito alla DC, nelle cui file si era rapidamente messo in evidenza come elemento di primo piano.

Eletto consigliere comunale per lo scudo crociato nel 1980 e nel 1985 era stato assessore nella prima giunta Cannone e nella terza giunta Bosco. Successivamente era diventato capogruppo della DC al Consiglio comunale e reggente della sezione di Lentini.

A fiancheggiare in giunta l'intraprendente e capace uomo politico furono chiamati quattro esponenti della DC. L'ex sindaco e noto giornalista Gianni Cannone, l'avv. Salvatore Moncada, *leader* della corrente nicitiana, il prof. Nino Mazzone, futuro sindaco e vicinissimo all'avv. Nicotra, e Vincenzo Vinci funzionario dell'INPS; tre del PSI: Nuccio Fisicaro, vicesindaco e assessore ai Lavori Pubblici, molto legato al nuovo deputato regionale del PSI on. Carmelo Saraceno, Pippo Nicotra (Sport, Turismo e Spettacolo) e Angelo Celso (Annona e Affari Cimiteriali), già avviato a divenire il decano del Consiglio comunale e uno del PRI: Alfio Mangiameli, che ormai poteva contare su una solida esperienza amministrativa.

La Giunta Municipale si insediò il 1° agosto 1989 e durò fino alla fine della legislatura.

Nel PSI intanto, il tessuto organizzativo cominciò a sfilacciarsi sempre più, anche in seguito al sostanziale disimpegno del gruppo Ragazzi, che prese a non frequentare più la sezione.

Nello stesso periodo, a livello provinciale, veniva costituita, per iniziativa e con la guida del mio caro amico dott. Ciccio La Face, la corrente di "sinistra socialista", che faceva riferimento al pensiero e all'azione di Riccardo Lombardi (morto il 18 settembre 1984).

L'avv. Pupillo e il suo gruppo (il rag. Vitale Martello, il di lui fratello Salvatore Martello mio fraterno amico ed ex dirigente di primo piano del PCI lentinese, alla cui memoria è dedicato questo libro, il dott. Alfio Lombardo, il dott. Nello Greco, Andrea Risuglia, uno dei più vecchi e coerenti socialisti, l'affermato commercialista Alfio Oliva, ecc...) avevano aderito a questa corrente. Sicché quando l'avv. Pupillo, uno dei miei maestri degli anni giovanili, mi chiese di aderirvi, decisi di accettare, essendo quella la corrente più a sinistra nel partito e quella ai cui aderenti mi sentivo più vicino per rapporti personali e formazione politica e vi rimasi fino al lo scioglimento del partito.

Alla vigilia delle elezioni amministrative del 1990 la sezione del PSI non era ormai più in grado di procedere alla formazione della lista e quindi, in questo compito, venne in qualche modo surrogata dalla Federazione.
La corrente di "sinistra socialista", dopo la rinuncia dell'uscente rag. Martello e di tutti i suoi principali esponenti, decise di candidare il giovane figlio dell'avv. Pupillo, Enzo.
La campagna elettorale, come sempre, riuscì in qualche modo a ravvivare il PSI, per la concorrenza tra i gruppi e tra i candidati, i quali del resto furono i soli a curarsi della propaganda, essendo il partito in quanto tale quasi del tutto assente.
Anch'io vi partecipai, nel gruppo coordinato dall'avv. Pupillo. Ricordo che la sera del venerdì precedente le elezioni, ultimo giorno di propaganda elettorale, l'avv. Pupillo, Turi Martello ed io decidemmo di smaltire gli ultimi volantini rimasti, che erano poi diverse migliaia.
Ci mettemmo in macchina tutti e tre e li spargemmo a piene mani in tutti gli angoli della città. Arrivati infine nei pressi del liceo classico, era ormai buio, radunammo tutto il materiale rimasto per piazzarlo lì intorno. L'avv. Pupillo, preso, come gli altri due, dal clima goliardico e quasi euforico che si era creato, lanciò anch'egli il suo pacco di volantini, non accorgendosi che fra di essi c'erano anche la sua patente, la sua carta d'identità, il codice fiscale e quant'altro.
Restammo lì più di mezz'ora, alla luce fioca degli accendini, a cercare per terra i documenti, sepolti da una montagna di manifestini.

10: Lentini, via Vittorio Emanuele III fine anni Cinquanta / inizi anni Sessanta del Novecento. Cartolina illustrata.

Capitolo XI Scioglimento

Le elezioni per il rinnovo del Consiglio Comunale del 6 e 7 maggio 1990 furono le ultime che si svolsero con il vecchio sistema proporzionale ed anche le ultime che videro la presenza di una lista del PSI.
La forte concorrenza fra i candidati e quindi il loro rilevante impegno nella caccia alla preferenza determinarono, per il PSI, risultati elettorali che, seppure non esaltanti, non furono nemmeno disastrosi.
C'è da rilevare, però, che i cinque neo-eletti (rispetto ai precedenti sette) avevano tutti una spiccata personalità politica, una formazione culturale diversa e una diversa appartenenza correntizia. Sicché ognuno di loro rappresentava solo se stesso e non poteva contare sull'appoggio di altri consiglieri, come era avvenuto nella precedente legislatura.
Furono eletti Santino Ragazzi (del gruppo dell'on. Gentile), Nuccio Fisicaro (vicino all'on. Saraceno), Ciccio Marino, amico dell'on. Andò, ma difficilmente catalogabile in correnti, che sarà il capogruppo, Angelo Celso, ormai decano del Consiglio comunale e sostanzialmente indipendente da correnti o gruppi, e Lino Spada , della componente dell'on. Cortese, che così entrava per la prima volta nel Consiglio comunale.

La DC conseguì un ottimo risultato eleggendo 18 consiglieri. Fra di essi, oltre a quelle dei principali leader (Pippo La Rocca, che ebbe un exploit di preferenze, Davide Battiato, Nino Mazzone, Salvatore Moncada, Francesco Fisicaro) il nuovo gruppo registrava significative presenze. Fra di esse il dott. Alfio Toscano (genero di Saro Chiarenza), il dott. Aldo Vasta, Pippo Martines (fratello del più noto Salvatore), la prof.ssa Maria Arisco, preside del liceo scientifico e importante figura femminile nella scena politica della città, che giocherà un ruolo fondamentale nel Consiglio comunale, Alberto Di Mari, Carmelo Russo, ecc...

Il gruppo del PCI, capeggiato da Elio Magnano, si ridusse a 9 consiglieri, tra cui occorre ricordare, per l'importanza che assumeranno negli sviluppi futuri, i giovani Alfio La Ferla, per anni segretario della FGCI e Salvatore Di Mari, nonché due professionisti indipendenti fra loro molto legati: il prof. Lucio Inserra e l'ing. Cirino Cillepi.

Il PRI riconfermò la sua forza di tre consiglieri, nonostante la scissione del MDR. Oltre agli uscenti Alfio Mangiameli e Nunzio Mangiameli (diventato un mitico organizzatore di consensi), entrò nel Consiglio comunale anche Umberto Ferriero, dipendente USL, che si rivelerà politico equilibrato e riflessivo.

Il Movimento Democratico Repubblicano, nato da una scissione del PRI, sotto la sapiente guida di Rosario Renna esordì eleggendo due consiglieri: Enzo Reale e Giuseppe Greco.

Il PSDI, di cui aveva assunto la leadership il commerciante Alessio Aloisi, ben collegato con gli organi regionali e centrali del partito, confermo il suo seggio nella persona dello stesso Aloisi, che si rivelerà battagliero consigliere comunale e critico impietoso di vari esecutivi. Il gruppo storico della socialdemocrazia, capeggiato da Pippo Pisano, emarginato dal suo partito d'origine, aveva invece appoggiato la lista del PSI.

Una piccola sorpresa per tutti gli osservatori politici locali fu il risultato di Democrazia Proletaria, la quale conquistò un seggio che però non andò, come tutti pensavano, al leader del partito ed esponente di punta del mondo bracciantile, Paolo Di Falco, ma ad un giovane che si affacciava per la prima volta alla politica: Alfio Scandurra.

Per il PLI venne rieletto Rosario Ossino Fisicaro, mentre il MSI rimase senza rappresentanza.

In questo quadro appariva naturale la riconferma della precedente formula, DC-PSI-PRI, che poteva contare su 26 consiglieri, e magari del precedente sindaco Battiato. Ma il dirompente risultato elettorale del rag. La Rocca, primo degli eletti della DC, favorì l'emergere della sua candidatura alla suprema carica.

Le trattative fra i tre partiti fin dall'inizio registrarono un ostacolo destinato ad ingrossarsi sempre di più. I socialisti chiedevano una presenza in giunta di tre assessori, nonostante il loro gruppo si fosse ridotto da sette a cinque consiglieri. La richiesta si basava sulla considerazione che il peso di un partito non andava visto solo sotto il profilo numerico, ma anche sotto quello politico. Inoltre il PSI non voleva lasciare alla DC, che avrebbe avuto la guida dell'Amministrazione, anche la maggioranza nell'esecutivo. Infatti, oltre ai tre socialisti ci sarebbero stati anche un rappresentante del PRI e uno del MDR, per un totale di cinque assessori, rispetto ai nove componenti della Giunta municipale.

La DC, dal canto suo, rifletteva sul fatto che il PSI aveva una rappresentanza ridotta rispetto alla precedente e che, per di più, la composizione del gruppo socialista difficilmente avrebbe garantito la compattezza dello stesso.

In sostanza poteva considerarsi probabile che i due socialisti che sarebbero rimasti fuori avrebbero svolto un'azione di fronda.

Inoltre la costituenda maggioranza era piuttosto ampia, e ciò dava forza alla DC.

Si aggiunga, infine, che da parte del PCI sembrava trasparire, seppure in maniera assai sfumata, un atteggiamento di benevola attesa, come si può evincere anche da un articolo sulla *Gazzetta del Sud* del 27 giugno 1990 (*PCI morbido. Perché?*).

Quando il PSI decise di modificare la sua iniziale richiesta e in sostanza di accontentarsi di due assessorati, era già troppo tardi. La DC aveva concluso gli accordi per la nuova Amministrazione, a prezzo di una rottura anche con il PRI, il cui capogruppo Alfio Mangiameli dichiarerà in Consiglio comunale di non entrare nella maggioranza "perché la formula suggerita dalla DC non potrà dare un'amministrazione in grado di reggere per lungo tempo".

Forse il PRI era anche un po' indispettito per il rapporto privilegiato che si era instaurato fra la DC e il MRD.

Anche il PSI dichiarerà la sua ferma opposizione con gli interventi assai decisi del capogruppo Marino, di Santino Ragazzi e di Nuccio Fisicaro.

La maggioranza, tuttavia, seppur risicata, c'era col concorso del PLI (18 DC + 2 MRD + 1 PLI) e fu quindi in grado di esprimere una Giunta di Centro, anche se all'interno del gruppo DC serpeggiava qualche mugugno.

Pippo La Rocca fu eletto sindaco con i 21 voti della maggioranza, mentre i consiglieri dell'opposizione votarono ognuno per sé.

La DC ebbe sei assessori: Maria Arisco, Ciccio Fisicaro, Nino Mazzone, Alberto Di Mari, Enzo Vinci e Natale Addamo; uno andò al MRD (Enzo Reale, che divenne vicesindaco) e uno al PLI (Rosario Ossino Fisicaro).

La nuova Giunta municipale si insediò ufficialmente il 25 giugno 1990 e diede il meglio di sé in occasione del terremoto del 13 dicembre 1990, grazie alle notevoli capacita manageriali rivelate dal sindaco La Rocca e all'impegno generosamente profuso dall'assessore alla "Protezione Civile" Arisco.

Ma, superato questo tragico periodo, in cui giustamente tutti i gruppi politici sostennero lo sforzo dell'Amministrazione, la risicata maggioranza rivelò tutte le sue intrinseche debolezze, soprattutto per gli eterni dissensi in seno al gruppo DC; sicché Pippo La Rocca, "cavallo di razza" della politica e della DC, in data 15 febbraio 1991, rassegnò le dimissioni, per favorire la costituzione di una nuova Giunta, sostenuta da una maggioranza più ampia.

Il PSI, che in questo periodo qualcuno aveva definito "il partito degli assessori", aderì alla nuova formula di centro-sinistra (DC, PSI, PRI, MDR) che emerse dalle trattative.

Il 14 aprile 1991 il rag. La Rocca venne riconfermato sindaco e il 16 seguente venne eletta la nuova Giunta. Essa comprendeva quattro rappresentanti della DC (Maria Arisco, Ciccio Fisicaro, Natale Addamo, Alberto Di Mari), uno del PRI (Alfio Mangiameli, vicesindaco), uno del

MDR (Enzo Reale) e due del PSI (Angelo Celso, assessore ai Lavori Pubblici e Lino Spada, assessore all'Annona e agli Affari cimiteriali).
Ma i malumori sempre serpeggianti nel gruppo DC indussero dopo pochi mesi (il 14-10-91) il rag. La Rocca a rassegnare le dimissioni. Egli si augurava «di contribuire con tale gesto a provocare un profondo chiarimento fra tutte le forze politiche».

Intanto grossi cambiamenti erano avvenuti nel PCI.
Già fin dal 1989 si era registrata la dissoluzione del blocco orientale creato da Stalin dopo la seconda guerra mondiale. L'abbattimento del muro di Berlino sarà il simbolo di una nuova era, caratterizzata dal diffondersi in Europa orientale del sistema democratico e dalla dissoluzione dell'URSS.
Il nuovo segretario del PCI Achille Occhetto (succeduto ad Alessandro Natta il 21 giugno 1988) si era fatto interprete dell'esigenza di un grande cambiamento per il PCI, che già aveva una sua originalità rispetto agli altri partiti comunisti. E, nel XIX congresso del partito, tenutosi a Bologna dal 7 all'11 marzo 1990, aveva proposto di avviare il processo per la costituzione di un nuovo partito della sinistra, nel solco della tradizione socialdemocratica europea. Era stata quella la prima volta, in un congresso del PCI, in cui si erano confrontate tre mozioni.
Quella del segretario era prevalsa col 67% e Occhetto il 10 ottobre 1990 aveva presentato nome e simbolo del nuovo partito: PDS (Partito Democratico della Sinistra), con contrassegno una quercia sormontante il vecchio simbolo del PCI rimpicciolito.
Nel congresso della sezione di Lentini (*il congresso del "sì" e del "no" ai cambiamenti proposti*, come fu definito) che aveva preceduto quello nazionale erano state presentate tre mozioni: una da Angelo Brancato, che si rifaceva alle posizioni di Occhetto (il centro del partito), un'altra dall'on. Mario Bosco che si richiamava alla componente guidata dall'on. Napolitano (la destra del partito, i cosiddetti "miglioristi"). Queste due correnti, che avevano riscosso la

maggioranza dei consensi, erano favorevoli al cambiamento del nome e del simbolo. Contraria invece era stata la terza mozione, quella della sinistra (i "comunisti democratici", il cui più illustre esponente nazionale era 1'on. Ingrao). Di quest'ultima posizione gli esponenti più in vista erano Elio Magnano, l'on. Guido Grande e l'on. Luigi Boggio, che rappresentavano, in un certo senso, le tre diverse strade che prenderanno i militanti di questa componente. Nel C.D. scaturito dal congresso, però, le alleanze erano state capovolte e il gruppo di Angelo Brancato si era alleato con quello di Elio Magnano, che era diventato segretario, mettendo, di fatto, in minoranza l'on. Bosco e la sua corrente (Alfio La Ferla, Pippo Cosentino, Simone Pulia, ecc.).

Nel successivo congresso di Rimini, iniziato il 31 gennaio 1991, era prevalsa la componente Occhetto-Napolitano sulle posizioni dei "Comunisti democratici" e su quelle più irriducibili di Armando Cossutta. Di conseguenza il nuovo partito (PDS) poteva considerarsi ormai cosa fatta.

Anche a Lentini aveva vinto la medesima linea, sostenuta però da due diverse liste, una presentata da Angelo Brancato e l'altra dall'on. Mario Bosco. Una terza lista era stata presentata da esponenti vicini ai "Comunisti democratici", come Elio Magnano e Guglielmo Tocco, che resteranno nel nuovo partito. Segretario della sezione sarà eletto Paolo Censabella.

Non aveva invece partecipato al voto per il congresso nazionale il gruppo vicino all'impostazione cossuttiana, guidato dall'on. Guido Grande (Paolo Innocenti, Francesco Santocono, Salvatore Di Mari, Carmelo Liberto, Armando Amore, ecc.). Si trattava in sostanza di una decina di persone, le quali successivamente si erano riunite nella sede della CNA per coordinare la loro azione in vista della nascita annunciata di un nuovo partito comunista. E quando, il 10 febbraio 1991, questo nuovo partito era stato costituito, per impulso principalmente dell'on. Armando Cossutta e dell'on. Lucio Libertini (segretario l'on. Sergio Garavini), il gruppo guidato dall'on. Grande si era incontrato con i suoi esponenti regionali a Pergusa e aveva poi fondato la sezione di Lentini del PRC (Partito della Rifondazione Comunista). Segretario di essa era stato eletto Paolo Innocenti e si era registrata l'adesione di un consigliere comunale, Salvatore Di Mari.

Successivamente DP (Democrazia Proletaria) era confluita nel PRC ed anche a Lentini, quindi, Paolo Di Falco vi aveva aderito.

Verso la fine del '91, però, l'on. Grande si accorgerà che la sezione stava rischiando di modificare il suo iniziale assetto politico, con l'innesto di adesioni poco coerenti con i principi che avevano ispirato l'iniziativa e non esiterà ad abbandonare il nuovo partito, seguito poco dopo da Innocenti, Santocono e Di Mari, che quindi in Consiglio comunale si dichiarerà indipendente. Ma il PRC continuerà la sua azione sotto la guida del nuovo intraprendente segretario Andrea La Ferla, un ex emigrato in Svizzera che, al rientro in Italia (1976), aveva aderito al PCI. Successivamente Andrea La Ferla lascerà il timone del partito al prof. Pippo Moncada quando questi, dopo un periodo di riflessione, vi aderirà.

Fra i maggiori esponenti del vecchio PCI, che non avevano voluto aderire né al PDS né al PRC, spiccava la figura del segretario della Camera del Lavoro di Lentini, l'on. Luigi Boggio. Originario di Nicosia (EN), negli anni '60 egli si era trasferito a Messina, come studente universitario di agraria, dove aveva partecipato alle agitazioni del movimento studentesco contro il governo Tambroni e per la libertà in Spagna e in Portogallo, soffocati da regimi reazionari. Nel '62, sempre a Messina, aveva aderito al PCI. Era quindi tornato a Enna per presiedere le organizzazioni provinciali prima dell'Alleanza Contadina e poi della Federbraccianti (CGIL). Nel '68 era stato inviato a Lentini a dirigere la locale Camera del Lavoro, dando prova di grande dinamismo, e vi era rimasto fino al 1970, per un tempo cioè sufficiente per conoscere la futura moglie e per contrarre importanti amicizie. Successivamente era rientrato ad Enna come segretario provinciale prima della CGIL e poi del PCI. Entrato poi nella segreteria regionale del partito si era trasferito a Palermo. Finché, nel '78, candidatosi nel collegio della Sicilia orientale, era stato eletto

deputato. Da allora aveva fissato la sua residenza a Lentini, dove si era fatto notare sempre più sia come notevole oratore sia come esperto uomo politico, non invischiato però nelle diatribe locali fra i gruppi della sezione comunista, pur esercitando nell'ambiente una notevole influenza, anche, ma non solo, per i principi di correttezza a cui ispirava la sua azione.
Nel giugno del 1983 era stato candidato al Senato, nel collegio di Enna, ma non era stato rieletto, per il deludente risultato elettorale conseguito dal PCI.
Nel '91, infine, era ritornato nel suo vecchio ruolo di segretario della CGIL di Lentini, accolto con grande entusiasmo dai lavoratori lentinesi, che ne ricordavano la precedente brillante gestione. La sua azione sarà caratterizzata da una attività sindacale che non si limiterà alla pura tutela dei lavoratori organizzati, non disdegnando frequenti incursioni nel vasto campo delle tematiche sociali e amministrative, mediante comunicati stampa, interviste, articoli, conferenze, ecc..
Questo era dunque il mutato quadro politico in cui si inquadrava la crisi amministrativa succeduta alle dimissioni del sindaco La Rocca.
Una ricomposizione della vecchia coalizione di centro-sinistra appariva impossibile per le endemiche divisioni della DC, da tempo diretta da una reggenza Battiato e anche per la crisi organizzativa che attraversava il PSI.

I locali della sezione socialista, infatti, erano stati disdetti alla fine di giugno del 1991 e praticamente da allora erano cessate le riunioni del C.D., che, di fatto, era stato surrogato dal gruppo consiliare. Un periodo di decadenza democratica, dunque, che preludeva allo sfaldamento del partito, che continuava ad agire ormai solo come una costellazione di piccoli gruppi che ruotavano intorno ai consiglieri comunali.
Tuttavia, i problemi cittadini urgevano e il senso di responsabilità imponeva di dare un'amministrazione alla città.

Fu il lucido esponente del PDS Elio Magnano (che, pur inizialmente contrario agli importanti cambiamenti avvenuti nel partito, non l'aveva lasciato) a dimostrare notevole tempismo. Egli colse l'occasione per rilanciare il suo partito nella scena politica cittadina, facendosi interprete delle esigenze di stabilità e di governabilità della città e auspicando una soluzione da trovarsi all'interno del Consiglio comunale fra le forze politiche disponibili a formare una sorta di governo cittadino che prescindesse dalle vecchie formule e affrontasse gli incombenti problemi.

Nella seduta del Consiglio comunale del 10 dicembre 1991 egli venne eletto sindaco con 23 voti in contrapposizione all'avv. Turi Moncada (DC) che ne raccolse 15. A sostenerlo erano stati, oltre ai nove del PDS, sette consiglieri che si definivano della sinistra DC, i tre del PRI, i due del MDR, il liberale e un socialista (Ragazzi), a titolo personale.

La giunta risultò composta da due DC (Maria Arisco, vicesindaco e Carmelo Russo, mio carissimo amico), da due rappresentanti del PDS (Guglielmo Tocco, futuro artista dai molteplici interessi culturali, Alfio La Ferla, ex segretario della FGCI di Lentini), da un repubblicano (Nunzio Mangiameli), da un esponente del MDR (Enzo Reale), da uno del PLI (Rosario Ossino Fisicaro) e da un socialista (Santo Ragazzi, assessore all'Urbanistica).

Il PSI ufficiale, però, fu contrario alla soluzione che si era data alla crisi e lo dichiarò esplicitamente in Consiglio comunale per bocca del capogruppo Francesco Marino. Il partito non aveva però ormai la forza politica ed organizzativa per avviare un provvedimento disciplinare nei confronti del dott. Ragazzi, che invece era entrato in Giunta. Sarà perciò il gruppo consiliare socialista ad esprimere la sua ferma disapprovazione con un pubblico manifesto.

Del resto il PSI ed altri partiti dell'area di governo, a livello nazionale, saranno investiti, da lì a poco, da un vento impetuoso che finirà per travolgerli, modificando profondamente il quadro politico non solo al centro, ma anche in periferia.

I colpi di maglio saranno inferti, sul piano giudiziario, principalmente dalla magistratura milanese, che, con opera meritoria, riuscirà a portare allo scoperto i comportamenti di una parte della classe politica a dir poco disinvolta nella gestione della cosa pubblica; e dopo aver sommerso qualche personaggio di seconda fila, l'onda lunga delle inchieste investirà in pieno esponenti di primo piano di vari partiti.

Per quanto riguarda il PSI, durante l'ultimo periodo, esso aveva subìto una mutazione genetica che aveva trasformato il glorioso partito dei lavoratori italiani, fondato da Costantino Lazzari e Filippo Turati, nel ricettacolo di uno spregiudicato rampantismo, che aveva finito per esprimere organismi nazionali in parte composti, come dirà qualcuno, di "nani e ballerine", cioè di questuanti cortigiani.

Nel partito ormai, più che di politica si discuteva di potere e di sottopotere, mentre gli elementi migliori si allontanavano in silenzio (per es. Alberto Jacometti, ex segretario nazionale) o venivano emarginati (per es. Riccardo Lombardi, che si dimise da presidente del partito, né venne rieletto in parlamento). In periferia, inoltre, spesso le federazioni e le sezioni erano governate da boiardi, i cosiddetti "signori delle tessere", sulle quali essi fondavano il loro potere.

La morte di Sandro Pertini, avvenuta il 24 febbraio 1990, in un certo senso potrebbe rappresentare lo spartiacque fra il vecchio PSI, interprete delle istanze dei lavoratori e il nuovo partito, inquinato da arrampicatori e carrieristi.

Sul piano elettorale sarà soprattutto la "Lega Nord", il partito di Umberto Bossi, a smantellare le roccaforti dei vecchi partiti, ormai sempre più invisi alle masse degli elettori.

Dopo le elezioni politiche del 5 e 6 aprile 1992 nel nuovo parlamento ci sarà ancora una maggioranza del vecchio centro-sinistra (DC-PSI-PSDI-PRI), ma assai striminzita; e in esso entreranno forze nuove come il PRC, la "Rete", i Verdi e soprattutto la "Lega Nord". Sara questo nuovo Parlamento a varare le nuove leggi elettorali.

A Lentini la giunta Magnano non durò molto. Entrata in rotta di collisione con l'ala democristiana che l'appoggiava, si vide costretta a rassegnare le dimissioni (21 maggio 1992). Nello stesso tempo si realizzò un riavvicinamento, più o meno fittizio, fra le due ali del gruppo della DC. Il quale partito, a Lentini era da tempo guidato da una reggenza, non riuscendo a darsi un gruppo dirigente rappresentativo della base. Segno anche questo di una crisi che minava alle fondamenta quello che era stato un grande partito, sia per la qualità degli uomini che vi avevano militato, che per la sua forza elettorale.

Dopo circa due mesi la crisi al Comune venne risolta con l'elezione (13 giugno 1992) di una Giunta presieduta dal prof. Nino Mazzone (DC), personalità vicina all'on. Nicotra. Il giovane professionista si era messo in luce da tempo nel suo partito e nel Consiglio comunale, ed aveva le carte in regola per ben operare nell'interesse della città.

Dell'esecutivo, sostenuto da DC, PSI e PRI, rispettivamente con 18, 4 e 3 consiglieri, facevano parte cinque assessori DC (Alfio Linfazzi, Alfio Mastrogiacomo, Salvatore Basile, Natale Addamo, Giuseppe Martines), uno del PRI (Nunzio Mangiameli) e due del PSI (Francesco Marino, vicesindaco e assessore ai Lavori Pubblici e Lino Spada, assessore all'Annona e agli Affari cimiteriali). Ma dopo qualche mese insorsero dissapori fra gli assessori socialisti e il sindaco, tanto che, nel mese di ottobre, si dimisero dalla Giunta Marino e Spada, privando così l'esecutivo dell'apporto socialista.

La risicata ed instabile maggioranza rimasta (21 consiglieri) scoraggiò il sindaco dal proseguire la sua attività. Del resto appariva sempre più evidente l'ingovernabilità del Consiglio Comunale eletto nel 1990, che aveva espresso, in poco più di due anni, ben otto coalizioni.

Molti consiglieri si resero conto che sarebbe stata impresa assai difficile costituire nuove maggioranze, poiché erano state sperimentate tutte quelle possibili, e finirono col propendere per lo scioglimento del Consiglio comunale.

Il sindaco Mazzone il 15 ottobre 1992 si presentò dimissionario in Consiglio comunale, annunciando anche le sue dimissioni da consigliere e dichiarando, fra l'altro:

> «Con il venir meno della partecipazione del PSI all'intesa politica di maggioranza è impensabile che 21 consiglieri comunali, possano affrontare e risolvere tutti i problemi di Lentini fino ad oggi irrisolti».

Oltre a lui, nel corso della seduta si dimisero altri 29 consiglieri comunali, ponendo così fine ad una legislatura tormentata e caratterizzata, fra l'altro, dalla dissoluzione organizzativa di alcuni partiti, dai profondi cambiamenti avvenuti in altri e dalla comparsa di nuovi soggetti politici.

Andava quindi incontro al suo scioglimento un Consiglio Comunale che, pur vantando al suo interno la presenza di eminenti personaggi, non aveva saputo dare alla città un governo stabile che potesse assicurarne il progresso da tutti auspicato.

«Senatores boni viri, Senatus mala bestia»?

11: Lentini, veduta della Villa Gorgia, fine anni Cinquanta / inizi anni Sessanta del Novecento. Cartolina illustrata.

Capitolo XII **Raiti**

L'unico amministratore comunale a non rassegnare le dimissioni fu l'assessore Alfio Mastrogiacomo, a cui, pertanto, in base all'Ordinamento degli Enti Locali, toccò svolgere le funzioni sindacali dal 19 al 29 ottobre 1992, data in cui gli subentrò il Commissario Regionale dott. Angelo Politi, a sua volta sostituito, dal 16 febbraio 1993 dal Commissario Straordinario dott. Antonino Vella, che rimase in carica fino al 13 dicembre 1993.

Dallo scioglimento del Consiglio Comunale alle nuove elezioni ci fu dunque oltre un anno di tempo, durante il quale vari partiti, la cui attività era ruotata essenzialmente intorno al Comune, essendo costretti ad una prolungata astinenza, ed anche in seguito alle vicende nazionali, si sfaldarono. Scomparvero così a Lentini, quanto meno di fatto, la DC, il PSI, il PSDI e il PLI.

Per quanto riguarda i socialisti, Bettino Craxi l'11 febbraio 1993 rassegnò le dimissioni da segretario nazionale, ponendo fine ad oltre un decennio di *leadership* quasi incontrastata. Era stato un periodo di profondi mutamenti nel PSI. Al di là delle vicende giudiziarie, per le quali l'ultima parola spettava (e spetta) alla Magistratura, il giudizio politico sulla sua gestione del partito non può essere complessivamente positivo. A parte il merito, che gli va riconosciuto, di averne accentuato l'autonomia e valorizzato l'importanza del suo ruolo sulla scena politica, durante la sua direzione la base del PSI si era profondamente modificata.

Una buona parte dei vecchi militanti socialisti se n'era andata o si era appartata, stanca della convivenza forzata con i gruppi clientelari, che sempre più costituivano la base del potere dei ras delle federazioni.

All'interno delle sezioni non si discuteva più; il dibattito politico era quasi spento e si rianimava solo in vista di un rimpasto di giunta o in prospettiva di un posto di potere o di sottopotere. E questo costume sempre più risaliva verso il vertice.

I congressi, a livello comunale e provinciale, erano spesso decisi "a tavolino" e quelli nazionali ricordavano la scenografia imponente di un grande teatro, in cui "nani e ballerine", carrieristi e cortigiani, ormai numerosi, acclamavano il sovrano ed i suoi baroni. Le stesse riunioni della Direzione si svolgevano secondo un rituale in cui l'unico momento importante era la relazione del Capo. Di tutto questo a soffrirne non poteva che essere la democrazia interna, la quale deve prefigurare quella della società a cui si mira, il che è un punto cardine dell'idea socialista.

A contendersi la successione furono due autentici socialisti (e infatti più in là si ritroveranno nello stesso partito, i DS): Valdo Spini e Giorgio Benvenuto, ex segretario della UIL. Fu quest'ultimo a prevalere, ma la sua segreteria, impotente a modificare un andazzo ed una mentalità ormai consolidati, durò poco più di tre mesi: dal 12 febbraio al 20 maggio 1993.

Dopo aver inutilmente tentato di emarginare gli inquisiti, fu costretto a dimettersi sotto il peso schiacciante della situazione finanziaria e di quella politica, come egli stesso dice nel suo libro intitolato *Via del Corso* (Sperlig e Kupfer editori, 1993): «Debiti in sofferenza con le banche, morosità con le bollette, fornitori alla porta un giorno sì e un giorno no con l'impossibilità di far fronte a qualsiasi impegno» (pag. 143); e ancora: «I giochi politici sono stati tutti tesi a lasciare insediati quei gruppi che avrebbero dovuto lasciare il passo a una nuova generazione di dirigenti socialisti» (pag. 181-182), «Tra quelle mura si consumava la magia opposta a quella di re Mida: anche l'oro delle migliori intenzioni, lì dentro, rischiava di diventare metallo volgare» (pag. 183).

A succedergli venne designato, il 28 maggio 1993, Ottaviano Del Turco, ex segretario aggiunto della CGIL.

La crisi da cui era investito il vertice del PSI non poteva non diffondersi in periferia. Nello stesso mese di maggio, per esempio, dopo una riunione del C.D. della Federazione di Siracusa che l'aveva visto contrapposto, per l'elezione a segretario provinciale, all'on. Carmelo

Saraceno (che prevarrà e sarà l'ultimo a ricoprire quella carica), il dott. Santo Ragazzi decise di lasciare il PSI per il «disagio con il quale si è costretti a seguire il declino morale del partito», dovuto a ragioni «innumerevoli e sicuramente riconducibili alle tradizionali lacerazioni politico-organizzative», ma anche agli «avvenimenti giudiziari che hanno in questi mesi permesso di svelare una identità genetico-strutturale completamente estranea alla nobiltà ideale delle sue ispirazioni originarie». Nella lettera di dimissioni, egli si disse inoltre convinto che i tentativi di rigenerazione del partito apparivano «incerti, deboli e discutibili» e che al suo interno non c'erano «le forze, la volontà e le tensioni per avviare un processo così importante di rigenerazione radicale».
Di lì a poco i fatti gli daranno ragione, con la scomparsa ufficiale della gloriosa sigla.
Anche la DC era attraversata a Lentini da una profonda crisi che, per la prima volta dopo molti anni, non le consentirà di presentare una propria lista alle elezioni di fine anno. E intanto, a livello nazionale, il segretario Mino Martinazzoli avviava una fase costituente, che culminerà, il 18 gennaio 1994, nella nascita del PPI (Partito Popolare Italiano), subito seguita dalla scissione dell'ala destra del partito, guidata da Pier Ferdinando Casini e Clemente Mastella, che daranno vita al CCD (Centro Cristiano Democratico).
Si dissolveva pure, dilaniato dalle scissioni, quel che era rimasto del PSDI (di cui rimarrà solo un'ultima pattuglia guidata da Gianfranco Schietroma) e scompariva il PLI.

Intanto si avvicinava la data fissata (21 novembre 1993) per l'elezione del sindaco, che questa volta sarebbe stata diretta, secondo la nuova legge elettorale, e del Consiglio comunale, ora ridotto a 20 componenti, rispetto ai 40 che gli assegnava il vecchio ordinamento.
Dei partiti organizzati rimasti, l'unico a potersi porre come obiettivo credibile la conquista del vertice comunale era il PDS.

Il C.D. lentinese uscito dal congresso di Rimini, sempre capeggiato da Paolo Censabella era stato allargato e al suo interno si era sviluppato un dibattito, via via sempre più acceso, per la scelta del candidato sindaco.

Ala fine erano emerse due candidature, forti ed autorevoli, che però spaccavano in due il partito: quella dell'ex deputato regionale ed ex sindaco Mario Bosco e quella di Salvatore Raiti, ex segretario provinciale della CGIL, sostenuto dal segretario Paolo Censabella e da Elio Magnano. Per uscire dall'inghippo si addivenne ad un accordo per così dire "cavalleresco", naturalmente col beneplacito del partito.

Vennero cioè indette delle primarie, che dovevano effettuarsi dal 14 al 17 ottobre 1993 e a cui avrebbero potuto partecipare tutti gli elettori lentinesi, se muniti di un documento di riconoscimento.

Ma, inaspettatamente, poco prima dell'inizio, l'on. Bosco rinunciò al cimento e così Salvatore Raiti rimase l'unico candidato del PDS, per di più sostenuto da un gruppo dirigente divenuto abbastanza omogeneo, anche perché un buon numero di quelli che non avevano condiviso questa scelta o le procedure adottate per arrivarci, andarono a rafforzare un'altra coalizione di stampo progressista, che si coagulò poco dopo intorno ad un'altra candidatura prestigiosa, quella del preside Armando Rossitto.

Rossitto era stato presidente dell'Azione Cattolica e della FUCI di Lentini.

Era poi diventato segretario nazionale del Consiglio Centrale della FUCI e, dopo la laurea in lettere, si era impegnato nella CGIL-Scuola, in provincia di Frosinone. Un curriculum di tutto rispetto dunque, a cui andava aggiunto il fatto, certo non secondario, che in tutte le sue attività, professionali e non, egli aveva sempre coniugato l'impegno professionale con quello sociale, ispirandosi agli insegnamenti di don Lorenzo Milani.

Un cattolico quindi fortemente progressista, un uomo della "società civile" (come si diceva allora), che godeva di meritato prestigio e largo seguito.

A volere e sostenere la sua candidatura a sindaco "libero dagli schieramenti e dalle correnti dei partiti" fu il "Patto di Progresso per Lentini". Ad esso aderivano RC (Rifondazione Comunista), ora guidata dal prof. Giuseppe Moncada e AD (Alleanza Democratica), un raggruppamento di recente costituzione, costituito per lo più, a livello nazionale da ex socialisti ed ex repubblicani, che in qualche misura richiamava alla memoria il vecchio Partito d'Azione. Essa era sorta a Lentini nel gennaio 1993 ed era diretta dal prof. Paolo Ragazzi, collaborato dal giovane Enzo Pupillo, che più avanti (12 novembre 1995) lo sostituirà.

Sosteneva inoltre il preside Rossitto un nuovo movimento politico, denominato "Mani Pulite", che si ispirava all'opera di pulizia della magistratura milanese. Esso era stato costituito da un intraprendente commerciante, Alessio Aloisi, il quale aveva fatto le sue prime esperienze politiche nel PRI lentinese, schierandosi con la minoranza di Vincenzo Reale ed era successivamente entrato nel PSDI, diventandone poi anche l'unico rappresentante in Consiglio Comunale. Vi era rimasto fino al '92, praticamente fino al dissolvimento di quello che fu il partito di Giuseppe Saragat e di Filadelfo Castro.

Appoggiavano infine la candidatura Rossitto "La Rete" (fondata da Leoluca Orlando, che farà un comizio a Lentini in suo sostegno), che però in città era poco più di una sigla, e un gruppo di indipendenti di sinistra, provenienti per lo più dal PDS (ad es. il prof. Pippo Cosentino) di cui avevano costituito l'ala destra o in cui avevano tenuto posizioni autonome come il prof. Delfo Inserra e il prof. Armando Ansaldo e gli indipendenti ing. Cirino Cillepi e prof. Lucio Inserra. Curioso il fatto che l'ex ala destra ("i miglioristi") e l'ex ala sinistra (ora RC) del PCI avessero scelto in larga misura il medesimo schieramento.

A completare il quadro va ricordato un gruppo avanzato di illustri cattolici, che firmeranno un appello a sostegno del prof. Rossitto. Fra essi il prof. Elio Cardillo, poeta e cultore di tradizioni locali, il prof. Alberto Commendatore (futuro segretario del PDS), il prof. Cirino Di

Mauro (futuro esponente del PDS), l'illustre docente prof. Delfino Favara, il prof. Salvatore Iannitto (ex PSI), il prof. Silvio Pellico (ex PRI), Ada Rapisarda, il prof. Gianni Zappalà. Inoltre al "Patto" potevano aderire i cittadini che volevano "costruirsi il cambiamento". Uno schieramento, quindi, quello del "Patto", di notevole rilevanza, sia per il numero che per la qualità delle adesioni.

Per quanto riguarda il PDS e Raiti, essi riuscirono a costituire col solo PRI un'alleanza, che attraverserà momenti di forte disagio, in quanto il PRI (che si rivelerà essenziale per l'elezione del sindaco) non sarà rappresentato nella futura Giunta.

Per quanto riguarda l'area del centro-destra essa aveva perso i vecchi strumenti organizzativi, senza riuscire a crearne di nuovi, se si esclude la lista del MSI-DN, che si configurerà solo di pura testimonianza, tanto che non presenterà un proprio candidato a sindaco e non conquisterà alcun seggio nel Consiglio comunale. Come sembravano lontani i tempi dell'ing. Sebastiano Angelico e dell'avv. Salvatore Neri!

Oltre a quelle di Raiti e Rossitto, vennero avanzate altre tre candidature.

Anzitutto quella dell'avv. Angelo D'Amico, illustre penalista del foro di Lentini, il quale dichiarava, fra l'altro, a *La Notizia* del 14 novembre 1993:

> «Dopo tante riflessioni ho deciso di candidarmi a Sindaco di Lentini per concorrere a migliorare le condizioni della mia città, che, allo stato attuale, credetemi, è in coma profondo in tutti i settori. La decisione, senza dubbio, è stata molto sofferta, ma le esortazioni di amici e principalmente la speranza di non lasciare ai soliti professionisti della politica l'Amministrazione della cosa pubblica hanno reso meno tormentata la mia decisione»

e, più avanti,

«la mia opera, che sarà improntata al risanamento della città, in senso materiale e morale, sarà caratterizzata dalla massima correttezza e linearità, nel rispetto dei valori umani e delle leggi vigenti».

A sostegno della prestigiosa candidatura venne costituita una lista civica ("Liberare Lentini") e con essa si schierò anche il "Movimento Popolare per le riforme" di Siracusa.
Un'altra candidatura fu presentata dall'ex sindaco geom. Davide Battiato, anch'essa sostenuta da una lista civica ("Lentini Insieme"). L'ex reggente ed ex capogruppo della DC, dopo il dissolvimento della locale sezione, aveva infatti costituito un movimento locale, appunto "Lentini Insieme", che avrà notevole peso politico ed elettorale nella realtà cittadina.
Partecipava, infine, alla competizione elettorale anche l'ex assessore del PLI Rosario Ossino Fisicaro, appoggiato dalla lista "Gorgia - uomini liberi".
Mentre cinque candidati (Battiato, D'Amico, Ossino Fisicaro, Raiti e Rossitto) si contendevano la poltrona di primo cittadino, ben dieci liste vennero presentate per l'assegnazione dei venti seggi del Consiglio comunale
Oltre quelle dei partiti tradizionali (PDS, PRI, MSI-DN) o di recente costituzione (AD, RC) c'erano cinque liste civiche: "Lentini Insieme", "Uniti per Lentini", "Liberare Lentini", "Mani Pulite", "Gorgia - uomini liberi".
Per quanto riguarda i socialisti, che nel secondo dopoguerra avevano avuto quasi sempre una funzione essenziale per la formazione della maggioranza in Consiglio comunale, in cui erano stati costantemente presenti, alcuni di essi (Angelo Celso, Nuccio Fisicaro, Franco Lipari, Francesco Marino, Lino Spada) si incontrarono, nei locali della Camera del Lavoro, con l'ultimo segretario provinciale del PSI, on. Carmelo Saraceno. Ma la malinconica riunione non potè che constatare l'impossibilità oggettiva di presentare una lista; per cui l'on. Saraceno

si determinò a chiedere un posto nella lista del PDS per un socialista ed indicò l'ex vicesindaco Nuccio Fisicaro, che fu l'ultimo rappresentante ufficiale del PSI, nel Consiglio comunale di Lentini.
Nella lista del PDS si presentarono pure (come indipendente) il dott. Santo Ragazzi e (a titolo personale) il sindacalista Alfio Ira.
Sebastiano Cardello si candidò nella lista di AD, Corrado Macca in quella di "Lentini Insieme", Pippo Nicotra in quella di RC, Francesco Marino e Delfo Cavarra in quella di "Mani Pulite", Lino Spada in quella di "Gorgia - uomini liberi".
Infine Angelo Celso, ormai politico di larga esperienza, si candidò nella lista del PRI, motivando così la sua scelta, in un pubblico volantino diretto "ai compagni e simpatizzanti socialisti":

> «Le disavventure giudiziarie in cui è incappato negli ultimi tempi il Partito Socialista e che hanno purtroppo messo in ombra più di cento anni di lotte per la giustizia e la libertà, avevano fatto nascere in me la decisione di un totale disimpegno politico, scoraggiato e sconfortato da quanto sta accadendo in tutta Italia. Ma la speranza di una rinascita politica e morale dei valori socialisti e la incessante pressione di tanti compagni mi hanno convinto a candidarmi, come indipendente socialista, nella lista del Partito Repubblicano, per non disperdere un patrimonio fatto di anni di battaglie accanto ai problemi dei lavoratori e della povera gente, certo che potrò così continuare il mio impegno politico per la difesa dei diritti di tutti i cittadini».

Mentre si consumava così la definitiva dissoluzione del PSI a Lentini, rimaneva tuttavia radicata in me la convinzione che non poteva finire così il Socialismo come ideale.
«Voi potete uccidere me, ma l"idea che è in me non morirà», aveva detto Giacomo Matteotti ai suoi assassini fascisti.

Io non partecipai alla battaglia elettorale, ma dopo le prime battute la mia scelta era fatta.

Come socialista di sinistra non potevo che appoggiare l'unica lista presente nella competizione che chiaramente si richiamava al filone socialista, e cioè quella del PDS, da poco entrato nell'Internazionale.

Con tutta la stima che sentivo per il prof. Rossitto, la mia storia politica e la mia formazione, pur con le notevoli differenze ideologiche e politiche, erano assai più vicine a quelle di Salvatore Raiti, che, come segretario della CGIL io vedevo come il capo dei lavoratori della provincia.

Salvatore Raiti, figlio di un mezzadro, fin da giovane aveva mostrato di avere quello che si può definire un istinto di classe, secondo la celebre definizione di Claudio Treves.

Nel periodo in cui studiava legge e nel mentre frequentava uno studio legale aveva subito l'influenza del marxismo-leninismo, rimanendo affascinato dai miti di Mao Tse Tung e di Ernesto Che Guevara.

Verso la fine degli anni '60, un giorno che stava recandosi all'Università di Catania, incappò in un gruppo di braccianti in sciopero che in qualche modo sembrava intralciargli la strada ed ebbe quasi un moto di disappunto.

Ma il leader degli scioperanti, il mitico Ciccio Ciciulla, gli spiegò le ragioni dei lavoratori ed egli ebbe come un'illuminazione.

Nel '71 si iscrisse al PCI e nello stesso anno venne assunto all'Istituto Nazionale Confederale di Assistenza (INCA) di Lentini, in sostituzione di Graziella Vistrè.

L'anno dopo il segretario provinciale della CGIL (Guido Grande) lo chiamò a svolgere lavoro sindacale nelle fabbriche della zona industriale.

Nel '75 ritornò all'INCA di Lentini e l'anno successivo divenne segretario della Camera del Lavoro, per passare poi a dirigere, nel '78, la Federbraccianti provinciale. Tornò a Lentini nel 1981 come segretario di zona, entrando anche nella segreteria provinciale della CGIL.

Nel 1982 si trasferì a Siracusa per dirigere il sindacato del Pubblico Impiego. Nel 1983 diventò segretario provinciale della CGIL, rimanendo in tale ruolo fino al 1992, quando assunse le cariche di presidente regionale della Società di servizio e presidente provinciale dell'INPS.

Una vita dunque, quella di Raiti, quasi interamente dedicata alla causa del lavoro. Una candidatura, la sua, con tutte le carte in regola per coagulare il consenso dei ceti popolari (e non solo di essi), un uomo che le masse consideravano come uno di loro, come uno che rifuggiva da atteggiamenti elitari e che invece amava mescolarsi fra la gente, dei cui problemi era stato fedele interprete e strenuo difensore.

E la risposta dell'elettorato di quella che un autore (Alfio Siracusano) ha definito "la piazza rossa" infatti non mancò: al primo turno lo votarono 6672 elettori (43,03%), ben più di quelli che avevano votato le liste che lo sostenevano e cioè il PDS (25,97%) e il PRI (7,27%).

Al secondo posto si classificò il prof. Rossitto (28,02%). Seguivano Battiato (13,29%), D'Amico (13,03%) e Ossino Fisicaro (3,13%).

Al ballottaggio, fissato per il 5 dicembre 1993, non avendo nessuno riportato la maggioranza assoluta dei consensi, andarono, dunque, i due migliori piazzati: Salvatore (Turi) Raiti e Armando Rossitto, per il quale si schierò, dopo il primo turno, la lista "Lentini Insieme" e il suo leader Battiato, che aveva riportato 2116 voti, classificandosi terzo. Il che riequilibrò le forze in campo nella sfida tra i due candidati dell'area progressista, e la lotta si fece più vivace e appassionata, anche se molto corretta.

Il prof. Rossitto aveva indicato per primo gli assessori della sua eventuale Giunta: l'avv. Antonino Tribulato, il dott. Salvatore Giuffrida (AD), la sig.ra Rosanna Ragazzi (nuora dell'on. Marilli), il dott. Concetto Corradino, il prof. Lucio Inserra e il rag. Giuseppe Emmi (ex consigliere DC). Una certa delusione suscitò questa equipe fra i militanti di RC e del movimento "Mani Pulite", che si sentirono, in un certo senso, discriminati da queste scelte, non essendoci, fra i potenziali assessori, nessun loro rappresentante, ma essi continuarono lealmente a sostenere il prof. Rossitto. Non immaginavano che, sull'altro fronte, al PRI sarebbe toccata la stessa sorte.

Il 5 dicembre la spuntò Raiti con 7769 voti contro i 6799 di Rossitto e la sinistra tornò a governare Lentini.
Appare però evidente, in questo quadro, che lo spostamento di cinque o seicento voti avrebbe potuto capovolgere il risultato e che, pertanto, l'appoggio del PRI, che aveva riportato 1152 voti di lista, risultò determinante per la riuscita del candidato del PDS. Nel nuovo Consiglio Comunale, eletto con un sistema che premiava le coalizioni più forti, entrarono molte facce nuove.
Il PDS conquistò sette seggi, che andarono a Lidia Costanzo (ex consigliere provinciale, prima degli eletti), Paolo Censabella (segretario PDS), Turi Di Pietro (cognato di Raiti), Nuccio Fisicaro (PSI. In seguito lascerà il gruppo del PDS ed entrerà in quello di "Mani Pulite"), Alfio Ira (sindacalista UIL, indipendente), Franco Raiti, Santino Ragazzi (indipendente che in seguito aderirà al PDS). Il gruppo però era destinato a subire notevoli mutamenti, soprattutto per il movimento degli assessori.
Il PRI ebbe due eletti: il geom. Alfio Mangiameli, che conseguì un meritato successo personale (ben 506 preferenze), e Angelo Celso, sostenuto dal suo inossidabile elettorato. Il consigliere Celso, in seguito, tramontata la possibilità di una rinascita del PSI, entrerà nel PDS, considerando che esso era membro, a pieno titolo, dell'Internazionale Socialista, della cui politica si era fatto fedele interprete in Italia.
AD, benché partito di recente costituzione, entrò in Consiglio comunale con tre rappresentanti: il dott. Alfio Saggio, il dott. Salvatore Giuffrida e il musicista Carlo Cattano (che in futuro lascerà il posto al primo dei non eletti, il prof. Paolo Ragazzi, nel frattempo dimessosi da AD).
"Lentini Insieme" elesse due consiglieri: il prof. Giuseppe Pulino (che in seguito aderirà al PPI) e Vincenzo Vinci.

Per la lista "Liberare Lentini" furono eletti il prof. Corrado Magnetti (che successivamente aderirà a "Mani Pulite") e la sig.ra Concetta Tramontana.

Per RC conquistarono il seggio in Consiglio comunale l'ing. Cirino Cillepi (indipendente. Nel corso della legislatura si dimetterà dalla carica e gli subentrerà il prof. Pippo Moncada) e Paolo Di Falco.

Il dott. Gaetano Maci fu l'unico eletto della lista "Uniti per Lentini" (in seguito si avvicinerà al gruppo di "Mani Pulite").

Infine per il movimento "Mani Pulite" fu eletto il suo leader Alessio Aloisi.

12: Ingresso di Palazzo Beneventano a Lentini. Foto di Giuseppe Sferrazzo, ottobre 2017.

Capitolo XIII "La Cosa 2"

La nuova Giunta presentata da Raiti poco prima del ballottaggio e ufficialmente designata appena insediatosi (14 dicembre 1983) era così composta: Lidia Costanzo (vicesindaco), che rinuncerà perciò al suo seggio consiliare, a cui verrà chiamato il primo dei non eletti (l'ex sindaco Elio Magnano), l'avv. Giuseppe Di Mari, l'imprenditore dott. Giuseppe Cassano, il dott. Armando Castiglia, l'ing. Carmelo Abramo, lo sportivo Croce Alessandro Renna. Furono inoltre nominati due esperti: l'avv. Giuseppe Centamore (ex vicesegretario del comune) e il preside Alfio Siracusano.

Anche le scelte di Raiti, come già quelle di Rossitto, suscitarono qualche malumore.

A parte quello puramente politico del PRI, che considerava mal ripagato il suo determinante contributo alla riuscita della candidatura Raiti, c'erano in giro varie aspettative, non si sa quanto fondate, che si trasformarono in amare delusioni.

Aldilà delle persone degli assessori, tutti rispettabili cittadini, le decisioni del sindaco raccolsero comunque pochi consensi.

In effetti, la scelta dei collaboratori a mano a mano si rivelerà il vero limite di Raiti, come evidenzia anche la girandola di assessori che caratterizzerà questa sua prima sindacatura.

Dopo poco tempo si dimise dall'esecutivo il dott. Castiglia, al cui posto venne nominato il prof. Siracusano, che perciò lasciò il molo di esperto, che rimarrà vuoto per tutta la legislatura.

Successivamente si dimise l'assessore Renna, a cui subentro l'avv. Maurizio Vilona.

Quando, nel '95, per favorire un processo di chiarificazione (peraltro non riuscita) fra i partiti dell'area progressista, la Giunta municipale verrà azzerata e nella nuova formazione non saranno riconfermati Di Mari, Siracusano, e Vilona. Al loro posto entreranno tre nuovi assessori: Enzo Ferraro, noto per la sua attività teatrale, Alfio Ira, che quindi si dimetterà da consigliere comunale, lasciando il posto al giovane Salvatore Chiarenza e Umberto Ferriero. Il quale ultimo, però, dopo qualche giorno, forse per le polemiche insorte circa la sua reale collocazione politica, si dimetterà.

Al suo posto verrà nominata la prof.ssa Maria Rosa Cardillo. Nel '96 inoltre si dimetterà il dott. Cassano e al suo posto verrà nominato il dott. Santo Ragazzi (che nel frattempo aveva preso la tessera del PDS), il quale pertanto lascerà il seggio al Consiglio comunale, dove verrà sostituito dalla rag. Maria Nigro.

A ridosso della scadenza della legislatura, infine, lascerà l'incarico assessoriale la prof.ssa Cardillo, che non sarà sostituita.

Inoltre, quando Elio Magnano, essendo stato nominato esperto (ma si dimetterà pochissimo tempo dopo) rinuncerà al seggio di consigliere comunale, sarà sostituito da Salvatore Di Mari, candidatosi come indipendente, ma ormai iscritto al PDS, di cui in futuro diventerà segretario.

Come si vede una serie di rivolgimenti tortuosi e difficili da comprendere, anche per gli "addetti ai lavori".

A presiedere il Consiglio Comunale venne inizialmente chiamato il dott. Santo Ragazzi (PDS), poi sostituito da Alessio Aloisi ("Mani Pulite") e infine dal dott. Salvatore Giuffrida (AD).

Mentre la nuova compagine amministrativa iniziava il suo lavoro, a livello nazionale si verificavano avvenimenti politici rilevanti, anche per l'approssimarsi delle elezioni politiche.

Il 23 gennaio 1994, soprattutto per l'impulso del segretario Gianfranco Fini, dal vecchio MSI-DN sorse AN (Alleanza Nazionale) che aspirava a svolgere il ruolo di una destra moderna. Ciò determinerà però la secessione (nel 1995) del gruppo guidato da Pino Rauti, che darà vita al movimento di destra "Fiamma Tricolore".

Il 24 gennaio il dott. Silvio Berlusconi annunciò la sua "discesa in campo" e quindi costituì FI (Forza Italia), alleandosi nel Settentrione con la Lega Nord ("Polo delle Libertà") e nel Meridione con AN ("Polo del Buon Governo").

Il primo febbraio nacque il cartello dei "Progressisti", alleanza delle sinistre (PDS, AD, Cristiano Sociali, RC, PSI, "Rinascita Socialista", Verdi).

Il 15 febbraio, inoltre, venne siglato l'accordo tra il PPI e il "Patto Segni", che diede vita all'alleanza centrista denominata "Patto per l'Italia".

In questa competizione nazionale si confrontavano quindi la Sinistra ("i progressisti"), il Centro ("Patto per l'Italia) e la Destra (il "Polo").

I "Progressisti" candidarono al Senato nel nostro collegio l'on. Luigi Boggio, che però non sarà eletto, sia per l'attrazione che esercitava sull'elettorato la novità costituita dal "Polo" berlusconiano, sostenuto da un'imponente propaganda televisiva, ed anche perché la sua candidatura era insidiata da un altro concorrente (Orazio Agosta) proveniente dalla sinistra e sostenuto soprattutto da gruppi dissidenti del PDS. Il che scalfiva quindi l'unità della sinistra in un momento in cui era, invece, necessaria la massima compattezza.

Alla Camera, per il collegio uninominale, per lo schieramento centrista, si presentò l'avv. Antonino Tribulato, stimato professionista con un brillante passato di sportivo.

Il "Polo" vinse le elezioni nazionali del 27 e 28 maggio 1994 e anche nella nostra zona conquistò sia il seggio del Senato (Marisa Moltisanti) che quello della Camera (Puccio Forestiere).

Io che durante la campagna elettorale mi ero schierato senza esitazioni per il raggruppamento progressista (di cui faceva parte anche il PSI, guidato da Del Turco), dovetti amaramente constatare che solo una parte (non grande) dei socialisti aveva fatto la stessa cosa. I risultati relativi alla quota proporzionale della Camera evidenziarono la rappresentatività dei vari partiti ad ogni livello.

In particolare, in tutta Italia, il PSI raccolse solo il 2,2% dei voti, rispetto al 13,6% delle precedenti elezioni politiche del '92. A Lentini ebbe i voti di 197 fedelissimi.

Si spegneva così una grande tradizione, dopo un secolo di storia, nel corso del quale aveva dato un contributo fondamentale all'emancipazione dei lavoratori.

Ma se il PSI esauriva così malinconicamente la sua funzione storica (nel luglio Craxi si trasferirà in Tunisia), il Socialismo si prendeva la sua storica rivincita, conquistando alla sua causa il più grande partito della sinistra, il PDS, il cui segretario Achille Occhetto era diventato vicepresidente del Partito Socialista Europeo.

Nello stesso 1994 il PDS di Lentini tenne la sua assemblea per il rinnovo del C.D. sezionale. Questo appuntamento segnò una svolta nella vita interna del partito in quanto fu contrassegnato dalla presenza di due liste contrapposte (presentate una da Guglielmo Tocco e l'altra da Angelo Brancato). Il fatto in sé non era del tutto nuovo, in quanto si era già verificato nelle due precedenti adunanze.

In queste due occasioni, però, l'elezione del comitato di sezione era stata collegata ai due congressi nazionali di Bologna e di Rimini e quindi a posizioni squisitamente politiche, il che costituiva un salto di qualità molto importante in direzione della democrazia interna, rispetto al "centralismo democratico" del vecchio PCI.

Ora, invece, la contrapposizione non aveva connotazioni politiche e rifletteva solo la rivalità dei gruppi interni.

Chi, come me, proveniva dal PSI, in cui queste situazioni erano pane quotidiano, poteva facilmente capire che si trattava di segnali pericolosi.

Si comincia a formare i gruppi, per vincere si fanno forzature sul tesseramento e si intraprende così una china pericolosa, suscettibile di trasformare un partito di sinistra, da strumento della classe lavoratrice, a strumento di potere...

Una vicenda di cui noi socialisti conoscevamo sia il principio che la fine.

Comunque l'assemblea fu vinta dal gruppo organizzato da Tocco e segretario divenne Alfio Miceli.

L'on. Boggio, intanto, pur sconfitto alle elezioni, avendo conservato il suo animo battagliero, cercò di riunire i numerosi militanti di sinistra, specie quelli non organizzati in un partito, costituendo un "Circolo Progressista", che avrebbe dovuto ispirarsi ai valori della democrazia, della solidarietà, dell'uguaglianza e della non violenza.

L'iniziativa parve trovare notevoli consensi (aderirono, fra gli altri: Pippo Moncada, Enzo Pupillo, Salvatore Martello, Alfio Serratore, Paolo Innocenti, Turi Di Pietro. Santo Ragazzi, Alfio Ira, Pippo Centamore, Ferdinando Leonzio), ma alla fine non riuscì a decollare e l'on. Boggio si predispose a condurre una solitaria battaglia per le cose in cui credeva, diventando spesso pungolo impietoso per le varie forze della sinistra locale.

Il 12 giugno del '94 si svolsero le elezioni per il rinnovo del Parlamento europeo, che segnarono un'ulteriore vittoria per il centro-destra e segnatamente per FI (38,9%).

Le forze progressiste, invece, presentatesi ciascuna con proprie liste, perché si votava col sistema proporzionale, subirono una secca sconfitta, che provocò un terremoto ai vertici di alcuni partiti. Il PDS rastrellò appena il 12,3% dei consensi (a Lentini il 27,41%) e Achille Occhetto, l'ultimo segretario del PCI e il primo del PDS, rassegnò le sue dimissioni il 13 giugno. Lo sostituirà Massimo D'Alema.

Il PSI, che aveva presentato la sua lista insieme ad AD, con i due simboli insieme, raccolse appena l'1,8% dei suffragi (a Lentini 96 voti e lo 0,76%!).

Ciò provocò le dimissioni di Willer Bordon da coordinatore di AD e di Ottaviano Del Turco da segretario del PSI, il quale dichiarò che il suo era stato solo «un compito di emergenza per evitare la scomparsa del PSI da tutte le assemblee parlamentari». Fatto quindi il suo dovere, si mise da parte. Fu questa l'ultima volta in cui si vide il simbolo del PSI in una scheda elettorale.

Scomparve, di fatto, anche il PSDI (0,4%), ormai ridotto ad un simbolo, conteso fra gruppi interni (prevarrà quello di Gianfranco Schietroma).

Contestualmente alle europee c'erano state le votazioni per l'elezione del Presidente della Provincia e del Consiglio Provinciale. Stravinse il centro-destra e a Lentini il candidato del Polo alla presidenza (Cavallaro di AN) ottenne 6636 voti contro i 2495 del candidato del PDS (Moschella).
La sezione del PDS di Lentini aveva espresso due candidati al Consiglio Provinciale: l'arch. Carmelo Vinci e Nunzio Mangiameli del PRI, come indipendente.
Fu solo quest'ultimo ad essere eletto, confermandosi grande catalizzatore di consensi elettorali. Per il PDS che non vide eletto il proprio candidato, fu questa una sconfitta nella più generale sconfitta politica.
Per il PPI si era candidato l'ing. Leonardo Brunetto, punta avanzata dei cattolici democratici, che non fu eletto.

Il PSI intanto, a livello nazionale, ebbe un ultimo guizzo di vitalità. Il 21 giugno 1994 il Consiglio Direttivo del partito elesse a maggioranza l'on. Valdo Spini coordinatore politico.
Uomo di forte dirittura morale, egli aveva detto alla Camera (10/6), commemorando Giacomo Matteotti di «provare dolore e umiliazione nel vedere il Partito dei Socialisti Italiani infangato, umiliato, quasi inesistente per forza elettorale e politica» e si era appellato a quei socialisti che avevano capito come il socialismo fosse innanzitutto rivoluzione morale.
I valori a cui Spini si richiamava erano l'umanesimo socialista, il riformismo progettuale, uniti alla volontà di coniugare libertà e giustizia sociale, tenendo conto dell'importanza del momento parlamentare, sindacale, cooperativo ed associativo. C'era in lui la salda coscienza morale di un socialismo vissuto quasi come una fede religiosa. Egli si rendeva conto che alla base del Paese non era giunto chiaro il messaggio di una reale rottura di continuità col vecchio PSI.
In effetti, io stesso avevo potuto constatare, nonostante la correttezza e la trasparenza delle gestioni di Giorgio Benvenuto e Ottaviano Del

Turco, come nessun provvedimento disciplinare fosse stato adottato nei confronti di coloro che avevano rovinato il partito stravolgendone i valori morali o andando a collocarsi, con rivoltante disinvoltura, nelle trionfanti poltrone del centro-destra.

Spini riconfermò la validità dell'alleanza dei "Progressisti", ma ebbe anche la capacità di capire, fra i primi in Italia, che la sinistra democratica poteva vincere solo alleandosi col centro riformista.

Per quanto riguardava il PSI, egli proponeva di dar vita ad un nuovo soggetto politico (a cui partecipasse ciò che restava del PSI), ad un'aggregazione di carattere laburista, "un partito del lavoro e per il lavoro", che sostanzialmente si ispirasse al modello inglese. Ce n'era abbastanza per indurre un vecchio socialista come me, amareggiato e disorientato, ma non vinto né rinnegato, a scrivere a Valdo Spini. Cosa che feci il 6 agosto 1994.

Dopo aver sottolineato che «se crolla un organismo non può crollare un grande ideale di giustizia», mi dichiarai d'accordo con il progetto di dar vita al Partito Laburista.

> «I vantaggi sono gli stessi che offre il partito inglese: 1) la massima unità, specie sotto il profilo elettorale, di tutti i gruppi, scuole o correnti, che in vario modo si richiamano al socialismo, per opporsi validamente alla coalizione conservatrice... 2) la possibilità di mantenere ciascuno la propria identità culturale e politica, la propria storia all'interno dello schieramento laburista. Perché io credo che il socialismo è Turati, Matteotti, Nenni, Saragat, Pertini e certamente Rosselli, ma è anche Lazzari, Morandi, Basso, Lombardi, ecc.».

Bisognava accantonare ogni residua diffidenza

> «verso quel PDS che ha ripudiato il comunismo ed ha abbracciato il socialismo, cosa universalmente riconosciuta e comunque avvalorata dalla sua appartenenza

all'Internazionale Socialista. E per questo, se veramente intendiamo il Laburismo nel senso classico o inglese, di cui dicevo sopra, il PDS ha il diritto e il dovere di entrare e di concorrere alla creazione del Partito Laburista, al di là di ogni tentazione egemonica. È una strada difficile, ma è l'unica per portare i lavoratori e i progressisti alla guida dello Stato, con le necessarie alleanze anche con il Centro, ma con le idee chiare e la propria identità».

Il 12 settembre così mi rispose Valdo Spini:

«Caro compagno, mi ha fatto molto piacere la tua lettera e il tuo incoraggiamento per il progetto politico della Federazione Laburista a cui sto lavorando insieme a tanti compagne e compagni. L'obiettivo di dare nuovo spazio e dignità agli ideali socialisti e sicuramente raggiungibile, pur fra enormi difficoltà, compresa l'informazione, e nei prossimi mesi sarà fondamentale l'impegno di tutti. Per questo confido nell'azione e nella collaborazione di tutti i compagni e compagne. Ti terrò sicuramente informato su tutte le iniziative che verranno prese in sede nazionale e locale. Fraterni saluti».

Il 26 luglio 1994 era stato insediato il Comitato Promotore per la Costituente Laburista di cui era animatore Valdo Spini e a cui partecipavano Ottaviano Del Turco e il vicecoordinatore del PSI Enrico Boselli, oltre a eminenti personalità socialiste come Michele Achilli, Aldo Aniasi, Antonio Landolfi, Enzo Mattina, Paolo Vittorelli, Mario Zagari.
In parallelo con la Costituente Laburista il PSI avrebbe celebrato il suo congresso per decidere le modalità di confluenza e di partecipazione al Congresso Costituente Laburista.

Ma nell'ottobre del '94 Valdo Spini diede le dimissioni da coordinatore nazionale del PSI, per sottolineare l'elemento di novità della nuova formazione politica, dichiarando:

> «Nessuno potrà più speculare sul fatto che, come animatore del nuovo soggetto politico, potevo prevaricare sulle scelte del PSI, che potranno quindi essere portate avanti in piena libertà».

In realtà si erano divise le strade fra coloro che volevano rompere con la recente tradizione caratterizzata purtroppo dalla degenerazione e dal tradimento di tanti dirigenti, per rimettere in campo la tradizione migliore del socialismo italiano e coloro che, pur personalmente limpidi sotto il profilo morale, non avevano saputo fare un'analisi critica approfondita del recente passato.
Dal 4 al 6 novembre 1994 si riunì l'Assemblea Nazionale costituente che diede vita alla Federazione Laburista.
Del Turco ritornò alla guida del PSI, il cui XLVII ed ultimo Congresso (Roma, 13 novembre 1994), sotto il peso di una situazione finanziaria insostenibile, e forse anche per le vicende giudiziarie che avevano coinvolto tanti dirigenti, decretò lo scioglimento del partito.
Io accolsi la notizia con un senso di liberazione. I mutamenti che avevano investito il partito ne avevano completamente cambiato la natura. Il glorioso partito dei lavoratori italiani era diventato per certi aspetti il partito del rampantismo arrogante, se non peggio, con cui ero stato costretto a convivere nell'ultimo periodo.
Non più i processi politici a dirigenti dalla cristallina tempra morale come Lazzari, Turati o Pertini, ma i processi di *tangentopoli*! E tuttavia non avevo trovato la forza di scrivere due righe di dimissioni, di recidere i fili che da quarant'anni mi univano al partito cui avevo aderito giovanissimo. Lo scioglimento spazzava d'un colpo i miei dubbi e mi liberava da una sofferenza intellettuale e da una innaturale coabitazione.

Poco dopo Ottaviano Del Turco ed Enrico Boselli daranno vita ad una nuova formazione politica, il SI (Socialisti Italiani), a Siracusa organizzata dall'on. Raffaele Gentile, che ne diverrà segretario regionale. Il SI sottolineava l'esigenza di un'organizzazione socialista autonoma che raccogliesse le sparse forze socialiste.

I craxiani puri (Ugo Intini, Gianni De Michelis) costituirono invece il PS (Partito Socialista) che finirà con l'orbitare nell'area berlusconiana, provocando perciò l'uscita di Intini, che in seguito, unitamente al PSDI di Schietroma, confluirà nel SI, dando vita allo SDI (Socialisti Democratici Italiani).

Come si vede uno spappolamento totale, che però non deve indurre nell'errore di mettere tutti sullo stesso piano.

Per quanto mi riguarda le mie simpatie andavano alla Federazione Laburista di Spini, per la sua rottura netta con un passato di cui non portava responsabilità e per la forte tensione morale che la caratterizzava.

Intanto le forze progressiste da un lato e quelle del centro democratico dall'altro si erano rese conto che, divise, erano destinate alla sconfitta; unite, avrebbero potuto aspirare alla vittoria.

Il primo esperimento positivo di alleanza fu realizzato alle comunali che si svolsero in varie zone d'Italia il 4 dicembre.

I colloqui si infittirono specialmente dopo la caduta del governo Berlusconi (22 dicembre 1994) e la formazione del governo Dini.

Ad un'alleanza vera e propria si arriverà nel '95, quando nel PPI si verificherà una spaccatura, per cui l'ala moderata guidata da Rocco Buttiglione fonderà il CDU (Cristiani Democratici Uniti), che finirà per approdare nel Polo, mentre nel PPI rimarranno i cattolici democratici sotto la guida di Gerardo Bianco e poi di Franco Marini.

Anche a Lentini si svolsero colloqui fra le forze del centro-sinistra, sia quelle che appoggiavano la giunta Raiti (PDS, PRI), che quelle che vi si opponevano (AD, PPI, RC) e a cui io e qualche altro partecipammo come indipendenti. Ma questi incontri non approdarono a nulla di concreto, anche per il clima di diffidenza esistente tra sostenitori ed oppositori della giunta Raiti.

L'opposizione a Raiti aveva preso piede anche dentro il PDS e lo si vide quando venne convocato il congresso di sezione, a cui venni invitato ad assistere, per l'8 e 9 luglio 1995. Argomenti da dibattere erano il patto federativo tra le forze di sinistra, l'alleanza di centro-sinistra, l'amministrazione comunale, il ruolo del PDS. Inoltre si doveva rinnovare il comitato direttivo.

I toni del dibattito, con qualche eccezione, non furono certo appassionanti come quelli che un tempo avevano avuto per protagonisti personaggi del calibro dell'on. Francesco Marino , Nello Arena, Giovanni Pupillo, Otello Marilli, Guido Grande, Mario Strano, Riccardo Insolia, ecc.

A contendersi la direzione del partito si fronteggiavano tre gruppi (difficile chiamarli correnti) di cui uno, guidato da Paolo Censabella, era sostenitore di Raiti e della sua politica, mentre gli altri due, il gruppo Magnano-Tocco e quello organizzato da Angelo Brancato, in diversa misura e con diversi accenti, erano su posizioni critiche.

Quando sembrava che ormai si sarebbe andati alla conta, pochi minuti prima della chiusura del dibattito, essi però si accordarono per una soluzione unitaria, nominando una commissione elettorale (in cui si infilarono tutti i capigruppo) per concordare la nomina del C.D. ed una commissione politica (in cui non voleva starci quasi nessuno) per stendere un documento politico.

Risultato: il C.D., di 21 membri, venne diviso in tre parti uguali (7 per ciascun gruppo), con una lista unica, che gli iscritti, ormai convocati per il nove pomeriggio, avrebbero dovuto votare segnando sulla scheda il SI o il NO, senza la possibilità effettiva di sostituire un nome della lista con un altro non inserito in essa. Un procedimento quanto meno "lacunoso" sotto il profilo della democrazia! E se per caso – mi chiedevo - avessero vinto i no, essendo il congresso ormai chiuso, la sezione sarebbe rimasta senza direzione?

Poco dopo l'insediamento del nuovo C.D., il gruppo di Censabella si alleò con quello di Brancato ed insieme elessero Salvatore Di Mari segretario. Ma la componente Magnano-Tocco riuscì poco dopo a rompere l'alleanza di maggioranza e quindi si unì al gruppo di Censabella, emarginando di fatto Brancato, che nel frattempo aveva perso Salvatore Di Mari ed Enzo Ferraro. I numeri cominciarono a comporsi e a scomporsi senza tregua, al punto che su 21 componenti, dopo le dimissioni di Salvatore Di Mari, non si riuscì a trovare un altro segretario, sicché, sotto la spinta del segretario provinciale, venne insediato un coordinamento, finché la crisi non si risolse con l'elezione del prof. Alberto Commendatore.

Queste vicende apparivano in evidente assonanza con quelle che in passato avevano spesso avvilito la vita della sezione socialista e facevano temere per lo sviluppo della sinistra a Lentini, di cui il PDS era l'asse portante.

Tutti questi contorcimenti al vertice, che rischiavano di ridurre la lotta di classe a lotta per il piccolo potere interno, non potevano non suscitare reazioni in un partito in cui, tutto sommato, la maggioranza dei militanti non era ingessata, anche se qualche pacchetto di tessere era cominciato a circolare.

Il primo a reagire fu il forte gruppo giovanile del PDS ("Sinistra Giovanile") che si era da poco costituito, soprattutto per impulso di Marco Leonzio, membro del Comitato Provinciale del PDS; un gruppo assai numeroso e qualificato, composto prevalentemente da studenti universitari e con notevole presenza femminile, molto attivo sulla scena politica e percorso da forte tensione ideale.

Ma, si sa, i giovani per loro natura sono i meno propensi al compromesso, specialmente quando ritengono insidiati i principi che li hanno spinti ad una spassionata militanza. Ed, in effetti, le prese di posizione critiche, ed a volte vivaci, non si fecero attendere. Di converso qualche dirigente sembrò dedicarsi con altrettanta passione alla demolizione di un'organizzazione che sarebbe stata l'orgoglio di qualunque partito.

Ma anche nella base del PDS cominciarono ad emergere atteggiamenti critici che, ad un certo punto (alla fine del '95), Franco Giuliano riuscì a coordinare con la fondazione di un circolo ("Associazione Progressista Enrico Berlinguer") che avrà come presidente prima Giuseppe Sanfilippo e poi Nuccio Portera.

All'associazione aderirono sia un buon numero di militanti del PDS che indipendenti. Essa nasceva in un momento politico che definiva «caratterizzato da un insufficiente dibattito sulle reali questioni che interessano la città di Lentini» e per «la volontà di rinnovamento della politica, diffusa in ampi settori della Sinistra» e «la voglia di partecipazione democratica di quanti si riconoscono nei valori del progresso».

Più in là si costituirà anche un circolo politico giovanile ("La Lokomotiva", presidente Davide Greco), con la partecipazione di giovani del PDS e della sinistra diffusa.

Si trattava, con tutta evidenza, di un periodo di grande fermento politico e di vivace attivismo, a cui non erano certo estranee altre forze politiche e varie organizzazioni, come "Legambiente", "Terzomillennio", "Accademia dei Leoni", "Cinema Novecento".

In particolare notevole capacità organizzative mostrarono RC, sotto la guida del prof. Pippo Moncada e AD, diretta dal prof. Paolo Ragazzi.

I due partiti, in varie occasioni, si fecero promotori di pubbliche assemblee in cui chiunque poteva intervenire, dando così voce e spazio a quanti stavano fuori delle chiuse stanze del potere.

Dopo vari ed infruttuosi tentativi di dar vita ad un cartello delle varie forze del centro-sinistra per fronteggiare, nelle future scadenze elettorali, il centro-destra ormai organizzatosi nel Polo e non più disperso come nel '93, Rifondazione Comunista e Alleanza Democratica accentuarono la loro opposizione alla giunta Raiti e quindi, fatalmente, al PDS.

Questa posizione era da tempo condivisa dal movimento "Mani Pulite" ed ormai anche il PPI ed il PRI cominciavano ad orientarsi in questo senso.

La rottura fu ufficialmente sanzionata dal rimpasto successivo all'azzeramento della Giunta municipale
Un documento del gruppo consiliare di AD esplicitamente affermò che «l'obiettivo di rendere visibile sul piano amministrativo uno schieramento di centro-sinistra non è stato raggiunto» e che quindi «il Circolo di AD... ha preso atto che il sindaco Raiti si era ormai orientato nella direzione di un piccolo rimpasto e aveva accantonato l'ambizione di procedere a realizzare una reale svolta politica e amministrativa» e «pertanto non sosterrà questa giunta né nelle sedi istituzionali né in quelle politiche».
In questo quadro il PDS, attaccato da destra e da sinistra e alle prese anche con una contestazione interna, appariva sempre più isolato, mentre il suo gruppo dirigente si attardava nella difesa dell'esistente.

Il contrario di quanto avveniva in campo nazionale, caratterizzato dal notevole intuito e dalla forte iniziativa politica del nuovo segretario Massimo D'Alema, che ottenne il suo risultato più vistoso con la creazione dell'"Ulivo", l'alleanza di centro-sinistra, guidata dal prof. Romano Prodi, cattolico riformatore.
Sicché quando, dopo le dimissioni del governo Dini, furono sciolte le Camere (16 febbraio 1996), le forze del centro-sinistra non furono colte impreparate.
L' Ulivo si imperniava essenzialmente su tre forze rappresentative di altrettanti filoni politico-culturali: quello socialista europeo, ormai rappresentato dal PDS (D'Alema era diventato vicepresidente dell'Internazionale Socialista), quello dei cattolici democratici rappresentato dal PPI, a cui sostanzialmente si rifaceva lo stesso Romano Prodi e quello dei verdi ambientalisti, il cui movimento si era diffuso in tutta Europa. All'Ulivo inoltre aderivano forze minori per peso elettorale, ma non certo per prestigio, come la "Rete", AD, la Federazione Laburista. Allo schieramento si allearono pure il SI di Boselli, che farà lista unica (per la quota proporzionale) con RI

(Rinnovamento Italiano, il partito fondato da Lamberto Dini) e il Partito della Rifondazione Comunista.

Le elezioni per il rinnovo delle Camere vennero fissate per il 21 e 22 aprile del '96, in uno scenario in cui si fronteggiavano il centro-sinistra ("L'Ulivo") e il centro-destra ("Il Polo"), mentre la Lega Nord correva da sola.

Nei collegi di cui faceva parte Lentini le candidature per l'Ulivo toccarono a due esponenti della "Rete": Rino Piscitello per la Camera e Mario Occhipinti per il Senato.

All'inizio ci fu qualche esitazione del PDS di Lentini nella raccolta delle firme per la candidatura alla Camera, tanto da spingere grossi gruppi di socialisti, di comunisti di RC e di popolari a turare la falla. Ma ben presto le esitazioni furono superate e il PDS partecipò alla campagna elettorale con assoluta lealtà, con in testa il sindaco Raiti, il quale non risparmiò né tempo né energie.

Ben presto il dibattito diventò appassionante fra le opposte coalizioni ed io mi impegnai, per quello che potevo, per i candidati dell'Ulivo. Non così fecero tutti gli ex socialisti però, alcuni dei quali purtroppo ormai orbitavano nell'area del Polo, evidenziando ancora una volta che per alcuni la militanza nel PSI era fondata su basi politiche ed ideologiche quanto meno gracili.

Chi, invece, non aveva abiurato al socialismo, si orientò diversamente. L'avv. Filadelfo Pupillo ed io fummo promotori di un appello, sottoscritto da un gruppo di ex militanti del PSI e diffuso a mezzo stampa, indirizzato al vecchio elettorato socialista, che così recitava:

> «Concittadini! Compagni socialisti! Le elezioni del prossimo 21 aprile rivestono una particolare importanza soprattutto perché possono rappresentare una svolta sostanziale per l'affermazione degli ideali di democrazia, giustizia e libertà nel nostro Paese. Il PSI non c'è più, ma la battaglia socialista continua ed è presente nell'area della democrazia progressista in cui naturalmente e saldamente il socialismo si colloca. Per

questo, noi sottoscritti, rimasti fedeli agli ideali di sempre, lanciamo un appello a votare i candidati dell'Ulivo nei collegi uninominali e a sostenere le liste proporzionali collegate con l'Ulivo a cui aderiscono i vari gruppi socialisti, in attesa della prossima creazione di un grande Partito del Lavoro, nell'ambito dell'Internazionale Socialista. Come disse Claudio Treves, il socialismo è istinto che diviene coscienza e si tramuta in volontà e questa volontà va messa, ora come sempre, al servizio del lavoro e della democrazia, che oggi hanno il simbolo dell'Ulivo».

L'Ulivo, alleato con RC, conquistò la maggioranza e fu quindi costituito il governo Prodi.
Nel nostro collegio furono eletti sia il candidato alla Camera Piscitello (figlio di un ex senatore del PCI), che nel comizio di ringraziamento seppe suscitare profonda emozione negli ascoltatori rievocando la figura del padre, che quello al Senato Occhipinti.
Il primo a Lentini ottenne 7919 voti e il secondo 7231.
Il PDS a Lentini si riportò al primo posto con 4237 voti (29,58%).
I risultati, sia nazionali che locali, incoraggiarono le forze del centro-sinistra, che dopo qualche mese (16 giugno 1996) affrontarono una nuova prova elettorale, quella per il rinnovo dell'Assemblea Regionale Siciliana.
Il sistema elettorale era ancora quello proporzionale, per cui ogni partito presentò la propria lista. Molti lentinesi si candidarono nelle diverse formazioni politiche: il dott. Alfio Saggio, capogruppo di AD al Consiglio Comunale (lista "Rete-Verdi- Movimenti Democratici"), il rag. Pippo La Rocca, indomabile leone della politica locale (lista "Cristiano Sociali"), la sig.ra Concetta Diolosà (lista "Noi Siciliani-FNS"), il geom. Davide Battiato, ex sindaco di Lentini (AN), il segretario scolastico Nuccio Fisicaro (lista "Franco Greco"), la dott.ssa Cinzia Chiarenza, leader del locale circolo berlusconiano (FI), il preside Pippo Moncada (RC). Ma nessuno di loro venne eletto.

Da segnalare in questa tornata elettorale il ritorno dell'on. Raffaele Gentile alla politica, con la sua candidatura in rappresentanza del SI nell'ambito di una lista di coalizione ("I Democratici").

Senza esitazione io mi schierai per Nello Lentini, consigliere comunale di Siracusa, candidato socialista-laburista nella lista del PDS, il quale conseguì un ottimo risultato.

Una piccola rivoluzione avvenne nel PDS: non venne rieletto il leader provinciale del partito e deputato uscente prof. Nino Consiglio. Al suo posto entrò all'ARS il dott. Sergio Monaco, popolare sindaco di Carlentini, ex socialista, eletto al governo della sua città in nome del rinnovamento della politica. Poco prima della presentazione della lista egli aveva accolto l'invito del PDS e si era candidato, iscrivendosi successivamente al partito. A Lentini, dove la sezione ufficiale del PDS e il sindaco Raiti si erano schierati per l'on. Consiglio, egli ebbe un ottimo risultato ed un buon numero di sostenitori, fra cui Elio Magnano, il che forse preludeva al distacco di quest'ultimo dalla maggioranza raitiana della sezione.

Le elezioni furono vinte dal centro-destra, ma a Lentini il PDS riconfermò il suo primato con 4022 voti (29,59%).

Mentre in città si rafforzavano AN (con ben tre circoli) e il PPI, che sono la guida di un quadrumvirato (Natale Addamo, Sebastiano Butera, Enzo Crisci, Emanuele Sipala) elaborava un importante documento politico-economico ("L'impegno dei popolari con la gente"), nella sinistra si animava un dibattito politico incentrato sul passaggio dalla ipotizzata "Federazione delle sinistre" ad un nuovo soggetto politico unitario, che ben presto sarà chiamato "La Cosa 2" (a somiglianza della "Cosa 1" di Occhetto, che non si chiamava più comunista, ma della quale inizialmente non si sapeva ancora quale sarebbe stata la nuova denominazione).

Si trattava, infatti, della creazione di un Partito Unico della Sinistra che, oltre al PDS, ormai stabilmente inserito nell'area socialista, riunisse tutte le sparse forze dell'ex PSI (laburisti, SI, socialisti di AD, ecc.) e quelle di altre formazioni di sinistra come i Cristiano Sociali, i Comunisti Unitari, ecc., nonché tutti i numerosi "senza tessera".

Era certamente un progetto di grande respiro, capace di rianimare la sinistra e di proiettarla verso un futuro politico in piena assonanza con il socialismo europeo, sostanzialmente unitario.

Per quanto mi riguarda lo ritenevo perfettamente consono all'invito di Marx ("Proletari di tutto il mondo, unitevi!") e alla lunga battaglia politica di Pietro Nenni, che per tutta la sua vita si era battuto per superare quella che egli stesso aveva definito "l'orgia delle scissioni", che, fra l'altro, aveva spianato la strada alla reazione fascista.

Ebbi quindi separati colloqui con altri due "senza tessera", che erano molto interessati al progetto della "Cosa 2" e cioè Alfio Ira (ex PSI) e Mario Bosco (ex PCI). Si convenne che, per quanto riguardava Lentini, poiché a parte il PDS, non erano presenti altre forze politiche interessate al progetto, l'unica cosa concreta che si poteva fare era organizzare i numerosi indipendenti di sinistra di varia estrazione, in modo che, nato il nuovo partito dei lavoratori, essi vi potessero confluire con un apporto significativo.

I colloqui preparatori durarono per tutta la seconda metà del '96 e durante questo periodo presi contatto con vari esponenti della sinistra indipendente.

Nel corso dello stesso anno l'on. Rino Piscitello aveva aperto (a sue spese) una sede dell'Ulivo in Piazza Oberdan, che egli mise a disposizione di tutte le forze, politiche e non, organizzate o no, che in qualche modo si riconoscevano nell'Ulivo.

Ciò spianò la strada a quanto progettato anche sul piano logistico, sicché la riunione degli indipendenti venne indetta per il 15 gennaio 1997.

Ad essa partecipò una trentina di persone, provenienti da varie esperienze di sinistra, fra cui il mio vecchio compagno di tante battaglie Enzo Tondo.

Nella mia relazione introduttiva, dopo aver illustrato il progetto, che del resto i più già ben conoscevano, pregai i presenti di astenersi, nei loro interventi, dal toccare temi di politica locale, in particolare quelli concernenti l'Amministrazione Comunale, poiché ciò avrebbe potuto provocare divisioni fra di noi e distoglierci da quello che era l'obiettivo della riunione, cioè la "Cosa 2".

Questa mia raccomandazione suscitò un coro di proteste, in quanto, si disse, quella era una riunione politica e di politica si doveva parlare, senza limite alcuno.

Resistetti debolmente, ma dovetti piegarmi alla volontà dell'assemblea, del resto assai qualificata. Nei vari interventi, oltre ad una piena adesione al progetto, emersero spunti piuttosto critici nei confronti della giunta Raiti, il che provocò una sola defezione, quella di Alfio Ira, assessore in carica.

Alla fine venne approvato un documento in cui, a proposito del progetto della "Cosa 2", si diceva, fra l'altro:

> "Un simile soggetto politico, mentre potrà realizzare quella unita organica da sempre auspicata da tutti i militanti di sinistra, consentirà anche a ciascuno di essi di dare il proprio contributo, mantenendo la propria formazione culturale, senza rinnegare la propria storia. A questo storico obiettivo aderiscono non solo raggruppamenti e partiti dell'area progressista, ma anche singole personalità indipendenti che si riconoscono in questo grande disegno. In questa grande prospettiva anche i sottoscritti, indipendenti di sinistra e democratici di Lentini di vario orientamento, attualmente non organizzati in nessun movimento specifico, intendono dare il loro modesto apporto alla prossima Costituente del nuovo soggetto politico della sinistra".

Il raggruppamento, che prese il prolisso nome di "Movimento degli Indipendenti per la Sinistra Democratica", contava adesioni assai significative, come quelle dell'on. Mario Bosco, del prof. Michelanglo Cassarino, del prof. Giuseppe Cosentino, del prof. Filippo Motta, di

Giuseppe Nicotra, del prof. Paolo Ragazzi, dell'ins. Maria Rosa Conti e di molti altri.

Io venni designato "portavoce", con la collaborazione del prof. Filadelfo Inserra e del dott. Alfio Caruso.

La notizia della costituzione del movimento venne riportata sul n° 32/1997 di *Giro di Vite*, da *Libertà* del 12 febbraio 1997, ed io rilasciai un'intervista sull'argomento a *La Notizia* (25-1-97).

Il movimento si sviluppò e consolidò discretamente in poco tempo, sicché io ritenni, d'intesa con i due collaboratori, d'indire un'assemblea per l'1 febbraio 1997. Essa deliberò l'elezione di un Coordinamento di 9 membri ed io da "portavoce" fui promosso a "coordinatore". Vice fu eletto il prof. Filadelfo Inserra e tesoriere la sig.ra Rosanna Ragazzi. Gli altri componenti erano: Alfio Caruso, Lina Cassarino, Michelangelo Cassarino, Filippo Motta ed Alessandro Sudano, un giovane di formazione per così dire "verde", con cui mi faceva piacere intrattenermi in lunghe conversazioni, colpito dalla sua minuziosa conoscenza della storia politica nazionale e locale.

Intanto, l'11 e il 12 gennaio 1997 si era svolto il congresso di sezione del PDS per il rinnovo del C.D. e per l'elezione dei delegati al congresso provinciale.

Dei molti congressi del PCI-PDS a cui avevo assistito, questo fu certamente quello in cui meno si parlò di politica, mentre sembrava piuttosto che gli sforzi di alcuni fossero diretti a scardinare la robusta e vivace Sinistra Giovanile.

Nel corso dei lavori, in sede di verifica dei poteri, venne fuori una trovata secondo cui i giovani, in base alo Statuto del partito, non avevano diritto al voto.

L'osservazione suscitò scalpore, specialmente tra i giovani, presenti in gran numero. Essa fece sorgere dubbi anche nel gruppo dirigente, che pensò bene di informarsi, contattando per telefono la Direzione Nazionale. Com'era ovvio, la pregiudiziale cadde.

Ma per alcuni il vero problema sembrava quello di escludere la Sinistra Giovanile, dimostratasi nei mesi precedenti forse incontrollabile da parte della segreteria sezionale. Sicché venne fuori un'altra novità, che a qualcuno sembrò studiata a bella posta.

Pare che una norma del regolamento congressuale stabilisse che i segretari di tutte le organizzazioni di base del partito (Sinistra Giovanile compresa) dovevano trasmettere alla Federazione, entro un certo termine, l'elenco degli aventi diritto al voto. La segretaria giovanile (Valeria Di Mauro) non l'aveva fatto e dunque gli iscritti alla Sinistra Giovanile non potevano votare. Problema risolto e arrivederci ragazzi.

L'assurdità e la strumentalità della trovata erano di tutta evidenza, in base ad un'ovvia considerazione: l'errore, anzi l'omissione di uno, non è giusto che ricada sugli altri. E se per ipotesi anche un segretario di sezione avesse avuto la stessa dimenticanza, l'intera sezione non avrebbe potuto votare al Congresso, anche se fra i suoi iscritti ci fossero stati Massimo D'Alema, Palmiro Togliatti o, per restare in tema, Giuseppe Stalin?

È buona prassi risolvere le questioni politiche in sede politica, senza dare ai formalismi più importanza di quella che hanno, specialmente quando è in gioco la sostanza stessa della democrazia, com'è il caso del diritto di voto.

Con un po' di buona volontà si poteva rapidamente controllare la regolarità del tesseramento giovanile, fra l'altro non contestata, e passare quindi rapidamente ad affrontare i problemi del partito e della città.

La nuova sparata suscitò un boato di urla e di fischi, quali mai si erano avuti in un congresso del PCI-PDS. Nonostante i buoni uffici della segretaria provinciale giovanile (Concetta La Legge), venuta appositamente da Siracusa, vi fu chi si attestò nella nuova trincea con un robusto fuoco di sbarramento.

Io ogni tanto guardavo il volto, dall'espressione non saprei dire se disorientata o stupita, dell'uomo che mi stava seduto accanto, l'on. Guido Grande.
Sembrava chiedersi: «Per questo ho lottato per un'intera vita?».
A difesa dei giovani si schierarono i pochi iscritti all'associazione "Berlinguer". E a loro difesa si schierò anche Elio Magnano, unico del vecchio gruppo dirigente, con il quale così egli consumava la definitiva rottura.
Un momento di epica commozione si ebbe quando scattò in piedi uno dei più vecchi militanti presenti in sala (Cirino Garrasi) a sostegno di quelli che il partito aveva sempre detto di considerare come il suo futuro.
La deprimente conclusione, di vaga rimembranza vetero-sudafricana, fu che i giovani furono fatti votare in un'urna separata, che forse non era la migliore garanzia per la segretezza del voto, allo scopo, si disse, di poter consentire alla Federazione di convalidare o meno i loro voti.
La scontata decisione federale fu presa sbrigativamente, i voti dei giovani furono annullati e i risultati furono determinati solo dall'urna dei "grandi" (di età).
Erano state presentate quattro liste: una Censabella-Tocco, che ottenne 9 seggi, una Brancato che ne ottenne 3, una Commendatore (area Monaco) che ne conquistò 2. Infine la lista presentata da elementi della "Berlinguer" ed altri ebbe attribuito un seggio.
Un fatto curioso fu, qualche giorno dopo, la scelta del segretario: anziché ricadere su uno della lista che, con 9 seggi su 15, aveva vinto il congresso, ricadde su uno della lista che aveva ottenuto 3 seggi: Salvatore Di Mari.
L'assemblea degli indipendenti di sinistra aveva deliberato di promuovere un incontro con la sezione del PDS e di organizzare un convegno pubblico sul tema "Un progetto di sviluppo economico della città".
L'incontro col PDS avvenne in un clima di apparente cordialità e insieme si convenne di preparare un "Forum" sul nuovo soggetto

politico, che però non si fece, forse a causa degli avvenimenti successivi.
Il convegno invece si tenne il 28 febbraio 1997 nella sede dell'Ulivo (che nel frattempo, il 15 febbraio 1997, era stata inaugurata dall'on. Piscitello) con tre brillanti relazioni introduttive del dott. Enrico Marilli, del prof. Filippo Motta e del prof. Paolo Ragazzi e con numerosi interventi e notevole partecipazione di pubblico.
Sulla base delle risultanze del convegno successivamente i tre relatori prepararono un documento che resterà uno dei più interessanti contributi di idee per lo sviluppo della città e che diverrà praticamente il programma degli Indipendenti di Sinistra (I.S.) e successivamente dei Progressisti Unitari.
Nello stesso mese di febbraio fu preparato un "numero unico" degli I.S., con molteplici apporti tutti incentrati sull'argomento del partito unico della sinistra.
Con tale iniziativa si era voluto dare - scriveva il prof. Filadelfo Inserra nell'articolo di fondo - "inizio ad una fase di dibattito e di confronto nella nostra città... dando voce, attraverso loro rappresentanti, ai partiti e ai raggruppamenti dell'area progressista".
Mentre ferveva questo attivismo, forse un po' idealistico, la politica faceva il suo corso.
Sotto la guida del suo coordinatore Enzo Pupillo, AD era diventata uno dei protagonisti della scena politica. Per il 16 febbraio 1997 essa organizzò un riuscitissimo incontro- dibattito sul tema "Legalità e sviluppo del territorio", con interventi di Mario Occhipinti, Egidio Ortisi e Rino Piscitello. Al convegno intervenne pure l'on. Elio Veltri, intimo dell'ex magistrato Antonio Di Pietro e vecchio socialista di robusta costituzione morale, uscito dal PSI vari anni prima del suo scioglimento, per insanabili contrasti col gruppo dirigente craxiano. L'avv. Pupillo me lo presentò ed io ebbi l'opportunità di chiedergli: «Ti ritieni sempre un socialista?». Dopo qualche attimo di riflessione mi rispose: «Sì, sono sempre un socialista. Ma senza casa...».

Intanto, il 10 febbraio 1997, AD aveva preso un'iniziativa foriera di importanti conseguenze, destinate a sconvolgere più o meno tutti i partiti.

Aveva cioè diramato un documento con cui invitava alcuni partiti e movimenti ad una riunione per il 18 successivo per "la formazione di un organismo di coordinamento tra i vari soggetti dell'Ulivo". Una delle novità dell'iniziativa era il fatto che, oltre ai partiti tradizionali (PDS, PPI, PRI) erano stati invitati gli Indipendenti di Sinistra e l'associazione "Berlinguer". In tal modo i due raggruppamenti, che avevano obiettivi particolari, vennero catapultati nella politica locale. E certamente essi non potevano far mancare il loro apporto a quello che si preannunciava come un confronto assai duro con la Destra alle future amministrative.

Alla riunione si ebbe la sorpresa dell'assenza del PDS, che aveva inviato una lettera in cui sostanzialmente diceva che la discussione iniziale doveva essere ristretta ai soli soci fondatori dell'Ulivo (PDS, PPI, AD). Praticamente non intendeva interloquire, almeno per il momento, con gli altri. I quali altri pare fossero stati liquidati da un noto "big" del PDS locale con la pittoresca espressione dialettale: «Cu su' chissi?».

I partecipanti, però, emanarono un comunicato che recitava:

> «Nel corso dell'incontro del 18 febbraio 1997 le forze politiche, i movimenti e le associazioni presenti hanno discusso dei temi relativi alla definizione della coalizione dell'Ulivo nella nostra città, avvertendo la necessità di iniziare sin da oggi un costante dialogo costruttivo e programmatico fra tutte le realtà dell'Ulivo al fine di pervenire all'elaborazione di un progetto comune a tutto le forze che si riconoscono nella coalizione. Ritengono la presenza del PDS come condizione ineluttabile per la costruzione del progetto dell'Ulivo» (*La Notizia* del 22-2-97).

Si fecero incontri bilaterali del PDS con gli altri partiti (PPI, AD), ma senza apprezzabili risultati, forse perché sembrava stesse emergendo una pregiudiziale del PDS pro Raiti che, ricordiamolo, era stato eletto come candidato del PDS, ma non del1'Ulivo, che del resto allora non esisteva.

In effetti lo stesso segretario del PDS, in un'intervista televisiva del 31 gennaio 1997, aveva preannunciato tale candidatura, pare senza un formale deliberato del suo partito.

I due movimenti (Indipendenti di Sinistra e "Berlinguer") saldamente insediati nell'Ulivo e nella Sinistra si sentirono vittime di un'ingiusta discriminazione, decisero d'incontrarsi e convennero che, per assicurare la vittoria alle forze democratiche ed anche in assonanza col quadro nazionale, si doveva andare oltre l'Ulivo e cioè al centro-sinistra, che doveva comprendere Rifondazione Comunista e Mani Pulite. I quattro raggruppamenti (I.S., "Berlinguer", RC e MP) si incontrarono il 22 febbraio 1997 e concordarono appieno su tale linea, decidendo di invitare gli altri quattro (PDS, Ppl, AD, PRI) ad un incontro collegiale per dar vita ad un'alleanza di centro-sinistra la più ampia possibile.

Del resto AD, che per prima aveva preso l'iniziativa, constatate le difficoltà emerse dall'incontro col PDS, aveva considerato "opportuno, al fine di non inserire nella discussione elementi di contrasto che potrebbero mettere a rischio il prioritario processo di formazione della coalizione dell'Ulivo nella nostra città, di sospendere al momento ogni iniziativa in tale direzione, in attesa di comunicazione da parte di altre forze politiche" (comunicato del 25 febbraio 1997).

Poco dopo si tenne la riunione degli otto raggruppamenti (PDS, PPI, AD, PRC, PRI, MP, I.S., ass. "Berlinguer") alla quale questa volta il PDS intervenne con una delegazione che comprendeva l'intera segreteria (Salvatore Di Mari, Paolo Innocenti, Paolo Censabella, Alberto Commendatore, Alessandra Ciaffaglione). I quattro che avevano indetto la riunione designarono me a presiederla. Il dibattito fu assai lungo e articolato e si svolse in un clima democratico per circa tre ore.

Il PDS da un conto ribadiva la precedente posizione (bisognava fare prima l'Ulivo), dall'altra lamentava che l'opposizione, cioè tutti gli altri presenti, facesse in Consiglio comunale... l'opposizione, cioè il suo mestiere. Emergeva in qualche misura la difficoltà del PDS a gestire una linea politica, con un punto fermo a cui tutto era subordinato (la ricandidatura di Raiti). Ad un certo punto emerse una proposta concreta avanzata da AD e MP per dar corpo al centro-sinistra. Si suggeriva cioè di costituire un Coordinamento di due rappresentanti ciascuno per (e solo per): a) elaborare un progetto di programma da sottoporre pubblicamente al vaglio e al contributo di tutte le forze interessate e dei singoli cittadini; b) elaborare una proposta di criteri democratici per la scelta del candidato sindaco della coalizione.

Era quest'ultimo il punto dolens e si capì chiaro quando uno del PDS esclamò: «Noi il candidato l'abbiamo già».

Interpellai i delegati presenti e tutti quanti aderirono alla proposta, tranne il PDS, che quindi lasciò la riunione.

Gli altri sette si riunirono successivamente e costituirono il Coordinamento del centro-sinistra (con presidente a rotazione fra i gruppi), riconfermando i contenuti della proposta iniziale e rivolgendo «un appello al gruppo dirigente del PDS» affinché riesaminasse «la posizione manifestata nella riunione del 7-3-97» e aderisse «allo schieramento partecipando con propri rappresentanti al coordinamento» (comunicato del 12 marzo 1997 riportato da *Libertà* del 15-3-97).

Gli appelli al PDS in seguito saranno ripetuti altre volte. Particolarmente interessante fu quello rivoltogli dall'ass. "Berlinguer", per il fatto che una buona parte dei suoi associati era tesserata al PDS ed anche perché essa andava configurandosi sempre più come soggetto politico con un nucleo dirigente di buona qualità, che si dimostrerà sempre più attivo e presente nel dibattito politico. Ciò emergerà con evidenza nell'assemblea (aperta a vari invitati) dell'associazione del 21 marzo 1997 sul tema "Ruolo e obiettivi dell'Associazione nell'attuale fase politica". Fra i presenti molti della

Sinistra Giovanile, ormai in polemica sempre più aperta col vertice del PDS (un suo volantino diceva: «La Sinistra Giovanile dice NO alla linea isolazionista del gruppo dirigente del PDS»). Intervennero, fra gli altri, l'on. Luigi Boggio, Enzo Pupillo (AD) e Ferdinando Leonzio (I.S.).

L'associazione, a cui nel frattempo aveva aderito Elio Magnano che, assieme a Franco Giuliano, la rappresentava nel coordinamento del centro-sinistra, organizzò anche, l'8 maggio 1997, un incontro-dibattito sull'attualità del pensiero politico di Enrico Berlinguer, a cui intervenne l'on. Aldo Tortorella, della Direzione Nazionale del PDS.

Il quadro politico era in continua effervescenza e le iniziative non mancavano di certo.

Il 25 marzo 1997 si tenne una nuova assemblea degli Indipendenti di Sinistra che deliberò la partecipazione, anche diretta, alle future elezioni amministrative.

Un'importante iniziativa circa la futura configurazione dell'Ospedale Generale di Lentini, in previsione del Piano Sanitario Regionale, venne presa da AD il 1° aprile 1997, con un incontro fra tutte le forze politiche, a cui ne seguirono altri.

Una conferenza dibattito fu organizzata dal PPI il 5 aprile 1997 su "I Cattolici democratici verso il terzo millennio: il ruolo dei Popolari nel confronto con le forze politiche dell'Ulivo per una nuova politica sociale", con un'eccellente relazione dell'on. Giovanni Galloni, apprezzata anche dai non popolari.

Il 6 aprile 1997 si tenne il congresso di zona del CCD (segretario Alberto Di Mari).

Il 24 aprile ebbe luogo, su iniziativa di RC, un'assemblea pubblica sul tema "Lavoro e occupazione in Sicilia", con l'intervento del segretario regionale on. Francesco Forgione.

Il 5 giugno inoltre si costituì la sezione di "Rinnovamento Italiano" (segretario il prof. Filadelfo Aurora).

Intanto il Coordinamento del centro-sinistra continuava a riunirsi lavorando sul programma e quando uno schema di esso fu pronto fu indetta una pubblica conferenza dibattito sul tema "Verso la

costruzione del centro-sinistra - Idee guida per il buon governo della città". Essa si tenne il 2 maggio 1997 all'auditorium comunale e a presiederla fu designato il dott. Alfio Saggio, capogruppo di AD, mentre la relazione introduttiva venne letta da Carlo Vasile (MP).
Numerosi ed apprezzati furono gli interventi, fra cui quello di Paolo Censabella del PDS, a cui furono rivolti numerosi appelli a partecipare al centro-sinistra.
Subito dopo quel convegno, in effetti, ci fu un riavvicinamento del PDS alla coalizione. Ma la cosa durò assai poco per la diffidenza reciproca tra il PDS e gli altri e si concluse con una nuova rottura. I rappresentanti dei sette schieramenti emanarono in proposito un comunicato in cui si diceva: «La delegazione del PDS ha dimostrato di voler attuare tattiche dilatorie, di non credere alla coalizione del centro-sinistra e di perseguire strategie politiche alternative... Il Coordinamento continuerà quindi nell'ordine dei lavori già programmato».
Una volta elaborato il programma della coalizione, il Coordinamento non poteva che porsi la questione della scelta del candidato sindaco.
Il nome che più degli altri circolava da tempo, probabilmente per il prestigio che gli derivava dall'essere stato deputato regionale e sindaco di Lentini, era quello dell'on. Mario Bosco.
Ricordo che, quando la cosa cominciò ad acquistare concretezza, una persona molto intelligente, a cui ero molto vicino per i personali rapporti d'amicizia e per la forte affinità politica, mi disse: «Al di là delle qualità personali di Mario Bosco, che sono fuori discussione, la sua non è una candidatura che unisce, ma che divide».
Lo sviluppo delle vicende successive sembrò dargli ragione, perché quasi tutti i raggruppamenti del centro-sinistra finirono per risentirne.
Fra gli Indipendenti di Sinistra, una prima defezione (21 giugno 1997) fu quella del prof. Paolo Ragazzi, il quale, oltre a non condividere la candidatura Bosco (allora non ufficializzata), lamentava di non essere stato invitato alle ultime riunioni. In effetti la sua dissociazione di fatto risaliva a circa due mesi prima, quando in un suo articolo del 29 marzo

1997 su *La Notizia* ("Due negatività non danno un valore positivo") considerava "numeri negativi" «da un lato il PDS e dall'altro le restanti forze del centro-sinistra», di quel centro-sinistra di cui gli I.S. facevano parte. Egli scriveva, fra l'altro: «In primo luogo dette forze in questi anni, pur esercitando un discreto controllo sugli atti amministrativi, non sono state in grado di costruirsi una visibilità e un consenso nella città che ne accrescesse il "peso specifico". In secondo luogo non è difficile prevedere che, da qui alle elezioni, vengano alla luce i tanti "appetiti" che nutrono le diverse "personalità" che affollano questo fronte..», e più avanti «...nel migliore dei casi continueremo ad avere, chiunque prevalga, un centro-sinistra litigioso, arrogante, condizionato di volta in volta dai diktat della cupola politica provinciale o dei gruppi di pressione locali con indubbie ricadute negative sull'efficienza amministrativa».

Un'altra importante defezione fu quella del prof. Filadelfo Inserra, che a un certo punto si astenne dal partecipare a tutte le riunioni o iniziative del movimento. Come vicecoordinatore degli I.S. venne sostituito dal prof. Michelangelo Cassarino e come dirigente da Enzo Tondo, con il quale, dopo tanti anni mi ero ritrovato in una comune battaglia. Il ruolo di quest'ultimo nel movimento sarà oltremodo lineare e determinante e improntato, come sempre, a lealtà intellettuale e personale.

Qualche piccola crepa si aprì anche in AD, con il ritiro della rag. Rosa Maria Arcidiacono e nel PPI, con la posizione frenante del quadrumviro Natale Addamo.

Più rilevanti furono le ripercussioni nel PRC, con la dissociazione del consigliere comunale Paolo Di Falco e dell'ing. Cirino Cillepi, molto vicino a quel partito, del cui gruppo consiliare aveva fatto parte come indipendente.

La conseguenza, forse più consistente, della velata candidatura, fu il ritiro dal centro-sinistra del movimento "Mani Pulite", parimenti contrario sia alla candidatura Raiti che a quella Bosco.

All'interno dell'associazione "Berlinguer", di cui era egli membro, la designazione di Mario Bosco passò senza quasi nessuna difficoltà.
Per quanto riguarda gli I.S. la sua candidatura fu sostenuta soprattutto dal dott. Alfio Caruso e da me che nel 1984, quando ero segretario del PSI, già una volta, con la mia azione politica, indirettamente, gli avevo spianato la strada per la sindacatura. Dagli altri, in genere, essa fu accolta tiepidamente o accettata per spirito unitario, specialmente dopo che una seconda proposta fu cortesemente rifiutata dall'interessato.
L'argomento determinante da me sostenuto fu principalmente quello che, se fosse passata tale proposta, sarebbe stato motivo di orgoglio per il nostro movimento, di cui Bosco era autorevole esponente, esprimere la candidatura dell'intera coalizione.
Il 30 giugno 1997 la proposta fu ratificata dall'assemblea degli I.S., che approvò anche un'alleanza elettorale (lista unica) con l'ass. "Berlinguer", con la quale i motivi di affinità erano assai consistenti.
Una volta che la candidatura Bosco fu da me, a nome degli I.S., avanzata nel coordinamento del centro-sinistra, in tutti i partiti che ne facevano parte si aprì la discussione sull'argomento. Assai profondo fu il travaglio nell'ass. "Berlinguer", in quanto se di essa facevano parte degli indipendenti, era però vero che gli iscritti, in larga parte, con in testa il presidente (Nuccio Portera) erano militanti del PDS. Come tali, essi, per disciplina di partito, avrebbero dovuto sostenere la candidatura Raiti, mentre come membri dell'associazione, si sarebbero dovuti impegnare per quella Bosco. C'era un solo modo per uscire dalla contraddizione ed essi, con grande sofferenza, lo attuarono, lasciando il partito in cui ancora credevano, ma con la speranza di ritornarvi, una volta passata la bufera delle elezioni amministrative.
Fra coloro che lasciarono il PDS c'era la grande maggioranza della Sinistra Giovanile, a cui i suoi aderenti avevano creduto e ancora credevano, pur soffocati dal clima ostile della dirigenza pdiessina. C'erano anche vecchi militanti come Elio Magnano, Franco Giuliano e

Carmelo Giudice. Tutti lasciavano una casa politica che ancora riconoscevano come la loro, sia quelli che ci avevano abitato da molti anni che quelli che c'erano entrati pieni di fede e di volontà di lotta.

Ancora una volta la previsione del mio amico («È una candidatura che non unisce, ma divide») sembrava avvalorata dai fatti.

Comunque il 30 luglio 1997, dopo un lungo periodo di gestazione, si poté registrare la convergenza di tutti i gruppi del centro-sinistra sulla candidatura Bosco, al quale poco dopo venne comunicata la designazione.

Nel relativo comunicato stampa si evidenziava, fra l'altro, che era «indispensabile consolidare un largo schieramento di centro-sinistra in vista della prossima competizione amministrativa [che vedesse] presente un'alleanza delle forze democratiche della città, della Sinistra e del Centro cattolico democratico...».

L'on. Bosco, dopo aver ringraziato tutti i gruppi politici, si riservò di accettare, dopo aver svolto le necessarie verifiche politiche e programmatiche e iniziò quindi una serie di incontri con le varie organizzazioni.

Proprio nell'ultimo periodo si era svolto, all'interno degli I.S. un dibattito circa i futuri rapporti con l'ass. "Berlinguer". Constatato che ormai tale associazione, dopo l'uscita dei pdiessini dal loro partito, era composta esclusivamente da indipendenti di sinistra e che le convergenze sulla politica nazionale e su quella locale erano pressoché totali, non si capiva perché i due raggruppamenti dovessero stare ancora divisi. Che senso aveva la permanenza di due raggruppamenti di indipendenti di sinistra, aventi le medesime finalità? Unanimemente fu deciso di proporre all'ass. "Berlinguer" la fusione delle due organizzazioni.

Di conseguenza il 30 luglio 1997 inviai una lettera in tal senso al presidente Nuccio Portera, in cui, fra l'altro, gli chiedevo di adoperarsi «per un esame rapido della mia sollecitazione e per un riscontro positivo ad essa, per le cui modalità attuative non [veniva] posta condizione alcuna».

La proposta, che a nostro modo di vedere, non era altro che la presa d'atto di una realtà di tutta evidenza, dovette suscitare qualche problema all'interno della "Berlinguer", probabilmente da parte di Franco Giuliano, che, in qualche misura, la considerava come una creatura propria (e come tale l'amava), assecondato forse da Elio Magnano e da altri.

Dopo un incontro fra le delegazioni dei due movimenti, arrivò la risposta alla mia lettera.

In essa Portera sostanzialmente respingeva la proposta ma, per addolcire il tutto, rilanciava, proponendo, al posto della fusione "l'attivazione di un processo federativo" che, pur realizzando l'alleanza elettorale e dando vita ad un nuovo soggetto politico, lasciava in vita le due organizzazioni. Era chiaro che alla prima divergenza la federazione avrebbe potuto rompersi e che quindi tutto sarebbe potuto ritornare come prima.

Quello che forse era un compromesso fra l'anima "unitaria" e quella "autonomistica" dell'associazione, io lo considerai come un sostanziale rifiuto della proposta di fusione e in tal senso relazionai al coordinamento degli I.S.. La mia analisi venne condivisa ma, quando proposi di accantonare la proposta di fusione e di puntare sulla già decisa alleanza elettorale, venni messo in netta minoranza. La maggioranza proponeva di insistere sulla fusione e questa tesi si impose specialmente quando l'on. Bosco, presente alla seduta (le riunioni del coordinamento erano sempre aperte a tutti gli iscritti) si intestò il compito di mediare fra i due movimenti, con la volontà dichiarata di portarli alla fusione, di cui egli era fervente fautore.

Poco dopo l'on. Bosco mi invitò ad un incontro con Elio Magnano e Franco Giuliano (ora in aperto contrasto con la maggioranza della "Berlinguer" facente capo al presidente Portera) e nel corso di esso sembrò che gli angoli si fossero smussati. Intuivo che l'on. Bosco, per arrivare a quel risultato, doveva aver fatto pesare tutto il suo prestigio nei confronti della "Berlinguer".

Tuttavia, mi parve di cogliere nei due esponenti della "Berlinguer" qualche sfumato segno di riserva mentale, che da lì a poco sarebbe, infatti, emerso.

Alla fine l'on. Bosco convocò un incontro congiunto dei due direttivi per concordare le modalità della fusione.

In esso scaturì la proposta di assegnare a me la presidenza della nuova organizzazione. Ma quando qualcuno propose di attribuirmela "per acclamazione", posi come condizione irrinunciabile che essa doveva scaturire da una votazione democratica e segreta. Altrimenti lo facesse un altro il presidente. Io sapevo, e so, che solo il voto segreto può dare una legittimazione piena. I matrimoni forzati non sono di mio gusto.

Il direttivo sarebbe stato formato da una maggioranza di esponenti della "Berlinguer", con la partecipazione di una rappresentanza dell'ex Sinistra Giovanile. Nel successivo mese di gennaio, dopo le elezioni, si sarebbe proceduto al rinnovo di tutte le cariche secondo lo Statuto che sarebbe stato approvato dall'assemblea di fusione e di cui una commissione mista avrebbe predisposto lo schema.

L'assemblea congiunta (contro il parere di Franco Giuliano che proponeva due assemblee separate) che anzitutto doveva approvare la fusione, fu convocata per il 3 settembre 1997, presso i locali dell'Ulivo. Nella sala, affollata come non mai, erano evidenti i segni di un generale entusiasmo. Alla presidenza stava Nuccio Portera, collaborato dal prof. Cassarino. Il discorso introduttivo fu tenuto dall'on. Bosco e all'unanimità l'assemblea decretò la fusione, approvando il relativo documento in cui sottolineava l'appartenenza del neonato movimento ("Progressisti Unitari") «alla tradizione della sinistra democratica» e la sua volontà «di dare un forte contributo alla costituzione del nuovo soggetto unitario della sinistra che si sta costruendo a livello nazionale», ribadendo il suo impegno nella imminente campagna elettorale.

Si passò quindi all'approvazione dello Statuto, sulla base delle proposte della commissione.

Il simbolo (art. 2) era rappresentato da una bandiera rossa stilizzata e da una rosa rossa con la scritta "Progressisti Unitari". I valori a cui il movimento si rifaceva erano quelli della sinistra (art. 3), nel quadro del socialismo europeo (art. 4).

Ma quando si arrivò all'art. 6 («Possono aderire al movimento tutti coloro che si riconoscono nei principi di cui all'art. 3 e ne accettano lo Statuto, se non sono iscritti ad altra organizzazione politica») l'idillio finì e si evidenziò una spaccatura destinata ad evidenziarsi sempre più. Elio Magnano, Franco Giuliano e, uno alla volta, tutti quelli che erano stati vicini all'on. Bosco dai tempi del PCI-PDS, sostennero invece l'ammissibilità della doppia tessera, facendo trasparire, in maniera più o meno sfumata, che l'unica cosa che contava era la campagna elettorale e l'elezione di Bosco. In questa ottica, dunque, ben accetta, anzi auspicabile, sarebbe stata la collaborazione anche di iscritti ad altri partiti.

La presa di posizione fu letta da molti nel senso che il movimento andava inteso come un comitato elettorale a sostegno dell'on. Bosco e non come un soggetto politico che decideva in piena autonomia e che guardava oltre la campagna elettorale. Di conseguenza molti ed energici furono gli interventi contrari (Enzo Tondo, Filippo Motta, Nello Greco, Valeria Di Mauro) e dall'entusiasmo si passò ad un clima di tensione. La quale aumentò ancor di più quando la tesi Magnano-Giuliano fu fortemente e a più riprese sostenuta dall'on. Bosco. I presenti, assai qualificati politicamente, aderivano al movimento essenzialmente per le sue finalità politiche e consideravano le elezioni "un incidente di percorso" (Enzo Tondo), cioè come un episodio della propria attività politica, al quale occorreva dare una risposta, ma non come la giustificazione della propria esistenza come gruppo organizzato.

Nel mentre si svolgeva l'animato dibattito, molti mi avvicinarono dicendomi che se fosse passata una simile tesi, avrebbero considerato inutile la loro appartenenza al movimento e lo avrebbero abbandonato.

Io, essendo il candidato unico alla presidenza del movimento, avevo deciso, per un senso di correttezza, o forse di ritrosia, di non intervenire nel dibattito su nessun argomento, fino alla mia prevedibile elezione.

Ma quando vidi che l'on. Bosco buttava tutto il peso del suo prestigio e della sua autorevolezza a sostegno di una tesi che avrebbe mandato all'aria tutto e che appariva umiliante a tutti quelli che intendevano far politica e in particolare a quei giovani che avevano lasciato una tessera che amavano, non per sostenere candidature, ma per esprimere in forma libera e democratica il loro impegno politico, non potei fare a meno di intervenire. E fu la prima volta che ebbi uno scontro in pubblico piuttosto duro con l'on. Bosco, anche se ovviamente contenuto in termini civili. La mia frequentazione e familiarità con Bosco forse avevano fatto pensare a qualcuno che c'era un'intesa anche su quel tema, spinoso ed essenziale ad un tempo.

La mia energica presa di posizione sgombrò ogni dubbio e lo scoramento finì. Ma era finita anche l'unità, semmai essa era esistita veramente. Lo si vide subito dopo con l'elezione del presidente (a scrutinio segreto). Secondo quanto convenuto e secondo le attestazioni di stima di tutti i gruppi nei miei confronti, la votazione si supponeva del tutto pleonastica. Io fui eletto, ma col 70% dei consensi. Era evidente che si andava coagulando una minoranza e che essa era costituita dagli uomini più vicini personalmente e politicamente all'on. Bosco.

Subito dopo fu eletto il direttivo concordato di 22 componenti, a cui andavano aggiunti due rappresentanti dei "Giovani Progressisti" coordinati da Milena Lo Votrico.

Il movimento, all'inizio, contava una sessantina di iscritti, con una notevole possibilità di espansione. L'avvenuta fusione venne comunicata agli altri gruppi del centro-sinistra, assieme alla riconferma della precedente linea politica. Curiosa fu la reazione del segretario di RC, che mostrò di non aver gradito l'operazione.

Riunitosi il direttivo furono eletti vicepresidenti il prof. Michelangelo Cassarino e l'universitario Mario Russo, tesoriere l'universitaria Aurora Terranova. Elio Magnano non volle accettare nessun ruolo; Franco Giuliano non parteciperà mai a nessuna riunione.

Il compito più immediato che si presentava ai Progressisti Unitari era quello della preparazione della lista e su quello ci mettemmo al lavoro. Ma, nello stesso tempo, stavano maturando dei fatti destinati ad influire sul quadro politico.

Intanto, nonostante i miei reiterati tentativi di mediazione, aumentava sempre più la divaricazione tra la maggioranza dei P.U. e il gruppo Magnano-Giuliano, le cui posizioni erano sempre più condivise dall'on. Bosco, il quale, al di là delle sue reali intenzioni, finiva per apparire come il vero leader di questo gruppo. Sicché, a poco a poco, coloro che avevano sostenuto la sua candidatura divennero tiepidi e quelli che erano stati tiepidi o indifferenti divennero contrari. Un movimento, basato essenzialmente sul volontariato e composto da persone del tutto disinteressate, se non è spinto dalla molla dell'entusiasmo che dà la tensione ideale, difficilmente si attiva. Assai malcontenti erano i Giovani Progressisti, che in una riunione del direttivo presentarono una mozione in cui, fra l'altro, addirittura si diceva:

> «Questo candidato si presentò alla coalizione e ai singoli partiti ispirato da ideali di rinnovamento e dalla volontà di confrontarsi con tutte le componenti della coalizione, in particolare quella giovanile, per decidere insieme ad esse l'impostazione della campagna elettorale. Le legittime aspettative che questi propositi avevano ingenerato sono state sistematicamente disattese. Non soltanto il candidato ha voluto mantenere un atteggiamento di parte alterando e inasprendo la dialettica interna al nostro movimento, non riuscendo così ad interpretare il suo ruolo che avrebbe dovuto risultare il più possibile al di sopra delle parti, ma per di più ha

voluto costruirsi uno staff di fedelissimi cooptandovi molti dirigenti del nostro movimento e così svelando definitivamente una malcelata intenzione di trasformare quest'ultimo in un semplice comitato elettorale».

Un altro momento di forte tensione interna si ebbe quando AD sottopose ai P.U. il testo di un manifesto riguardante una delibera del Comune con la quale si appaltavano certi lavori al cimitero. La posizione di disapprovazione contenuta nel manifesto non fu condivisa dalla maggioranza dei P.U., in contrapposizione al gruppo che più faceva riferimento all'on. Bosco. La riunione, svoltasi in un clima di forte tensione si chiuse quindi con una drammatica votazione, che allargava la spaccatura interna.
Mentre dunque il clima unitario, all'interno dei P.U., era compromesso in misura quasi irreversibile, un'importante novità si presentò all'orizzonte politico.
Alcuni importanti dirigenti del PPI (il segretario provinciale, quello regionale, il sen. Lo Curzio) in interviste televisive e in altre occasioni ebbero a dichiarare che la collocazione del PPI nella coalizione di centro-sinistra di Lentini era tutt'altro che scontata e che il loro partito avrebbe in seguito preso le sue determinazioni.
Di fronte a quella che veniva giustamente considerata una vera bomba politica, il direttivo dei P.U. decise di promuovere incontri bilaterali con gli altri partner della coalizione, ad iniziare proprio dal PPI e a tal proposito nominò una delegazione (F. Leonzio, F. Motta, N. Portera, E. Tondo).
L'incontro con i popolari avvenne in un clima di cordialità, anche grazie alla squisita cortesia del dott. Sebastiano Butera e del dott. Vincenzo Crisci, come sempre assai disponibili e leali.
Il problema politico esisteva, eccome. Praticamente il gruppo dirigente popolare di Lentini, che aveva condiviso tutti i passaggi relativi alla formazione e all'attività del centro-sinistra, sarebbe stato messo nell'alternativa di restare nel partito seguendone le scelte che si

sarebbero prese a livello provinciale (ed era escluso il sostegno alla candidatura Bosco) o di promuovere una scissione locale, per dar vita ad una lista civica dall'incerta formazione e dagli ancora più incerti esiti.

Ci apparve allora chiaro che uomini che avevano salde radici nel cattolicesimo democratico difficilmente le avrebbero recise, sacrificandosi sull'altare della candidatura Bosco. Tanto più che si progettava per i popolari di Lentini una via d'uscita accettabile per tutti, quella cioè di presentare una candidatura propria, come si poteva intuire anche da un articolo in proposito apparso su *La Notizia* dell'11 ottobre 1997.

Non fu possibile effettuare l'incontro con RC per il netto e sorprendente rifiuto del suo segretario prof. Giuseppe Moncada. Io fui incaricato di prendere contatto col PRI e quindi mi incontrai col geom. Alfio Mangiameli, al quale esternai anche i forti malumori interni al nostro movimento e il mutamento del quadro politico. Appresi allora che il PRI non avrebbe presentato una propria lista.

Anche con AD l'incontro fu cordiale e i contatti continuarono in seguito col suo leader Enzo Pupillo, il quale venne tenuto costantemente al corrente degli sviluppi degli avvenimenti, anche di quelli ormai imminenti, della cui gravità egli si rese ben conto, anche se ben poco poté fare per porvi rimedio, nonostante l'impegno per la ricerca di una soluzione da lui profuso.

A completare il quadro intervenne un'altra novità. Elio Magnano mi informò che il suo gruppo avrebbe promosso una lista per conto proprio. Veniva così dato il via ad una scissione che colpiva al cuore il movimento dei P.U., mentre alcuni candidati che già avevano dato la loro adesione alla sua lista, venivano inseriti in quella degli scissionisti.

Il mio ultimo colloquio con l'on. Bosco durò circa tre ore, in un clima amichevole, ma piuttosto teso.

Probabilmente egli si rese conto che la situazione era ormai compromessa sia sul piano psicologico che su quello politico. Egli, da uomo politico accorto qual era, si era lasciata aperta una via d' uscita quando aveva accettato la candidatura con una riserva che non era mai stata ufficialmente sciolta e più d'una volta fu forse tentato di percorrerla, sciogliendola negativamente.

Ma i fatti successivi dicono che egli decise diversamente. Si rifiutò di sconfessare la scissione e ci salutammo malinconicamente e credo con reciproco rammarico.

Quando la delegazione riferì al direttivo dei P.U. l'esito degli incontri, in una riunione presieduta dal prof. Michelangelo Cassarino (essendo io assente per ragioni di salute) fu fatta una approfondita analisi della situazione. Si constatò che la coalizione era ormai priva del Centro (dopo l'uscita di "Mani Pulite" e del PPI), che i Verdi (invitati) avevano rifiutato di aderirvi e che il PRI non avrebbe presentato una propria lista. Nel mentre si manifestava il più profondo rispetto per le scelte di tutti questi raggruppamenti, si evidenziò che non si poteva più parlare di centro-sinistra dal momento che non c'era più il Centro e che pertanto si doveva prendere atto che la coalizione iniziale, di fatto, non esisteva più, che quindi il progetto politico originario era venuto sostanzialmente a mancare e che pertanto si rendeva necessaria una verifica del quadro politico a tutto campo.

Il deliberato doveva essere comunicato agli altri partiti della coalizione nella successiva riunione del Coordinamento. Ma essa non si tenne, in seguito al disimpegno sempre più evidente del PPI. Di conseguenza, per la successiva riunione del direttivo dei P.U., io preparai un documento scritto, che ricalcava la precedente decisione, da inviare agli altri.

Esso venne approvato all'unanimità. Ma quando, subito dopo l'approvazione di esso, si cominciarono a farvi delle chiose e delle interpretazioni, che a me apparivano tortuose e in contraddizione col dibattito appena concluso (in cui erano intervenuti tutti i presenti), da parte di alcuni dirigenti, io, ormai provato da mesi e mesi di snervante attività, di riunioni di I.S., di P.U., di Coordinamento, di incontri personali, di interminabili telefonate a tutte le ore, costernato per il sostanziale fallimento del mio lavoro, che aveva avuto un inizio ed una prospettiva ben diversi (la "Cosa 2"), amareggiato per i rapporti tesi, le inimicizie acquisite, senza nulla chiedere e nulla sperare, al di fuori di un disegno politico nel quale credevo, rassegnai le mie dimissioni.

Da quel momento il movimento venne diretto, con impegno e serietà e in un periodo estremamente delicato, dal vicepresidente Mario Russo (specie dopo che l'altro vicepresidente Cassarino ebbe aderito alla lista organizzata da Magnano ed altri).

La situazione di sbandamento che si venne a creare, l'impossibilità oggettiva di presentare una lista, anche a causa dell'imprevedibile scissione, spinsero i P.U. ad adottare l'unica decisione praticabile e dignitosa: astenersi dalla partecipazione diretta (con propria lista) alle elezioni, dando ai propri iscritti la facoltà di presentarsi come indipendenti in altre liste di sinistra.

Di essa si avvalsero Giuseppe Sanfilippo (ex presidente dell'ass. "Berlinguer'), che si candidò col PDS e Valeria Di Mauro (ex segretaria della Sinistra Giovanile) che entrò in lista con i "Democratici per Lentini". I P.U. decisero inoltre di dedicarsi a quello che era il loro obiettivo originario: la "Cosa 2". Tanto più che l'iniziativa in merito sembrava in ripresa.

Il 3 e 4 ottobre si era svolto a Roma un Convegno Nazionale dei "Democratici, socialisti e Laburisti", il quale affermò di condividere «i documenti programmatici del Forum della sinistra» relativi «al nuovo soggetto del socialismo europeo», nel mentre riconfermava «la necessità che tutta l'area socialista, socialdemocratica e laica» dimostrasse «il proprio interesse e la propria volontà di partecipazione ad un obiettivo, quello dell'unità fra tutti coloro che si riferiscono all'Internazionale Socialista e al Partito dei Socialisti europeo».

Anche a Siracusa si tenne, il 23 ottobre, un convegno sull'argomento ("Verso il nuovo Partito della Sinistra Italiana") a cui, per l'area socialista parteciparono, oltre all'on. Luigi Covatta della direzione del MDSL (Movimento Democratici Socialisti e Laburisti), anche l'on. Carmelo Saraceno (ultimo segretario della Federazione del PSI di

Siracusa) e la prof.ssa Marika Cirone Di Marco (ex componente della Direzione nazionale del PSI), in rappresentanza dei socialisti della provincia.

Intanto, si avvicinava il giorno fissato (30 novembre 1997) per le elezioni amministrative e fervevano i preparativi per la presentazione dei candidati a sindaco e delle liste per il Consiglio Comunale.

I candidati a sindaco furono ben nove e diciotto le liste per il Consiglio comunale

Il PDS, com'era ovvio, ricandidò Salvatore Raiti ("Per impedire il ritorno al passato"), il quale riuscì a rompere l'isolamento alleandosi dapprima con i Verdi e quindi con "Mani Pulite" e col SI ("Socialisti Italiani"), al quale aveva nel frattempo aderito l'assessore Alfio Ira, dando un decisivo contributo per la costruzione del partito a Lentini.

Della lista del PDS, capeggiata dal segretario Turi Di Mari, facevano parte gli assessori e i consiglieri uscenti e alcuni indipendenti, fra cui Paolo Di Falco, uscito da RC in polemica con la maggioranza del prof. Moncada. Raiti, per il primo turno, indicò come assessori Lidia Costanzo (PDS), Rita Brancato (Verdi), Alessio Aloisi ("Mani Pulite") e Alfio Ira (SI).

Intorno alla candidatura dell'on. Bosco (presentata il 14 novembre 1997) si coalizzarono cinque liste.

Quella di AD-Rete, con lo slogan "Cambiamo volto alla città", nel mentre riproponeva i due consiglieri uscenti Alfio Saggio e Salvatore Giuffrida, candidò il geom. Rosario Mazzullo, presidente del comitato "Colle Tirone".

C'erano poi RC con il prof. Moncada (capolista), Andrea La Ferla (ex segretario del partito), Gaetana Bifera e Francesco Marino (ex consigliere del PSI) e RI ("Rinnovamento Italiano"), di recentissima costituzione, nella cui lista si candidarono come indipendenti il geom. Alfio Mangiameli e il prof. Giuseppe Pulino, ex consigliere del PPI.

Un'altra lista a sostegno della candidatura Bosco era quella di "Lentini Insieme", movimento a suo tempo fondato dall'ex sindaco DC di Lentini geom. Davide Battiato. I componenti di essa si dichiaravano "spogli da ogni barriera ideologica", ma per molti era evidente la loro ascendenza di centro-destra. Questo tema sarà ampiamente dibattuto nel corso della campagna elettorale.

C'era infine la lista organizzata dal gruppo Magnano-Giuliano, capeggiata personalmente dall'on. Bosco e che comprendeva il prof. Michelangelo Cassarino, il prof. Pippo Cosentino, Coralba Fisicaro, Elio Magnano, Pippo Nicotra e Alfio Strano. La lista aveva come simbolo la Sicilia con arancia, il che sembrava più consono ad una lista civica con ascendenze autonomistiche che a un gruppo che si diceva di sinistra. Esso scelse la denominazione di "Progressisti", con la possibilità di ingenerare, sia pure involontariamente, qualche confusione rispetto ai "Progressisti Unitari", da cui provenivano i più, e con cui la rottura era ormai verticale. I Progressisti Unitari pertanto ritennero di intervenire (e fu il loro unico intervento fino al 1° turno di votazioni) con un volantino in cui si diceva:

> "I Progressisti Unitari non fanno parte della coalizione di destra-sinistra che va da "Lentini Insieme" a "Rifondazione Comunista". Priva di coerenza politica appare, infatti, la convivenza tra esponenti della destra locale e comunisti; tra strani "Progressisti" dell'ultima ora (alcuni dei quali non sostennero la candidatura dei "progressisti" alle elezioni politiche) e conservatori che hanno sempre sostenuto i candidati del Polo; i Progressisti Unitari hanno deciso di non partecipare direttamente all'attuale competizione elettorale, consentendo ai propri iscritti di candidarsi in liste di sinistra; non hanno quindi nulla a che vedere con altre liste la cui improvvisata denominazione potrebbe ingenerare confusione; i Progressisti Unitari confermano l'importanza da sempre data alla costruzione del Partito unico della Sinistra, la cui realizzazione passa anche attraverso un Forum che coinvolge le forze della sinistra democratica".

Gli assessori indicati dall'on. Bosco furono: Enzo Pupillo (AD-Rete), Gaetana Bifera (RC) e Marisa Tinnirello.

C'era poi come candidato a sindaco, l'ing. Cirino Cillepi, ex consigliere comunale indipendente di sinistra di formazione cattolica. Sostanzialmente la sua candidatura voleva offrire un'alternativa a quanti, nella sinistra, non si riconoscevano né in Raiti né in Bosco. Egli era sostenuto da una lista "Democratici per Lentini" che presto si trasformerà in vero e proprio movimento politico ("...una forza che si batte per il riscatto morale e civile della città, per l'unità e il rinnovamento"). Della lista-movimento facevano parte due componenti: una costituita dagli amici politici dell'ing. Cillepi, per lo più provenienti dalla sinistra (il prof. Filadelfo Inserra, Alfio Giuca, il prof. Lucio Inserra) e l'altra da coloro che facevano riferimento ai "Movimenti Democratici" rappresentati a livello regionale dal deputato di Floridia Egidio Ortisi e localmente dal dott. Virgilio Gionfriddo.

Fra i sostenitori della candidatura il prof. Armando Rossitto.

Cillepi indicò come assessori Alfio Carrà, prestigiosa figura di organizzatore sportivo, Salvatore Cutrona e il prof. Saro Siracusano, sempre in prima fila nelle battaglie civili come presidente del Tribunale del Malato di Lentini.

Nell'area di centro-sinistra si collocava la lista "Rinnovare Lentini" costituita da un altro candidato, l'ex ispettore di PS Agostino Guercio, che indicò come assessori il sig. Felice Aloisi, l'avv. Michele Lazzara e il dott. Giuseppe Cibrario.

Il PPI presentò come candidato alla sindacatura il rag. Pippo La Rocca, ex sindaco di Lentini.

La sua lista, capeggiata dal dott. Vincenzo Crisci, presentava collaudati esponenti della vecchia DC come Natale Addamo, Franco Aliano e Carmelo Russo e giovani della nuova leva del popolarismo cattolico.

Come assessori, La Rocca indicò Carlo Cantarella, Salvatore Martines e Vincenzo Risuglia.

L'area del centro-sinistra si presentava dunque alquanto affollata e divisa, ma di ciò non seppe approfittare il centro-destra, anch'esso alle prese con lotte interne e rivalità personali.

Alla fine da quell'area politica emersero due candidature: quella del dott. Salvatore Chiarenza (sostenuta da Forza Italia e Alleanza Nazionale), il quale designò come assessori il dott. Salvatore Cormaci, il sig. Marco Tinnirello e il dott. Francesco Valenti; nonché quella dell'ing. Luigi Messina (sostenuta dal CCD e dal CDU), il quale indicò quali assessori l'avv. Vito Brunetto, il dott. Alberto Di Mari, il dott. Alfredo Centamore, il sig. Pasqualino Centonze, il sig. Alfio Maglitto e il sig. Nicola Spada.

Infine c'erano due liste di ispirazione autonomistica, ciascuna con il proprio candidato alla sindacatura: "Noi Siciliani" (candidato il dott. Salvatore Oddo con assessori i sigg. Armando Bosco, Maria Cantarella e Sebastiano Stuto) e "Alleanza per la Sicilia Democratica nel mondo" (candidata la sig.ra Concetta Diolosà con assessori i sigg. Alessandra Ciaffaglione, Filadelfo Pulia, Francesco Ossino e Giuseppe Corte).

La campagna elettorale si svolse con toni accesi ed appassionati, ma senza incidenti.

Si percepiva che la Destra non avrebbe avuto il successo a cui aspirava ed infatti al ballottaggio, fissato per il 14 dicembre 1997, andarono Salvatore Raiti con 4922 voti e Mario Bosco con 3160 (dati definitivi). Seguivano, nell'ordine e a distanza, Salvatore Chiarenza (1817), A. Guercio (1103), Giuseppe La Rocca (1088), L. Messina (1016), C. Cillepi (922), S. Oddo (559) e C. Diolosà (162), come riportato dal *Giornale di Sicilia* del 3 dicembre 1997.

Per quanto riguarda le liste, il PDS si riconfermò come primo partito con 2317 voti, risultato peraltro assai lontano dai successi un tempo riportati dalla sinistra a Lentini.

Una buona affermazione conseguirono il PPI (1593 voti) e il SI (836), mentre l'incidenza dei Verdi sull'elettorato si rivelò irrisoria (165) e RC subì un forte calo, come il centro-destra che eleggerà solo due consiglieri su venti.

Ancora una volta dunque il ballottaggio si sarebbe svolto tra due candidati provenienti dall'area di sinistra. Gli schieramenti naturalmente si semplificarono. Al cartello di Raiti si aggiunsero il PPI e i "Democratici per Lentini", caratterizzandolo così sostanzialmente come lo specchio del centro-sinistra nazionale. Egli indicò gli altri due assessori (in totale sei) nelle persone del dott. Vincenzo Crisci, capolista del PPI, un giovane medico appassionatamente impegnato per una prospettiva di sviluppo della città, il quale assai bene rappresentava i cattolici democratici e il prof. Paolo Ragazzi (Democratici per Lentini), un intellettuale già noto per le battaglie politiche sostenute da posizioni della sinistra democratica.

Alla coalizione di Bosco si affiancò la lista "Rinnovare Lentini". L'on. Bosco ai tre potenziali assessori inizialmente proposti aggiunse Giuseppe Vinci, apprezzato istruttore sportivo, l'isp. Agostino Guercio, la cui lista aveva conseguito un buon successo e che venne indicato anche come futuro vicesindaco, e un intellettuale di grande prestigio, il noto e stimato giornalista Giuseppe La Pira.

Nell'ultimo scorcio di campagna elettorale, mentre la coalizione Bosco si batteva per un cambio della guardia al Comune, Raiti puntava sulla continuità e chiedeva il voto per la sua rielezione, un risultato che cercava di conseguire "assieme alle forze dell'Ulivo e del centro-sinistra contro uno schieramento politico senza un'identità politica certa...".

In effetti, la sensazione diffusa era che dietro la candidatura Raiti c'erano ormai l'Ulivo e il centro-sinistra, con i loro valori e le loro strategie, mentre l'altra coalizione era percepita come tutta incentrata sulla persona dell'on. Bosco e priva di un chiaro disegno politico generale.

In questo quadro, ormai estremamente semplificato, si rese necessaria una presa di posizione dei P.U., che diffusero un deliberato che così recitava:

"Il Comitato Direttivo dei Progressisti Unitari, esaminata la situazione politica in relazione alla votazione di ballottaggio del prossimo 14 dicembre per l'elezione del sindaco; considerato che la candidatura di Salvatore Raiti espressa dal PDS, è sostenuta da una coalizione di centro-sinistra che in larga misura si richiama alle componenti nazionali dell'Ulivo, nel cui ambito i Progressisti Unitari si collocano; rilevato che è in atto un processo di riunificazione fra tutte le componenti della sinistra democratica, che darà vita ad un grande e unificato partito del lavoro, nell'ambito del socialismo europeo; rilevato altresì che in questa prospettiva i Progressisti Unitari saldamente si collocano fin da adesso, anche aderendo al Forum per la sinistra unificata, e che in questo quadro un ruolo assai rilevante riveste il PDS; premesso tutto ciò, nel quadro di un costruttivo spirito unitario, invita i propri aderenti, i simpatizzanti, gli elettori democratici e progressisti a sostenere la predetta candidatura, votando il candidato Raiti".

Quest'ultimo venne eletto riportando 7680 voti contro i 4820 di Bosco.
Al Consiglio comunale il PDS conquistò cinque seggi: Lidia Costanzo (alla quale, riconfermata assessore, subentrerà il dott. Santo Ragazzi), Nello Saccuzzo, sindacalista della CGIL, Angelo Celso, decano del Consiglio comunale in cui si dimostrerà attivissimo protagonista, Alfio Siracusano, un artigiano indipendente e Paolo Di Falco, eletto come indipendente, ma che successivamente tornerà in RC.
Fatto curioso, il gruppo del PDS risultò costituito da tre consiglieri di provenienza socialista (Celso, Ragazzi, e Saccuzzo) e da due indipendenti.
Per il PPI vennero eletti il dott. Crisci che, entrato in Giunta, lascerà il posto a Natale Addamo, il prof. Carmelo Grasso, che sarà eletto

presidente del Consiglio comunale e il sig. Umberto Ferriero, che dirigerà il gruppo con grande equilibrio.

Il SI elesse due consiglieri: il capolista Franco Sferrazzo e Angelo Maenza. Per i "Democratici per Lentini" entrò in Consiglio comunale il prof. Delfo Inserra, uomo proveniente dalla sinistra, noto per l'indiscussa limpidezza morale e per il costante impegno civile.

A rappresentare M.P. venne chiamato Carlo Vasile, mentre i Verdi non conquistarono alcun seggio.

Per quanto riguarda gli eletti della coalizione che aveva sostenuto Bosco, in poco tempo si verificherà, in vari casi, una vera rivoluzione per quanto riguarda la loro collocazione politica.

Per "Lentini Insieme" venne eletto il prof. Renato Marino che, poco dopo, con disappunto del movimento di provenienza, aderirà al PPI.

Per RC, imprevedibilmente, anziché il segretario e capolista prof. Moncada, venne eletto Francesco Marino, il quale alcuni mesi dopo, in seguito ad una polemica circa l'azione da lui svolta durante la campagna elettorale per le provinciali, lascerà il partito e, dopo un po', aderirà anch'egli al PPI.

La lista capeggiata dall'on. Bosco, denominata "Progressisti" e avente come simbolo la "Sicilia con arancia", ottenne un solo seggio andato al dott. Antonino Sferrazzo, che dopo qualche tempo aderì al gruppo del PDS.

La lista "Rinnovare Lentini" venne rappresentata da Agostino Guercio, che si rivelerà consigliere comunale puntuale ed attento alle varie tematiche cittadine. Dopo un tentativo non concretizzato di aderire al PDS, entrerà in RC, guidata dal nuovo segretario Alfio Strano, dove continuerà a dare buona prova di sé.

Così RC, che aveva eletto un consigliere (Francesco Marino), era successivamente rimasta senza rappresentanza nel Consiglio comunale, per poi ritrovarsi con due consiglieri (Paolo Di Falco e Agostino Guercio).

AD-Rete, che elesse un solo consigliere nella persona di Salvatore Costantino Muccio, successivamente aderirà all'Italia dei Valori (il movimento dipietrista) che poi confluirà ne "I Democratici" ("L'asinello"), sempre sotto la direzione di Enzo Pupillo. Per un breve periodo il raggruppamento si avvicinerà a quello di M.P., anch'esso dipietrista, il quale però, infine, prenderà una strada autonoma, nell'ambito di un movimento nazionale dalla medesima denominazione.

Per "Rinnovamento Italiano" venne eletto, con largo distacco rispetto agli altri candidati, l'indipendente Alfio Mangiameli, a cui la ormai indiscussa esperienza amministrativa consentirà più volte di emergere nel corso dei lavori del Consiglio comunale, per lucidità di impostazione politica e approfondita conoscenza dei problemi.

Per quanto riguarda il Polo esso riuscì a mandare in Consiglio comunale due soli rappresentanti: l'avv Salvo Giuga (AN) che sarà eletto vicepresidente del civico consesso e Vincenzo (Renzo)Vinci (FI), che successivamente aderirà al PDS.

Nella nuova Giunta vennero naturalmente nominate le persone indicate durante la campagna elettorale: Lidia Costanzo (PDS), Enzo Crisci (PPI), Alfio Ira (SI), Paolo Ragazzi (D.p.L.), Alessio Aloisi (M.P.) e Rita Brancato (Verdi).

Intanto la "Cosa 2", frutto di un parto assai travagliato, stava per raggiungere l'approdo finale. Il lento processo costituente si concluderà a Firenze, dal 12 al 14 febbraio '98, per dar vita ad un nuovo partito, i DS (Democratici di Sinistra), che avrebbe registrato la confluenza di PDS, "Democratici, Socialisti e Laburisti" di Valdo Spini e Giorgio Ruffolo, Cristiano Sociali di Pierre Carniti, Comunisti Unitari di Famiano Crucianelli, Repubblicani di sinistra di Giorgio Bogi. Nel nuovo simbolo, alla base della quercia, la rosa socialista avrebbe sostituito lo stemma del vecchio PCI, con l'aggiunta "P.S.E." (Partito Socialista Europeo).

Capitolo XIV Conclusione?

Conclusesi le elezioni, il C.D. dei Progressisti Unitari decise di respingere le mie dimissioni, mai prima esaminate, ed io accettai di riprendere le mie funzioni esclusivamente per organizzare l'assemblea per il rinnovo delle cariche sociali, così come era stato stabilito al costituirsi del movimento.

In quel momento i P.U., nonostante la precedente scissione, contavano 42 iscritti, l'ultimo dei quali aveva aderito nel corso della campagna elettorale. Si trattava di Nuccio Scatà, mio vecchio compagno di lotta nella organizzazione giovanile socialista e lucido militante dalla solida struttura politica ed ideologica.

L'assemblea si tenne il 9 gennaio 1998 e, dopo la mia relazione, il dibattito si accentrò sul futuro del movimento. Dalla maggioranza degli interventi emerse la volontà di confluire nel PDS, anche in considerazione del fatto che il processo di unificazione stava per giungere a compimento.

L'appassionante dibattito si concluse con l'approvazione a larghissima maggioranza di una mozione che così diceva: «Il movimento delibera di confluire nel PDS a condizione che ai militanti dei P.U. nello stesso momento della confluenza vengano riconosciuti gli stessi diritti degli iscritti al PDS».

A tal proposito venne nominata una delegazione (Ferdinando Leonzio, Enzo Tondo, Mario Russo, Salvatore Ciaffaglione, Nuccio Portera, Mara Malpasso) per gli opportuni adempimenti.

Le adesioni di quelli che liberamente lo decisero vennero formalizzate il 25 gennaio 1998 ed io le accompagnai con una lettera al segretario del PDS (Salvatore Di Mari), in cui, fra l'altro, si diceva:

> «Il PSI, il cui contributo per l'emancipazione dei lavoratori è stato essenziale, non c'è più, per le note vicende. Ma l'idea che esso propugnava è di quelle che non possono morire, ed

essa si è incarnata in un nuovo strumento. Sì, perché il PDS, archiviate le scissioni di Livorno e di Palazzo Barberini, è un partito socialista a tutti gli effetti, membro dell'Internazionale» ed «è impegnato nella costruzione di un nuovo grande e unitario soggetto politico della sinistra democratica, in cui ci sia posto per tutti i progressisti provenienti dalle diverse esperienze: comunista, socialista, laica, cattolica, ambientalista, ecc... In questo quadro per chi, come me ritiene che la teoria non deve essere disgiunta dalla prassi, che cioè tra convinzioni ideali e comportamenti concreti ci deve essere una stretta concordanza, si pone il problema della militanza organica, che meglio può consentire di dare un apporto, sia pure minimo, alla battaglia che accomuna milioni di uomini.

Io credo insomma che quarant'anni di militanza socialista, seguiti da un breve periodo vissuto fra indipendenti di sinistra e poi nel movimento locale dei "Progressisti Unitari" possano trovare il naturale sbocco nel PDS. Per questo, senza nulla rinnegare degli ideali del Socialismo ed anzi ritenendoli più che mai vivi e vitali, ho deciso di aderire al PDS, ormai casa comune dei militanti della sinistra democratica e socialista».

Gli stati Generali della Sinistra approvarono la nascita della nuova formazione politica "Democratici di Sinistra" (DS) col simbolo della quercia unita alla rosa del P.S.E. «Dopo le divisioni del passato, ma anche oltre i confini del presente», diceva l'ordine del giorno finale, «per una sinistra di governo che si colloca... nell'Internazionale Socialista».

Le assemblee locali, come quella di Lentini che si svolse il 15 marzo 1998 all'Antico Lavatoio Comunale, ratificarono i deliberati nazionali e il nuovo partito fu cosa fatta.

Il 24 maggio 1998 si tennero le elezioni provinciali. Il candidato del centro-sinistra Bruno Marziano (DS) era sostenuto al primo turno, oltre che dal suo partito, dai Verdi, dal PPI, da RC, da "Mani Pulite" e dallo SDI (Socialisti Democratici Italiani), il nuovo partito nato il 10 maggio 1998 dalla fusione del SI di Enrico Boselli con i socialdemocratici di Gianfranco Schietroma e con il gruppo di Ugo Intini uscito dal P.S. di Gianni De Michelis.

Per il ballottaggio del 7 giugno 1999 si aggiunsero il raggruppamento "La Rete-Movimenti Democratici" e i "Federalisti Comunitari". Bruno Marziano ebbe la meglio sull'uscente presidente della provincia, l'on. Mario Cavallaro del Polo.

A Lentini i DS riportarono 2151 voti (18,4%) assai vicini ai 2115 (18,1 %) del PPI e di poco superiori ai 1718 dello SDI (14,71 %). Il risultato dei DS si era per giunta avvantaggiato della presenza nella sua lista di un esponente di M.P. (Carlo Vasile) e dal fatto che gruppi lentinesi esterni ai DS avevano sostenuto un candidato augustano della lista diessina.

Questa volta la rappresentanza di Lentini al Consiglio Provinciale fu consistente. Vennero eletti il dott. Sebastiano Butera e il commerciante Vincenzo Reale per il PPI, il geom. Alfio Mangiameli (omonimo del cugino consigliere comunale) per lo SDI e il mio amico e collega prof. Cirino Gula per i DS. Non ce la fecero il prof. Giuseppe Pulino ("Rete-Movimenti Democratici") e Rosa Maria Brancato (Verdi).

Il 21 ottobre 1998 al governo Prodi subentrò il governo D'Alema. E quando, poco tempo dopo alla Regione Sicilia venne eletto il governo Capodicasa, si venne a creare la curiosa situazione, inimmaginabile fino a qualche anno prima, che a capo della città, della Provincia, della Regione e del Governo Nazionale c'era un rappresentante dei DS.

Nel corso della crisi precedente la formazione del governo D'Alema si verificò una scissione nel PRC, capeggiata dal leader carismatico Armando Cossutta, che diede vita al PdCI (Partito dei Comunisti Italiani). Ciò a Lentini comportò l'uscita dal PRC di alcuni importanti dirigenti (Giuseppe Moncada e Andrea La Ferla), ma la perdita fu rapidamente compensata dall'ingresso nel PRC di Agostino Guercio e del suo movimento, che ben presto si integreranno nel partito, ora guidato da Alfio Strano, fratello del mitico dirigente comunista degli anni '50, on. Mario Strano.

Sul finire del '98, il movimento "Democratici per Lentini", insoddisfatto del suo rappresentante in Giunta, prof. Paolo Ragazzi, ne chiese la sostituzione, cosicché l'8 gennaio 1999 gli subentrò l'ing. Cirino Cillepi, con la medesima rubrica (Urbanistica, Vigili Urbani, Viabilità). Dopo qualche tempo il prof. Paolo Ragazzi aderì ai DS.

Dopo il lungo periodo di reggenza, il 18 ottobre 1998 si svolse il congresso sezionale del PPI, il quale era stato sostanzialmente considerato dall'elettorato lentinese come il vero continuatore della DC e come unico partito dei cattolici, sbaragliando i suoi più vicini concorrenti, il CCD e il CDU, che si erano praticamente liquefatti. Il PPI a Lentini era diventato il secondo partito della coalizione di centro-sinistra con cinque consiglieri comunali su venti, abilmente guidati dal capogruppo Umberto Ferriero. Aveva, inoltre, il vicesindaco (Enzo Crisci) e il presidente del Consiglio comunale (Carmelo Grasso). Ed, infine, aveva espresso due consiglieri provinciali (Sebastiano Butera e Vincenzo Reale), molto attivi nelle loro funzioni, ma anche molto presenti nella scena locale.

Il congresso elesse un direttivo di 21 componenti, comprendente i consiglieri comunali e provinciali e tutti i più capaci dirigenti come Salvatore Amore, Giuseppe Martines, Carmelo Russo, ecc.

Segretario venne eletto il dott. Gaetano Conti.

Nel corso dei lavori venne, da alcuni, posta l'esigenza di una più consistente rappresentanza nella Giunta Comunale, anche in base ad un presunto impegno in tal senso, da alcuni (di parte PPI) confermato e da altri (di parte DS) negato o comunque considerato già soddisfatto con l'attribuzione di un assessorato e della presidenza del Consiglio comunale

Le trattative, che di lì a poco iniziarono tra il PPI e i DS, si trascinarono per mesi e allo spunto iniziale si aggiunse l'insoddisfazione del PPI per l'andamento del governo cittadino, di cui lamentava la mancanza di un disegno strategico di largo respiro.

Esse si conclusero negativamente e il 14 aprile 1999 il dott. Crisci rassegnò le dimissioni. Il 19 successivo gli subentro (come assessore, perché il vicesindaco non venne nominato) Turi Di Mari, che conservò anche la carica di segretario dei DS, interrompendo così una tradizione del PCI-PDS-DS (ma anche di quasi tutti i partiti della città) che voleva una netta distinzione tra ruolo politico e veste istituzionale.

Giunto a questo punto del mio viaggio nel socialismo lentinese, vorrei tentare di tracciarne un bilancio.
Il PSI, partito dalla posizione maggioritaria del 1946 (che riconfermava, dopo la lunga parentesi fascista e bellica, come nulla fosse avvenuto, la vittoria del 1920), arrivò, negli anni '90, alla sua completa dissoluzione.
Come fu possibile tutto ciò?
Il movimento socialista era certamente stato indebolito anzitutto dalle scissioni, che lo avevano diviso in tre tronconi principali (PSI, PCI, PSDI) spesso in conflitto fra di loro.
Di essi quello socialdemocratico, già nei primi anni '50, si era ridotto ad una pattuglia di piccoli coltivatori riuniti intorno a Filadelfo Castro, la cui morte e poi quella del suo più vero erede spirituale (Giuseppe Pisano) segnerà sostanzialmente la fine del movimento.
Il PCI, specialmente sotto la guida di Giovanni Pupillo, negli anni '50 riuscì a sostituirsi, come partito di massa e come rappresentante della classe lavoratrice, specie bracciantile, al vecchio PSI. Tanto che spesso l'anticomunismo "viscerale" nostrano, altro non era che antisocialismo mascherato, poiché non aveva per oggetto lo stalinismo, la dittatura, il centralismo, ecc., ma più semplicemente le istanze e le conquiste del bracciantato agricolo, che suscitavano il livore, spesso esasperato e fanatico, del ceto agrario, piccolo e grande, aggrappato tenacemente alla fonte del suo benessere, che vedeva messa in discussione, se non in pericolo.
Le lotte interne nel PCI, la liquidazione (sia pure in forme diverse) dei suoi più carismatici leaders (Francesco Marino, Nello Arena, Giovanni

Pupillo, Otello Marilli, ecc.) alla lunga finiranno per indebolire il partito, che pur cercherà più volte di rinnovare il suo gruppo dirigente. Il PCI, tuttavia, mostrerà il suo limite maggiore quando non riuscirà ad interpretare adeguatamente i mutamenti sociali che interverranno nel tempo e quindi ad aggiornare la propria strategia politica.

Quando il bracciantato agricolo comincerà ad assottigliarsi (per l'emigrazione interna ed esterna, per la scolarizzazione di massa, per la crisi dell'agricoltura e dell'agrumicoltura in particolare) il PCI-PDS non riuscirà a rappresentare efficacemente le istanze delle donne, dei giovani, dei disoccupati, degli intellettuali, e la sua base di consensi comincerà a poco a poco a restringersi. Il rischio, sempre più considerevole, diventerà per esso la trasformazione da partito di massa in partito di opinione.

Il PSI locale, stretto fra i due partiti confinanti, non diventerà mai più il partito di massa che era nel 1920 e nel 1946.

Risorgerà, dopo la scissione di Castro, grazie alla passione di alcuni militanti (Peppino Aliano, Gaetano Zarbano, Luigi Di Pietro, Vincenzo ('Nzulu) Garrasi, Giuseppe (Puddu) Saccà) e anche grazie all'assorbimento di fasce di scontenti del PSDI e del PCI, ma mancherà di una visione strategica originale, vivendo praticamente, nei suoi momenti migliori, nel nostalgico riferimento alla sua gloriosa tradizione locale e nazionale. A determinare la sua crisi saranno tre fattori fra loro strettamente collegati: la legge comunale proporzionale, la politica di centro-sinistra e l'esasperazione correntizia.

La nuova legge elettorale, infatti, a partire dal 1960, incentiverà la caccia dei candidati alle preferenze per rientrare nell'ormai ristretto numero degli eletti, con la conseguenza che i vari aspiranti a questo ruolo, con eccezioni sempre più rare, si sentiranno in dovere di coltivare una personale clientela.

La politica di centro-sinistra, iniziata negli anni '60, faciliterà di molto la possibilità per il PSI di partecipare al governo cittadino. Mentre i militanti del PCI e della DC sapevano che il loro partito sarebbe andato ad amministrare il Comune solo se avesse conquistato la maggioranza dei consensi, quelli del PSI capiranno ben presto che la partecipazione in giunta è quasi certa, essendo spesso il PSI determinante e comunque ben accetto per la formazione di maggioranze sia di sinistra che di centro-sinistra.

Questa duplice possibilità farà presto del PSI, anche nell'immaginario collettivo, il partito al potere in pianta stabile, scatenandovi le faide interne per averne il controllo e attirando schiere di nuovi aderenti, lontane dagli ideali anche recenti del partito.

La lotta correntizia, prima agganciata alle grandi opzioni nazionali, dopo un po' acquisterà motivazioni proprie, avviluppandosi intorno a singole personalità locali e provinciali, e con ciò determinando una lotta interna non più fra posizioni ideali, ma di potere.

E lo stesso linguaggio, come sempre avviene, si adeguerà alla nuova realtà, per cui le correnti verranno chiamate pudicamente "componenti" o, più spregiudicatamente, "gruppi".

La lotta fra i gruppi incrementerà il fenomeno dei "signori delle tessere", cioè di coloro che, per influire sulle scelte del partito, si avvarranno, più che delle proprie capacità, del controllo esercitato su blocchi di tesserati.

L'insieme di questi fenomeni finirà per determinare un vero mutamento genetico nella base, tenuta sempre più lontana dai centri decisionali. E quando anche la democrazia formale diventerà un inutile fardello (perché tenere assemblee, defaticanti riunioni di comitato, ecc.?), il partito comincerà ad essere guidato da chi detiene il potere vero, quello comunale principalmente.

E, infatti, nell'ultima fase, a decidere, nella sostanza, non saranno più gli anemici organi di partito, ma il gruppo consiliare.

A questo punto il processo di decomposizione sarà compiuto e il PSI locale crollerà prima ancora di quello nazionale.

Nonostante tutto questo, il PSI e il movimento socialista nel suo complesso hanno inciso profondamente sulla storia e sul progresso della città. In particolare lo spirito libertario che ha sempre ispirato il socialismo, le istanze sociali che ha incarnato, i suoi dibattiti appassionati, a volte assai vivaci e sempre liberi, hanno contribuito, assai più che in altre città, a suscitare l'interesse di larghi settori della popolazione per le vicende pubbliche, a sollecitarne la partecipazione alle scelte politiche e quindi a far crescere la coscienza civica. Insomma a sviluppare la democrazia.

Lo scioglimento del PSI non significherà la fine del socialismo come idea e come movimento politico: finché nel mondo ci saranno disuguaglianze, ingiustizie, fame e guerre, l'idea socialista non morirà. E anche se lo strumento di questa idea (il partito) crolla, essa risorge sempre sotto nuove forme. Coloro che sono vissuti e sono caduti per questa idea, Allende, Jaurès, Luxemburg, Matteotti, Osanuma, non sono caduti invano.

Oggi il partito dei DS aspira ad essere un nuovo partito socialista.

Ma occorre che esso si doti di una più chiara e cosciente identità socialista, non ripetendo gli errori del passato e aderendo meno timidamente ad una tradizione che è anche la sua. Ciò anche nel nome, perché DS è troppo generico e rispecchia la sua crisi d'identità.

Probabilmente la presenza nei DS di componenti che si richiamano ad altre culture (i Cristiano Sociali, i Repubblicani di sinistra) sconsiglia di adottare la denominazione "socialista". Ma nulla vieterebbe di chiamare "laburista" il partito dei DS, perché il laburismo ha il doppio pregio di assicurare l'unità dell'area progressista e nello stesso tempo di garantire ai militanti di conservare il proprio patrimonio ideale e la propria storia. Un nuovo partito laburista dunque, partito unitario del lavoro, in cui potrebbe collocarsi anche lo SDI.

La fiaccola del socialismo non si spegnerà neanche a Lentini, anche se la sezione del PSI, teatro di tante vicende, di tante passioni, di silenziose dedizioni e di piccole meschinità, di vita palpitante insomma, non c'è più.

Come non c'è più uno dei suoi più rappresentativi esponenti.

Il 3 aprile 1999, infatti, si spegneva a Padova l'avv. Filadelfo Pupillo e il 9 successivo aveva luogo la cerimonia funebre a Lentini, nella chiesa di S. Alfio.

In quel tiepido pomeriggio di aprile era presente un gran numero di socialisti, intervenuti come per un tacito ultimo convegno, forse perché quell'uomo, con cui avevano avuto un rapporto a volte tormentato, ma sempre intenso e appassionato, rappresentava per loro un pezzo di storia che se ne andava, un pezzo della loro storia personale, ma anche di quella del socialismo lentinese...

E mentre un'immaginaria bandiera rossa sembrava sventolare sul mesto corteo, il vento lieve sussurrava: "Ciao Delfo...".

Appendici

APPENDICE A: Le amministrazioni comunali di Lentini 1946-2017

Sindaci	Periodo	Maggioranza (E = appoggio esterno)
Castro Filadelfo (PSI/PSLI)	13-5-46/17-6-47	PSI/PSLI
Pattavina Giovanni (PCI)	18-6-47/ 5-5-48	PCI
Castro Filadelfo (PSLI/PSDI)	6-5-48/ 2-7-51	PSLI/PSDI
Vaccaro Mario	2-7-51/ 7-6-52	Commissario Prefettizio
Ferrauto Giuseppe (PSI)	8-6-52/ 17-6-56	PCI, PSI
Marilli Otello (PCI)	18-6-56/ 15-10-57	PCI, PSI
Martello Vitale (PCI)	18-10-57/ 12-12-60	PCI, PSI (dal 9-I-59 le funzioni sindacali sono svolte dal Vicesindaco Luigi Di Pietro (PSI)
Arena Sebastiano (PCI)	13-12-60/ 21-1-62	PCI, PSI, USCS
Ferrauto Mario (PSI)	22-1-62/ 20-11-62	DC, PSI, IND., PSDI (E)
Tribulato Alessandro (DC)	21-1 I-62/ 1-12-63	DC, USCS, IND., PSDI (E)

Sindaci	Periodo	Maggioranza (E = appoggio esterno)
Pisano Vincenzo	2-12-63/ 9-12-64	Commissario Regionale
Marilli Otello (PCI)	10-12-64/2-1-73	A) PCI, PSIUP B) PCI, PSI, PSIUP C) PCI, PSIUP, IND. D) PCI, PSIUP; PSI (E) E) PCI, PSI, PSIUP F) PCI, PSI, PSIUP, IND. G) PCI, PSI, PSIUP
Cassarino Michelangelo (PCI)	3-1-73/3-8-75	PCI, PSI, PSIUP
Centamore Sebastiano (PSI)	4-8-75/ 17-10-76	DC, PSI, PRI
Fisicaro Francesco (DC)	18-10-76/10-3-78	DC, PCI, PSI, PSDI
Amore Andrea (PSDI)	11-3-78/26-7-78	DC, PSDI
Bombaci Vincenzo (DC)	27-7-78/3-1-79	DC, PSDI
Insolia Riccardo (PCI)	4-1-79/23-7-80	DC, PCI, PSDI
Capizzi Giacomo (DC)	24-7-80/9-6-82	A) DC, PSI, PRI B) DC, PRI; PSDI (E)
Cannone Giovanni (DC)	10-6-82/ 19-2-84	A) DC, PRI; PSDI (E) B) DC, PSI, PRI
Bosco Mario (PCI)	20-2-84/10-10-88	A) PCI, PSI, PRI, PSDI B) DC, PCI
Ragazzi Santo (PSI)	11-10-88/31-7-89	DC, PCI, PSI, PRI; PSDI (E)

Sindaci	Periodo	Maggioranza (E = appoggio esterno)
Battiato Davide (DC)	1-8-89/24-6-90	DC, PSI, PRI
La Rocca Giuseppe (DC)	25-6-90/9-12-91	A) DC, MRD, PLI B) DC, PSI, PRI, MRD
Magnano Elio (PDS)	10-12-91/21-7-92	PDS, PRI, MRD, PLI, DC, PSI.
Mazzone Antonino (DC)	22-7-92/ 15-10-92	DC, PSI, PRI
Mastrogiacomo Alfio (DC)	19-10-92/29-10-92	(svolge le funzioni sindacali ai sensi dell'O. EE.LL.)
Politi Angelo	29-10-92/ 15-2-93	Commissario Regionale
Vella Antonino	16-2-93/13-12-93	Commissario Straordinario
Raiti Salvatore (PDS/DS)	14-12-93/3-6-02	A) PDS B) PDS/DS, PPI, SI/SDI, M.P., D.P.L., VERDI C) DS, SI/SDI. M.P., D.P.L., VERDI D) DS, SDI, M.P., IND.
Rossitto Francesco	4-6-02/11-8-03	Centro-destra
Guercio Agostino	12-8-03/25-9-03	Facente funzioni
Piccione Antonino	26-9-03/28-6-04	Commissario Straordinario
Neri Sebastiano	29-6-2-04/5-3-06	Centro-destra
Arisco Maria	6-3-06/13-4-06	Facente funzioni
Signorelli Massimo	14-4-06/27-6-06	Commissario Straordinario

Sindaci	Periodo	Maggioranza (E = appoggio esterno)
Mangiameli Alfio	28-6-06/23-6-16	Centro-sinistra
Bosco Saverio	23-6-16/...........	Liste civiche

APPENDICE B: I segretari del PSI dal 1956

- Aliano Giuseppe
- Zarbano Gaetano
- Pupillo Filadelfo
- Ferrauto Mario - Pupillo Filadelfo (segreteria collegiale)
- Ferrauto Mario
- Pupillo Filadelfo
- Bondì Vincenzo, Ganci Francesco, Pitruzzello Salvatore (gestione commissariale)
- Di Noto Antonino
- Centamore Sebastiano
- Centamore Giuseppe
- Centamore Giuseppe - Pisano Giuseppe (segreteria collegiale P.S.U.)
- Centamore Sebastiano
- Chiarenza Rosario
- Ventura Sebastiano
- Centamore Giuseppe
- Ferrauto Rosario
- Serratore Alfio
- La Face Francesco (gestione commissariale)
- Amara Giuseppe (gestione commissariale)
- Centamore Sebastiano
- Vinci Franco (gestione commissariale)
- D'Anna Filadelfo
- Motta Filippo
- Gallo Santo (gestione commissariale)
- Ragazzi Santo

- Leonzio Ferdinando
- Spada Nicola
- Leonzio Ferdinando
- Cardello Giuseppe, D'Anna Filadelfo, Greco Sebastiano, Ragazzi Santo, Spada Nicola (segreteria collegiale)
- Martello Vitale
- Ira Alfio
- Marino Francesco
- Spada Nicola

Biografia dell'autore

Ferdinando Leonzio è nato a Lentini (SR) il 2 gennaio 1939.
Laureato in giurisprudenza, ha insegnato per trentadue anni, fino all'anno scolastico 1997/98.
Iscrittosi diciottenne al PSI, vi ha ricoperto varie cariche: segretario del Movimento Giovanile Socialista di Lentini e vicesegretario provinciale della Federazione Giovanile Socialista Italiana; più volte componente del Comitato Direttivo della sezione di Lentini, anche con l'incarico di segretario amministrativo, di vicesegretario ed infine di segretario politico; componente del Comitato Direttivo della Federazione Provinciale e poi della Commissione Provinciale di Garanzia.
È stato corrispondente dell'*Avanti!* e de *L'Ora*.
Consigliere comunale per due legislature, dal 1970 al 1980, è stato tre volte assessore comunale nelle Giunte presiedute dall'on. prof. Otello Marilli, dal prof. Michelangelo Cassarino e dal dott. Francesco Fisicaro.
È stato inoltre componente del Comitato Amministrativo dell'Ente Comunale di Assistenza, della Commissione Elettorale Comunale, del Consiglio di Amministrazione della Biblioteca Civica "Riccardo da Lentini" e del Comitato di Gestione del Comune di Lentini.
Per un certo periodo si è interessato anche di sport, figurando tra i soci fondatori dell'Unione Sportiva Leontina, di cui è stato anche il primo presidente.
Ha scritto 15 libri, 7 novelle, e numerosi articoli, recensioni, prefazioni.

Libri:
- *Una storia socialista*
- *Vicende politiche*

- *Alchimie*
- *Il culto e la memoria*
- *Filadelfo Castro*
- *Intervista ad Enzo Nicotra*
- *Lentini vota*
- *13 storie leontine*
- *Socialismo-L'orgia delle scissioni*
- *Segretari e leader del socialismo italiano*
- *Breve storia della socialdemocrazia slovacca*
- *La scommessa*
- *Donne del socialismo*
- *La diaspora del socialismo italiano*
- *Cento gocce di vita*

Indice delle illustrazioni

Tre segretari del PSI di Lentini. Da sinistra a destra: Giuseppe Centamore, Ferdinando Leonzio, Sebastiano Centamore. 27

Lentini 1966: Ferdinando Leonzio e Filadelfo Pupillo (davanti la Villa Gorgia di Lentini)...45

Manifestazione di operai agricoli di Lentini...55

Lentini: piazza Umberto con, sulla sinistra, Palazzo Scammacca (sede del Comune). Di fronte in fondo, la chiesa di Sant'Alfio. Foto di Giuseppe Sferrazzo, ottobre 2017. 71

Lentini 1966: l'Autore di questo libro, Ferdinando Leonzio, seduto alla Villa Gorgia di Lentini..81

Lentini, quartiere San Paolo. Foto di Giuseppe Sferrazzo, ottobre 2017. 99

Cartolina illustrata: Saluti da Lentini, 1963. Quattro vedute di Lentini. 137

Piazza Duomo nel 1959: cartolina illustrata..151

Piazza Umberto I a Lentini nel 1956: cartolina illustrata...................175

Lentini, via Vittorio Emanuele III fine anni Cinquanta / inizi anni Sessanta del Novecento. Cartolina illustrata......................................191

Lentini, veduta della Villa Gorgia, fine anni Cinquanta / inizi anni Sessanta del Novecento. Cartolina illustrata......................................205

Ingresso di Palazzo Beneventano a Lentini. Foto di Giuseppe Sferrazzo, ottobre 2017. 219

Indice dei nomi

Abramo, Carmelo....................221
Achilli, Michele...............167, 228
Addamo, Natale.....196, 237, 249, 263, 266
Addamo, Nicola.......................203
Addamo, Roberto...113, 129, 139
Addamo, Sebastiano.......101, 103
Adorno, Ermanno...............52, 73
Agosta, Orazio........................223
Aliano, Franco........................263
Aliano, Peppino....30, 32, 35, 127, 274, 283
Allende, Salvador....................276
Aloisi, Alessio. 194, 211, 218, 222, 261, 268
Aloisi, Felice...........................263
Aloscari, Franco..............170, 180
Amara, Giuseppe...126, 143, 147, 283
Amato, Filadelfo.............104, 111
Amato, Luigi.........117 e seg., 127
Amato, Rosario..................53, 63
Amore, Andrea......103, 114, 124, 129, 140, 154, 159 e seg., 162
Amore, Armando....................198
Amore, Carmelo.............104, 111
Amore, Fortunato..127, 134, 141, 166, 170
Amore, Salvatore....................272
Andò, Salvo............................193

Angelico, Sebastiano..............212
Aniasi, Aldo...........................228
Ansaldo, Armando..................211
Ansaldo, Carmelo.....................47
Arcidiacono, Carlo..................124
Arcidiacono, Delfo..................143
Arcidiacono, Lucio....................75
Arcidiacono, Rosa Maria.........249
Arena, Nello..22, 30, 36 e seg., 47 e segg., 51 e seg., 58, 75, 84, 89, 231, 273, 279
Arisco, Maria...........193, 196, 201
Aurora, Filadelfo......84 e seg., 87, 247
Avolio, Giuseppe....................110
Basile, Salvatore.....................203
Basso, Lelio.....................38, 227
Battiato, Davide.....139, 149, 178, 184, 187, 193 e seg., 200, 213, 216, 236, 261
Battiato, Giuseppe. 32, 38, 40, 75, 78, 104, 118
Baudo, Carmelo......36, 74, 77, 84
Bellomo, Francesco........166, 180
Benvenuto, Giorgio.........208, 226
Berlinguer, Enrico...119, 167, 247
Berlusconi, Silvio............222, 230
Bianco, Gerardo.....................230
Bifera, Gaetana...............261, 263
Bifera, Salvatore....................183

Boggio, Luigi 198 e seg., 223, 225, 247
Bogi, Giorgio............................268
Bombaci, Vincenzo....63, 77, 102, 113, 129
Bondì, Vincenzo......50, 59, 61, 73, 126, 283
Bordon, Willer........................225
Bosco, Alfio.............77, 84, 87, 92
Bosco, Alfredo........................166
Bosco, Armando.....................264
Bosco, Claudio........................183
Bosco, Fortunato 75, 78, 84 e seg.
Bosco, Mario 140, 162, 164 e seg., 178, 180, 183, 185, 188, 197 e seg., 210, 238 e seg., 248 e segg., 261 e segg.
Boselli, Enrico. 228, 230, 234, 271
Bossi, Umberto.......................202
Bozzanca, Antonino........115, 122
Brancato, Angelo...116, 129, 162, 178, 181, 184 e seg., 197 e seg., 224, 231 e seg., 242
Brancato, Filadelfo...................178
Brancato, Rita..................261, 268
Brancato, Rosa........................271
Briganti, Luigi....................40, 109
Bruccone, Giovanni....................48
Bruccone, Giuseppe...44, 53, 62 e seg., 65
Brunetto, Brunetto..................264
Brunetto, Leonardo.................226
Buccheri, Alfio.................53, 106
Butera, Salvatore................63, 77
Butera, Sebastiano..237, 257, 271 e seg.
Buttiglione, Rocco...................230
Calamaro, Peppino....................76
Campanella, Tommaso.............32
Cannone, Alfio........................114
Cannone, Gianni......77, 102, 119, 139, 141, 149, 155, 157, 178, 188
Cannone, Giovanni.........143, 171
Cantarella, Carlo.....................263
Cantarella, Maria....................264
Cantarella, Pippo..........127 e seg.
Cantarella, Salvatore..............166
Capizzi, Giacomo. 139 e seg., 142, 149
Capodicasa, Angelo................271
Capria, Nicola........................184
Caracciolo, Cirino. 101, 103 e seg., 109
Carani, Paolo...47, 59, 74, 84, 102
Cardello, Pippo....143 e seg., 148, 153 e seg., 158 e seg., 166 e segg., 177, 183, 284
Cardello, Sebastiano...............214
Cardillo, Alfio. .102, 113, 139, 142
Cardillo, Elio..........................211
Cardillo, Maria Rosa...............222
Cardillo, Nello 112, 115, 118, 125, 128 e seg.
Cardillo, Saro.........................123
Carettoni, Tullia........................61

Carniti, Pierre..........................268
Carrà, Alfio............................263
Caruso, Alfio...................240, 250
Casella, Antonino..............63, 102
Casetto, Renato......................183
Casini, Pier Ferdinando...........209
Cassano, Giuseppe.......221 e seg.
Cassarino, Lina.......................240
Cassarino, Michelangelo..33, 76 e seg., 84, 101, 103, 108 e seg., 116, 154, 158, 160, 163, 239 e seg., 249, 253, 256, 259 e seg., 262, 280
Castiglia, Armando.................221
Castro, Filadelfo. 21, 29 e seg., 32, 35 e seg., 60, 77, 88 e seg., 131, 211, 273 e seg., 279
Cattano, Carlo........................217
Cattano, Lorenzo............178, 181
Cattano, Saro.......111, 117 e seg., 129, 133 e seg., 147
Cavallaro, Mario.............226, 271
Cavarra, Filadelfo...................214
Celso, Angelo.....74, 97, 101, 104, 107 e segg., 115, 117 e seg., 123, 127, 129, 133 e segg., 139, 141, 149, 156 e seg., 165, 177, 179 e seg., 187 e seg., 193, 197, 213 e seg., 217, 266
Censabella, Paolo...178, 198, 210, 217, 231 e seg., 242, 245, 248
Centamore, Alfredo................264
Centamore, Carlo.....................43

Centamore, Pippo. .24, 33, 40, 58, 75 e seg., 78, 83 e segg., 88 e seg., 92 e segg., 103 e segg., 107, 111 e seg., 117 e seg., 121 e seg., 147, 149 e seg., 153, 163, 165 e seg., 174, 177, 180, 183 e seg., 186, 221, 225, 280, 283
Centamore, Salvatore....132, 141, 148, 153, 165 e seg.
Centamore, Sebastiano.....32, 36, 40, 43 e seg., 48 e seg., 53, 57 e seg., 60, 69, 75 e segg., 83 e segg., 89 e segg., 96 e segg., 103 e segg., 107 e segg., 111 e seg., 114 e seg., 117 e seg., 120 e segg., 127 e seg., 130 e seg., 133 e seg., 141, 170, 280, 283
Centonze, Pasqualino.............264
Chiarenza, Cinzia....................236
Chiarenza, Salvatore.......222, 264
Chiarenza, Saro 61, 75, 83, 85, 98, 103 e seg., 107 e seg., 111 e seg., 117 e seg., 123 e segg., 128, 134, 193, 283
Ciaffaglione, Alessandra. 245, 264
Ciaffaglione, Marcello.............142
Ciaffaglione, Salvatore............269
Ciancio, Mario..........................63
Cibrario, Giuseppe..................263
Cicchitto, Fabrizio.....................52

Cicero, Carlo 23, 30 e seg., 33, 35, 44, 58, 62 e seg., 65
Ciciulla, Ciccio....36, 76 e seg., 84, 101, 215
Cillepi, Cirino..194, 211, 218, 249, 263 e seg., 272
Cimino, Gaetano........................87
Ciurcina, Paolo........................167
Cocilovo, Carlo..............33, 57, 68
Commendatore, Alberto211, 232, 242, 245
Commendatore, Cirino..............84
Commendatore, Salvatore...133 e seg., 141
Consiglio, Francesco...............114
Consiglio, Nino................183, 237
Consiglio, Vincenzo..................29
Conti, Carmelo....33 e seg., 58, 68
Conti, Gaetano........................272
Conti, Luciano.................101, 103
Conti, Maria Rosa...................240
Coppola, Francesco............47, 74
Corallo, Salvatore. 38, 40, 50, 62 e seg., 73, 110
Cormaci, Alfio........................101
Cormaci, Cirino......83, 85, 93, 97, 104, 118
Cormaci, Salvatore.................264
Corradino, Concetto...............216
Corte, Giuseppe.....................264
Cortese, Michele....................193
Cosentino, Pippo....198, 211, 239, 262

Cossutta, Armando.........198, 271
Costa, Andrea...........................10
Costantino Muccio, Salvatore. 267
Costanzo, Lidia.......217, 221, 261, 266, 268
Covatta, Luigi.........................260
Craxi, Bettino. .131, 135, 207, 224
Crisci, Vincenzo 48, 51, 58, 77, 97, 237, 257, 263, 265 e seg., 268, 272 e seg.
Crucianelli, Famiano...............268
Cutrona, Salvatore..................263
D'Alema, Massimo.225, 234, 241, 271
D'Amico, Angelo...212 e seg., 216
D'Anna, Filadelfo 131 e segg., 141 e seg., 147, 153, 158 e seg., 165 e seg., 168, 173, 177, 180, 183, 186, 283 e seg.
D'Anna, Salvatore.............88, 131
De Martino, Francesco87, 93, 111
De Michelis, Gianni.........230, 271
De Pascalis, Michele.................39
Del Turco, Ottaviano......208, 223, 225 e seg., 228 e segg.
Denaro, Giuseppe................88, 91
Di Falco, Paolo113, 162, 178, 181, 183, 194, 199, 218, 261, 266 e seg.
Di Giorgio, Paolo......................21
Di Marco, Marika....120, 148, 261
Di Mari, Alberto.....139, 149, 157, 178, 194, 196, 247, 264

Di Mari, Giuseppe....................221
Di Mari, Mercurio................53, 63
Di Mari, Salvatore 178, 194, 198 e seg., 222, 232, 242, 245, 261, 269, 273
Di Mauro, Cirino..33, 63, 113, 211
Di Mauro, Giuseppe............32, 43
Di Mauro, Salvatore................101
Di Mauro, Valeria....241, 254, 260
Di Noto, Antonino..61, 64, 67, 75, 77, 84 e seg., 87, 283
Di Pietro, Antonio...................243
Di Pietro, Luigi..30, 32, 35, 58, 76, 274, 279
Di Pietro, Salvatore.........217, 225
Di Stefano, Natale...................132
Di Stefano, Nicola.............63, 102
Dierna, Raffaele.................88, 91
Dini, Lamberto......230, 234 e seg.
Diolosà, Concetta...........236, 264
Dugo, Luigi..............................101
Emanuele, Giuseppe.................78
Emmi, Giuseppe.............129, 216
Engels, Friedrich......................182
Falsaperna, Santo.....................63
Fanfani, Amintore......................41
Fangano, Carmelo....................92
Faravelli, Giuseppe...................31
Favara, Delfino........................212
Ferlito, Vincenzo.......................36
Ferrara, Giuseppe............166, 180
Ferraro, Enzo..................221, 232

Ferrauto, Alfio..30, 33, 36, 43, 48, 58, 60 e seg., 96, 279, 283
Ferrauto, Francesco............58, 76
Ferrauto, Giuseppe..32, 76 e seg., 84
Ferrauto, Mario. 37, 40, 43 e seg., 47, 49 e seg., 53, 57 e segg., 62, 76, 78, 84, 98, 118, 283
Ferrauto, Saro..33, 67, 76, 83, 86, 93, 96, 104, 111, 117 e seg., 121, 126, 130, 134, 144, 166, 171, 183, 186
Ferriero, Umberto..194, 222, 267, 272
Fini, Gianfranco......................222
Fiorello, Dino............................67
Fisicaro, Antonino...................141
Fisicaro, Coralba.....................262
Fisicaro, Francesco. 113, 115, 124, 127, 129, 139, 193, 196
Fisicaro, Nuccio....133 e seg., 139, 141, 156 e seg., 177, 181, 183, 185 e segg., 193, 196, 213 e seg., 217, 236
Floridia, Alfio..........30, 36, 58, 75
Floridia, Cirino................115, 129
Foa, Vittorio............................110
Forestiere, Puccio...................223
Forgione, Francesco...............247
Formica, Alfio.................183, 186
Formica, Salvatore.....77, 84, 101, 103 e seg., 109, 143, 168
Fortuna, Loris...........................96

Freni, Ciccio..............................32
Galantara, Gabriele..................21
Galatà, Giuseppe....................102
Gallo, Santo..........145 e seg., 148
Galloni, Giovanni....................247
Ganci, Cirino............................60
Ganci, Francesco..............59, 283
Garavini, Sergio......................198
Garrasi, Ciccio.........................36
Garrasi, Cirino....36, 48, 76 e seg., 92, 242
Garrasi, Vincenzo ('Nzulu) 32, 274
Gatto, Vincenzo......................167
Gentile, Raffaele....120, 123, 126, 133, 143 e seg., 147, 168 e seg., 187, 193, 230, 237
Giolitti, Antonio......................120
Gionfriddo, Virgilio..................263
Giuca, Alfio.............................263
Giuca, Francesco.....117, 127, 141
Giudice, Antonino.........40, 61, 95
Giudice, Carmelo....................251
Giudice, Gaetano........21, 30, 140
Giudice, Gaetano (dott.).........130
Giudice, Maria..........................29
Giudice, Nino................30, 32, 58
Giuffrida, Salvatore......114, 216 e seg., 222, 261
Giuga, Salvo...........................268
Giuliano, Augusto...........132, 141
Giuliano, Carlo..........73, 119, 143
Giuliano, Fino.........................116
Giuliano, Franco.....145, 233, 247, 250, 252 e segg., 256, 262
Gobetti, Piero...........................63
Gozzo, Sebastiano..................121
Grande, Guido...36, 48 e seg., 74, 84, 140, 160, 162, 197 e segg., 215, 226, 231, 242
Grasso, Antonino............117, 183
Grasso, Carmelo.....186, 266, 272
Grasso, Carmelo Antonino......177
Grasso, Filadelfo.............104, 111
Greco, Davide........................233
Greco, Egidio.....................51, 73
Greco, Franco........................165
Greco, Giuseppe....................194
Greco, Sebastiano (Nello)..33, 97, 130, 132, 134, 148, 158, 166, 168, 177, 180, 188, 254, 284
Greco, sen..............................169
Grimaldi, Ugoberto Alfassio.....31
Guardo, Manlio........................51
Guarraci, Anselmo..................167
Guercio, Agostino. .263, 265, 267, 271
Guercio, Nino...........................77
Guevara, Ernesto Che.............215
Gula, Cirino............................271
Iachelli, Attilio.................102, 113
Iannitto, Salvatore..........126, 212
Imprima, Nello.....83, 87, 96, 118, 153
Ingrao, Pietro........................198

Innocenti, Paolo. .103 e seg., 106, 109, 116, 198 e seg., 225, 245
Inserra, Andrea.......................127
Inserra, Filadelfo....167, 240, 249, 263, 267
Inserra, Lucio. .194, 211, 216, 263
Insolia, Riccardo...116, 129, 163 e seg., 178, 184, 231
Intini, Ugo........................230, 271
Ippolito, Giuseppe..............78, 84
Ira, Alfio.....143, 153, 183 e segg., 214, 217, 221, 225, 238 e seg., 261, 268, 284
Jacometti, Alberto..................202
Jaurès, Jean...........................276
Jelo, Severino...........................88
La Face, Francesco. 122, 124, 133, 169, 188, 283
La Ferla, Alfio..........194, 198, 201
La Ferla, Andrea......199, 261, 271
La Legge, Concetta.................241
La Pira, Giorgio........................63
La Pira, Giuseppe..............63, 265
La Rocca, Pippo 77, 102, 110, 113, 129, 139, 154 e seg., 158, 193, 195 e segg., 200, 236, 263 e seg.
Labriola, Silvano.......................52
Laganà, Giuseppe...........139, 184
Landolfi, Antonio....................228
Lazzara, Filadelfo. 101, 103 e seg., 109 e seg.
Lazzara, Michele....................263

Lazzara, Salvatore....40, 101, 104, 108 e seg.
Lazzari, Costantino. 179, 202, 227, 229
Lentini, Nello..........................237
Leonardi, Giuseppe............47, 74
Leonzio, Ferdinando. 9, 40, 50, 58 e seg., 65, 85 e seg., 104, 109, 111 e seg., 117 e seg., 123 e seg., 128, 134, 153, 159 e seg., 166, 225, 247, 257, 269, 284
Leonzio, Marco......................232
Libertini, Lucio.......................198
Liberto, Carmelo....................198
Limaccio, Pippo.......................37
Linfazzi, Alfio.........................203
Lipari, Franco..........183, 186, 213
Imprima, Nello.......................118
Inserra, Filadelfo.............211, 243
Insolia, Riccardo......113, 116, 124
Lo Curzio, Giuseppe................257
Lo Presti, Carlo......................157
Lo Votrico, Milena..................255
Lombardi, Riccardo..93, 131, 179, 188, 202, 227
Lombardo, Alfio...131 e seg., 134, 139, 141, 145, 153, 188
Ira, Alfio................................184
Luxemburg, Rosa...................276
Macca, Corrado......................214
Maci, Gaetano.......................218
Maci, Luigi.....................134, 141

Maci, Paolo..............................85
Maddalena, Salvatore. 114 e seg., 129
Madeddu, Concetto...............178
Maenza, Angelo......................267
Magazzù, Aurelio....................102
Maglitto, Alfio.......................264
Maglitto, Salvatore..61, 75, 78, 83 e segg., 104, 111, 117 e seg., 127, 141
Maglitto, Vittorio...78, 83, 87, 96, 104, 111 e seg., 117 e seg., 123, 128, 134, 147, 153, 158, 177, 187
Magnano, Elio 113, 116, 178, 181, 184 e seg., 194, 198, 201, 203, 210, 221 e seg., 231 e seg., 237, 242, 247, 250, 252, 254, 256, 258, 260, 262
Magnano, Filadelfo.................155
Magnetti, Corrado..................218
Magrì, Ignazio....21 e seg., 30, 36, 48, 58
Magri, Lucio.............................78
Malatesta, Errico......................21
Malpasso, Mara......................269
Manca, Enrico..........................52
Mancini, Giacomo............93, 112
Manfredi, Orazio......................83
Manganaro, Gian Battista 36, 47 e seg., 51, 84, 86
Mangiameli, Alfio.112, 123, 128 e seg., 140 e segg., 149, 157, 159 e seg., 178, 185, 188, 194 e segg., 217, 258, 261, 268
Mangiameli, Alfio (di Nunzio).271
Mangiameli, Nunzio......140, 162, 178, 181, 194, 201, 203, 226
Mangiameli, Salvatore.....50, 104, 112, 117 e segg., 122, 128
Mao Tse Tung.........................215
Marilli, Enrico.........................243
Marilli, Otello...31, 35 e seg., 76 e seg., 84, 95, 101, 103 e segg., 108 e seg., 116, 216, 231, 274, 279 e seg.
Marini, Franco........................230
Marino, Francesco.......183, 185 e seg., 193, 196, 201, 203, 213 e seg., 261, 267, 284
Marino, Francesco (on.)...22, 29 e seg., 34, 36, 41, 88 e seg., 231, 273
Marino, Renato......................267
Martello, Alfio................166, 171
Martello, Salvatore....7, 36, 188 e seg., 225
Martello, Vitale 31, 35 e segg., 48, 58, 97, 111 e seg., 114 e seg., 117 e seg., 123, 126, 128, 134, 139, 141, 145, 156 e seg., 166, 177, 180, 183 e seg., 186, 188 e seg., 279, 284
Martinazzoli, Mino.................209
Martines, Giuseppe 193, 203, 272

Martines, Salvatore.......116, 124, 129, 139, 149, 157, 178, 184, 193, 263
Marx, Karl.........24, 172, 182, 238
Marziano, Bruno..........270 e seg.
Mastella, Clemente.................209
Mastrogiacomo, Alfio....139, 185, 203, 207
Mastrogiacomo, Fortunato......36, 101, 184, 281
Matarazzo, Mauro..................127
Matteotti, Giacomo...10, 31, 173, 214, 226 e seg., 276
Mattina, Enzo.........................228
Mazzone, Nino....139, 141 e seg., 149, 178, 185, 188, 193, 196, 203 e seg.
Mazzullo, Saro........................261
Menchinelli, Alessandro.........110
Mendola, Giuseppe..47 e seg., 74
Messina, Ciccio.........................36
Messina, Luigi.........................264
Messina, Paolo........25, 31, 38, 40
Miccichè, Giuseppe...................41
Miceli, Alfio............................224
Miceli, Michele......162, 165, 169, 174, 180
Miceli, Salvatore. .47, 50, 66, 73 e seg., 84, 126, 130
Miceli, Sirio.......................75, 78
Milani, Lorenzo.......................210
Milazzo, Giuseppe..........114, 130
Milazzo, Silvio..........................40
Milone, Giuseppe...................133
Miniati, Silvano......................110
Mollica, Alfio.....76 e seg., 84, 101
Moltisanti, Marisa..................223
Monaco, Sergio...............237, 242
Moncada, Alfio.........................63
Moncada, Antonino.....131 e seg., 134, 139, 141, 155, 157
Moncada, Guglielmo................32
Moncada, Pippo.....140, 162, 178, 181, 199, 211, 218, 225, 233, 236, 258, 261, 267, 271
Moncada, preside di Pachino...73
Moncada, Salvatore. 53, 63, 139 e seg., 154, 165, 178, 184 e seg., 188, 193, 201
Mondolfo, Ugo Guido...............31
Morandi, Rodolfo 10, 38, 179, 227
Moro, Aldo................................73
Moro, Tommaso.......................32
Moschella, Fabio....................226
Motta, Filippo..133 e segg., 141 e seg., 147, 153, 158 e seg., 239 e seg., 243, 254, 257, 283
Mugno, Carlo..............63, 77, 102
Nanfitò, Giuseppe....40, 47 e seg., 63
Napolitano, Giorgio......197 e seg.
Nastasi, Sebastiano.................111
Natta, Alessandro...........164, 197
Nenni, Pietro 7, 10, 24, 33, 37, 39, 52, 68, 73 e seg., 85, 87, 93, 165, 179, 227, 238

Neri, Emanuela........................113
Neri, Nello........................113, 140
Neri, Salvatore..........77, 187, 212
Nicotra, Enzo....63, 140, 155, 188, 203
Nicotra, Pippo..74, 143, 147, 153, 158, 166, 177, 180 e seg., 186, 188, 214, 240, 262
Nigro, Filadelfo....................21, 30
Nigro, Maria............................222
Nipitella, Alfio........................101
Nipitella, Alfio (dott.)..............130
Nipitella, Francesco..................85
Occhetto, Achille. 116, 197 e seg., 224 e seg., 237
Occhipinti, Mario..235 e seg., 243
Oddo, Salvatore......................264
Odierna, Leonardo....................77
Oliva, Alfio..............111, 118, 188
Orlando, Leoluca....................211
Ortisi, Egidio...................243, 263
Osanuma, Inejirō....................276
Ossino Fisicaro, Rosario. 178, 194, 196, 201, 213, 216
Ossino, Bruno.........48, 58, 62, 95
Ossino, Carmelo.....................127
Ossino, Francesco...................264
Palazzo, Giacomo.....................75
Panico, Giuseppe. .50, 67, 73, 112
Parri, Ferruccio........................64
Pattavina, Giovanni 22, 30, 36, 89, 279
Pellico, Silvio...................162, 212

Peluso, Angelo..........................36
Perrotta, Sebastiano....127, 132 e seg., 141 e seg.
Pertini, Sandro. 10, 179, 202, 227, 229
Petralia, Cirino........................141
Petralia, Ciro. .132, 134, 147, 153, 166, 180
Pignatello, Sebastiano.........53, 63
Pisano, Giuseppe.......77, 89, 103, 114, 131, 194, 273, 283
Pisano, Vincenzo.....64, 67, 76, 93
Piscitello, Rino.....235 e seg., 238, 243
Pitruzzello, Turi...........43, 59, 283
Pizzolo, Gaetano.................47, 75
Podrecca, Guido.......................21
Politi, Angelo..........................207
Portera, Nuccio..233, 250 e segg., 257, 269
Prodi, Romano........................234
Proudhon, Pierre-Joseph........135
Pulia, Filadelfo........................264
Pulia, Simone. 116, 124, 129, 185, 198
Pulino, Giuseppe.....217, 261, 271
Pupillo, Enzo. .189, 211, 225, 243, 247, 258, 263, 268
Pupillo, Filadelfo 21, 25, 30 e seg., 34 e seg., 37 e segg., 49 e segg., 57 e segg., 64 e seg., 68, 76, 78, 83 e segg., 92, 96 e seg., 104, 107, 111 e seg., 114

e seg., 117 e seg., 126 e seg., 134 e seg., 139, 141, 143, 145, 147 e seg., 153, 159, 165 e seg., 168, 173 e seg., 177, 179 e segg., 183 e seg., 186, 188 e seg., 235, 243, 277, 283
Pupillo, Giovanni. 36, 89, 231, 273 e seg.
Ragazzi, 'nzinu 63
Ragazzi, (edicolante) 24
Ragazzi, Paolo 167, 211, 217, 233, 240, 243, 248, 265, 268, 272
Ragazzi, Rosanna 216, 240
Ragazzi, Santo .... 120 e seg., 126 e seg., 130, 132 e segg., 139, 141, 143, 145, 147 e segg., 153, 158, 165 e seg., 168, 171, 177 e segg., 193, 196, 201, 209, 214, 217, 222, 225, 266, 284
Raiti, Franco 217
Raiti, Mariano 141
Raiti, Salvatore .... 210, 212 e seg., 215 e segg., 221, 230 e seg., 233 e segg., 237, 239, 245 e seg., 249 e seg., 261, 263 e segg.
Rapisarda, Ada 212
Rauti, Pino 222
Ravalli, Gianni 33, 68
Reale, Enzo ..... 162, 178, 183, 194, 196 e seg., 201, 211, 271 e seg.
Renna, Croce Alessandro 221
Renna, Mario 61
Renna, Saro .... 103 e seg., 107 e segg., 117 e seg., 127 e seg., 140, 154, 159, 162, 194
Renna, Sebastiano 127
Riccò, Venceslao 38
Risuglia, Andrea 188
Risuglia, Antonino 111
Risuglia, Vincenzo 263
Rosselli, Carlo 227
Rossitto, Alfio 63
Rossitto, Armando .... 121, 210 e segg., 215 e segg., 221, 263
Rossitto, Franco .... 129, 141 e seg.
Ruffolo, Giorgio 268
Russo, Carmelo 139, 149, 194, 201, 263, 272
Russo, Mario 256, 260, 269
Saccà, Giuseppe (Puddu) .. 32, 274
Saccuzzo, Nello 153, 266
Saggio, Alfio 217, 236, 248, 261
Salafia, Emanuele 73
Sanfilippo, Giuseppe 233, 260
Santocono, Filadelfo 21, 30
Santocono, Francesco ... 198 e seg.
Saraceno, Carmelo. 188, 193, 209, 213, 260
Saragat, Giuseppe .. 24, 30, 37, 85, 211, 227
Scalici, Francesco Maria 121
Scandurra, Alfio 194
Scardavilla, Corrado 34

Scatà, Sebastiano...22, 30, 33, 73, 78 e seg., 269
Schietroma, Gianfranco. 209, 225, 230, 271
Sciuto, Salvatore......................113
Sciuto, Sebastiano...................178
Scollo, Franco.........................187
Scuderi, Giovanni....................114
Senatore, Alfio.........................58
Serrati, Giacinto Menotti..........88
Serratore, Alfio. .50, 59, 64 e seg., 79, 97, 104, 107, 111, 117 e seg., 121 e seg., 143, 145, 148 e segg., 153 e seg., 157 e seg., 165, 171, 225, 283
Sferrazzo.................................113
Sferrazzo Curcio, Sara.............102
Sferrazzo, (maestro)............30, 91
Sferrazzo, Antonino.................267
Sferrazzo, Franco....................267
Sferrazzo, Gaetano.102, 116, 124, 129, 139, 142, 157
Sgalambro, Alfio.......................77
Sgalambro, Francesco...............29
Sgalambro, Gaetano..................23
Sgalambro, Giovanni...........53, 63
Signorile, Claudio......................52
Sipala, Emanuele....................237
Siracusano, Alfio....33, 101, 103 e seg., 116, 216, 221
Siracusano, Alfio (art.)............266
Siracusano, Cirino...................117
Siracusano, Saro.....................263
Sorbello, Turi....30, 32, 40, 58, 61, 75, 78, 83, 85, 98
Spada, Alfio....................166, 168
Spada, Angelo.................171, 183
Spada, Lino74, 118, 143, 145, 147 e segg., 153, 158, 166, 168 e segg., 177, 180, 183 e seg., 186 e seg., 193, 197, 203, 213 e seg., 264, 284
Speranza, Cirino..................22, 30
Spini, Valdo. 208, 226 e segg., 268
Stalin, Josif......................197, 241
Stecchetti, Lorenzo...................21
Strano, Alfio....................267, 272
Strano, Mario....36, 231, 262, 272
Stuto, Sebastiano...................264
Sudano, Alessandro................240
Tambroni, Fernando......40 e seg., 199
Tanassi, Mario.....................87, 93
Tarantino, Nicola......................77
Terracini, Umberto...................58
Terranova, Aurora...................256
Tinnirello, Marco....................264
Tinnirello, Marisa....................263
Tinnirello, Sebastiano....127, 129, 133, 141
Tocco, Guglielmo...116, 129, 163, 198, 201, 224, 231 e seg., 242
Togliatti, Palmiro....................241
Tondo, Enzo33 e seg., 61, 73, 75 e segg., 167, 238, 249, 254, 257, 269

Tortorella, Aldo........................247
Toscano, Alfio.........................193
Tramontana, Concetta............218
Treves, Claudio.........25, 215, 236
Tribulato, Alessandro.....63 e seg., 102
Tribulato, Antonino.........216, 223
Trovato, Angelo.......................111
Turati, Filippo....10, 202, 227, 229
Valastro, Francesco...................73
Valenti, Francesco..................264
Valenti, Pasquale.....84, 102, 115, 129, 139, 142, 149
Valori, Dario............................110
Vasile, Carlo............248, 267, 271
Vasta, Aldo..............................193
Vecchietti, Tullio.........38, 73, 110
Vella, Antonino.......................207
Veltri, Elio...............................243
Ventura, Giuseppe..................117
Ventura, Sebastiano 61, 75, 78, 84 e segg., 92, 98, 104, 108, 111, 283

Vilona, Maurizio......................221
Vinci (sellaio)............................32
Vinci, Alfio.......................133, 166
Vinci, Carmelo........................226
Vinci, Ciccio.........49, 74, 123, 168
Vinci, Franco...................128, 283
Vinci, Giuseppe......................265
Vinci, Renzo...........................268
Vinci, Vincenzo.......188, 196, 217
Vistrè, Graziella. 76, 104, 109, 215
Vittorelli, Paolo.......................228
Volo, Francesco......................141
Zacco, Saro.............................110
Zagari, Mario..........................228
Zangrandi, Ruggero........105, 117
Zappalà, Gianni......................212
Zarbano, Gaetano 30, 32, 34, 130, 274, 283
Zarbano, Pippo....139, 141 e seg., 149, 157

Nota di edizione

Il testo è stato edito nel 2000 con il titolo: "Una storia socialista : a Lentini da Martello a Raiti" e prefazione di Giuseppe Cardello. L'edizione 2017 ZeroBook cambia leggermente il titolo, appone una seconda prefazione dell'autore e introduce qualche modifica secondaria al testo volta soprattutto a migliorare la leggibilità, ma senza intaccare i fatti né la sostanza di quanto scritto.

Questo libro

"Con le sue pagine intense e meticolose, Ferdinando Leonzio ci racconta quasi un secolo di storia lentinese, attraverso le vicende locali del Partito Socialista Italiano" (dalla Prefazione di Pippo Cardello). Uscito nel 2000, ZeroBook ripubblica "Una storia socialista" di Ferdinando Leonzio, libro divenuto nel frattempo un "classico" della storia politica di Lentini.

L'autore

Ferdinando Leonzio (nato nel 1939), appassionato cultore di storia e di ricerca storica, autore anche di articoli, recensioni e prefazioni, già corrispondente dell'*Avanti!* e dell'*Ora*, ha pubblicato i seguenti libri: *Una storia socialista* ; per le edizioni Ddisa: *Lentini 1892-1956, Alchimie, Il culto e la memoria, Socialismo-l'orgia delle scissioni*; ed. a cura del Kiwanis Club di Lentini: *Filadelfo Castro*; per le ed. Aped: *Intervista a Enzo Nicotra, Lentini vota, 13 storie leontine*; per le ed. Divis – SLOVAKIAspol.sr.o.: *Segretari e leader del socialismo italiano, Breve storia della socialdemocrazia slovacca, La scommessa, Donne del socialismo, La diaspora del socialismo italiano, Cento gocce di vita.* Per ZeroBook (2017): *Segretari e leader del socialismo italiano, Breve storia della Socialdemocrazia slovacca, Donne del socialismo, La diaspora del socialismo italiano, Cento gocce di vita.*

Le edizioni ZeroBook

Le edizioni ZeroBook nascono nel 2003 a fianco delle attività di www.girodivite.it. Il claim è: "un'altra editoria è possibile". ZeroBook è una piccola casa editrice attiva soprattutto (ma non solo) nel campo dell'editoriale digitale e nella libera circolazione dei saperi e delle conoscenze.

Quanti sono interessati, possono contattarci via email: zerobook@girodivite.it

O visitare le pagine su: http://www.girodivite.it/-ZeroBook-.html

Ultimi volumi:

Celluloide : storie personaggi recensioni e curiosità cinematografiche / a cura di Piero Buscemi (ISBN 978-88-6711-123-7)

Cento gocce di vita / di Ferdinando Leonzio (ISBN 978-88-6711-121-3)

Donne del socialismo / di Ferdinando Leonzio (ISBN 978-88-6711-117-6)

Neuroni in fuga / Adriano Todaro (ISBN 978-88-6711-111-4)

Parole rubate / redazione Girodivite-ZeroBook (ISBN 978-88-6711-109-1)

Accanto ad un bicchiere di vino : antologia della poesia da Li Po a Rino Gaetano / a cura di Piero Buscemi (ISBN 978-88-6711-107-7, 978-88-6711-108-4)

Il cronoWeb / a cura di Sergio Failla (ISBN 978-88-6711-097-1)

Col volto reclinato sulla sinistra / di Orazio Leotta (ISBN 978-88-6711-023-0)

L'isola dei cani / di Piero Buscemi (ISBN 978-88-6711-037-7)

Saggistica:

I Sessantotto di Sicilia / Pina La Villa, Sergio Failla (ISBN 978-88-6711-067-4)

Il Sessantotto dei giovani leoni / Sergio Failla (ISBN 978-88-6711-069-8)

Antenati: per una storia delle letterature europee: volume primo: dalle origini al Trecento / di Sandro Letta (ISBN 978-88-6711-101-5)

Antenati: per una storia delle letterature europee: volume secondo: dal Quattrocento all'Ottocento / di Sandro Letta (ISBN 978-88-6711-103-9)

Antenati: per una storia delle letterature europee: volume terzo: dal Novecento al Ventunesimo secolo / di Sandro Letta (ISBN 978-88-6711-105-3)

Il cronoWeb / a cura di Sergio Failla (ISBN 978-88-6711-097-1)

Il prima e il Mentre del Web / di Victor Kusak (ISBN 978-88-6711-098-8)

Col volto reclinato sulla sinistra / di Orazio Leotta (ISBN 978-88-6711-023-0)

Il torto del recensore / di Victor Kusak (ISBN 978-6711-051-3)

Elle come leggere / di Pina La Villa (ISBN 978-88-6711-029-2)

Segnali di fumo / di Pina La Villa (ISBN 978-88-6711-035-3)

Musica rebelde / di Victor Kusak (ISBN 978-88-6711-025-4)

Il design negli anni Sessanta / di Barbara Failla

Maledetti toscani / di Sandro Letta (ISBN 978-88-6711-053-7)

Socrate al caffé / di Pina La Villa (ISBN 978-88-6711-027-8)

Le tre persone di Pier Vittorio Tondelli / di Alessandra L. Ximenes (ISBN 978-88-6711-047-6)

Del mondo come presenza / di Maria Carla Cunsolo (ISBN 978-88-6711-017-9)

Stanislavskij: il sistema della verità e della menzogna / di Barbara Failla (ISBN 978-88-6711-021-6)

Quando informazione è partecipazione? / di Lorenzo Misuraca (ISBN 978-88-6711-041-4)

L'isola che naviga: per una storia del web in Sicilia / di Sergio Failla

Lo snodo della rete / di Tano Rizza (ISBN 978-88-6711-033-9)

Comunicazioni sonore / di Tano Rizza (ISBN 978-88-6711-013-1)

Radio Alice, Bologna 1977 / di Lorenzo Misuraca (ISBN 978-88-6711-043-8)

L'intelligenza collettiva di Pierre Lévy / di Tano Rizza (ISBN 978-88-6711-031-5)

I ragazzi sono in giro / a cura di Sergio Failla (ISBN 978-88-6711-011-7)

Proverbi siciliani / a cura di Fabio Pulvirenti (ISBN 978-88-6711-015-5)

Parole rubate / redazione Girodivite-ZeroBook (ISBN 978-88-6711-109-1)

Accanto ad un bicchiere di vino : antologia della poesia da Li Po a Rino Gaetano / a cura di Piero Buscemi (ISBN 978-88-6711-107-7, 978-88-6711-108-4)

Neuroni in fuga / Adriano Todaro (ISBN 978-88-6711-111-4)

Celluloide : storie personaggi recensioni e curiosità cinematografiche / a cura di Piero Buscemi (ISBN 978-88-6711-123-7)

Narrativa:

L'isola dei cani / di Piero Buscemi (ISBN 978-88-6711-037-7)

L'anno delle tredici lune / di Sandro Letta (ISBN 978-88-6711-019-3)

Poesia:

Il libro dei piccoli rifiuti molesti / di Victor Kusak (ISBN 978-88-6711-063-6)

L'isola ed altre catastrofi (2000-2010) di Sandro Letta (ISBN 978-88-6711-059-9)

La mancanza dei frigoriferi (1996-1997) / di Sergio Failla (ISBN 978-88-6711-057-5)

Stanze d'uomini e sole (1986-1996) / di Sergio Failla (ISBN 978-88-6711-039-1)

Fragma (1978-1983) / di Sergio Failla (ISBN 978-88-6711-093-3)

Libri fotografici:

I ragni di Praha / di Sergio Failla (ISBN 978-88-6711-049-0)

Transiti / di Vicotr Kusak (ISBN 978-88-6711-055-1)

Ventimetri / di Victor Kusak (ISBN 978-88-6711-095-7)

Opere di Ferdinando Leonzio:

Segretari e leader del socialismo italiano / di Ferdinando Leonzio (ISBN 978-88-6711-113-8)

Breve storia della socialdemocrazia slovacca / di Ferdinando Leonzio (ISBN 978-88-6711-115-2)

Donne del socialismo / di Ferdinando Leonzio (ISBN 978-88-6711-117-6)

La diaspora del socialismo italiano / di Ferdinando Leonzio (ISBN 978-88-6711-119-0)

Cento gocce di vita / di Ferdinando Leonzio (ISBN 978-88-6711-121-3)

Cataloghi:

ZeroBook: catalogo dei libri e delle idee 2017

ZeroBook: catalogo dei libri e delle idee 2016

ZeroBook: catalogo dei libri e delle idee 2015

ZeroBook: catalogo dei libri e delle idee 2012

Catalogo ZeroBook 2007

Catalogo ZeroBook 2006

Riviste:

Post/teca, antologia del meglio e del peggio del web italiano
ISSN 2282-2437

http://www.girodivite.it/-Post-teca-.html

Girodivite, segnali dalle città invisibili

ISSN 1970-7061

http://www.girodivite.it

https://www.girodivite.it

www.ingramcontent.com/pod-product-compliance
Lightning Source LLC
Chambersburg PA
CBHW071958220426
43662CB00009B/1187